ROWOHLT
BERLIN

Feind hört mit
Feind hört mit

Kraft durch

Wolfgang Schneider (Hg.)

ALLTAG UNTER HITLER

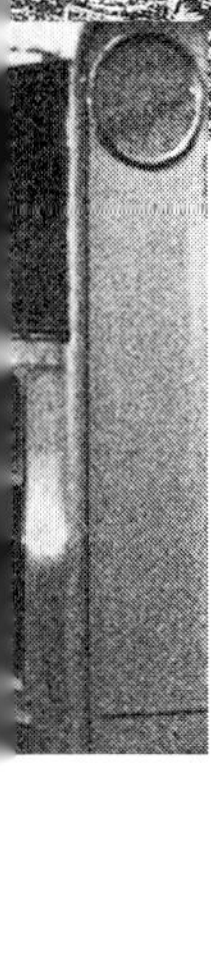

Rowohlt · Berlin

Bildredaktion Bernd Weinkauf

1. Auflage März 2000

Umschlaggestaltung Walter Hellmann
(Fotos: Bildarchiv Heinz Bergschicker Berlin Gbr.; Hanns Hubmann;
Bildarchiv Preußischer Kulturbesitz; Ullstein Bilderdienst)
Layout Angelika Weinert
Satz aus der Kepler PostScript QuarkXPress 4.0
Gesamtherstellung Clausen & Bosse, Leck
Printed in Germany
ISBN 3 87134 404 4

Inhalt

Vorbemerkung

Alltag unter Hitler – die Zahl derer, die ihn bewußt miterlebt haben, wird immer kleiner, umgekehrt wächst das Interesse jener, die ihn nachvollziehen wollen, weil sie sich davon Antworten auf grundsätzliche Fragen zur Zeit versprechen. Dialoge mit Eltern, gar Großeltern, wenn sie denn je stattgefunden haben, versiegen, die nachkommenden Generationen aber wollen Aufschluß, nicht nur aus historischem Interesse, sondern um zu verstehen, was geschehen ist und wie es geschehen konnte, oder auch um ganz persönliche familiengeschichtliche Defizite auszugleichen.

Steht das «Dritte» oder «Tausendjährige Reich» zur Diskussion, sind zumeist hinlänglich bekannte militärische Aktionen im Gespräch. Wie aber lebte es sich jenseits von El Alamein und Stalingrad an jener vielbeschworenen «Heimatfront», die vor allem dominiert war von den Frauen und Müttern, die um ihre in den Kampf gestellten Männer ebenso bangten wie während endloser Bombennächte um ihre Kinder?

Gewiß war der gesamte Alltag von Anfang an dem Krieg – erst seiner Vorbereitung, dann der Ausweitung – untergeordnet. Und dennoch gab es da noch anderes: Filmpremieren (schon in Farbe!) und Lincke-Operetten, Volksempfänger («Goebbels-Schnauzen») und «Fernsehstuben», Zeppelin und Volkswagen, «Kraft durch Freude» und «Glaube und Schönheit», Mutterkreuze und «Lili Marleen», deutsche Fußballmeister und Olympische Spiele – auf der Kehrseite Lebensmittelkarten und Bezugscheine, «Volksgasmasken» und «Volkssturm», «Entartete Kunst» und Bücherverbrennung, vor allem aber die ganz und gar nicht so unbekannte Realität von Judenverfolgung und Konzentrationslagern.

Aus dieser Zwiespältigkeit erwächst das Bild des Alltags jener Jahre, den der vorliegende Band, sich dabei auf das «Altreich» in den Grenzen von 1937 konzentrierend, zu vermitteln versucht –

nicht in dozierender Belehrung, sondern durch die verläßliche Darstellung von Fakten, vertrauend auf die Mündigkeit des Lesers, sich daraus in eigener Wertung einen ganz persönlichen Eindruck dieser Zeit zu verschaffen.

Das streng chronologisch aufgebaute Buch, das zum Teil erstmals veröffentlichtes Bildmaterial enthält sowie mit einem Personen- und einem Schlagwortregister ausgestattet ist, um seine Handhabbarkeit zu erleichtern, gliedert sich in vier Hauptabschnitte mit folgenden Zäsuren: Hitlers Machtübernahme (Januar 1933), der Einmarsch in Polen (September 1939), der Überfall auf die Sowjetunion (Juni 1941), die Niederlage vor Stalingrad (Februar 1943) und die Gesamtkapitulation der deutschen Wehrmacht (Mai 1945). Jedem der Kapitel ist eine Einleitung vorangestellt, die die bestimmenden Entwicklungen der jeweiligen Periode skizziert und zugleich den ansonsten ausgesparten mili-

tärischen Verlauf zusammenfaßt, zudem mit «Stichwörtern zum Alltag» erste Kurzinformationen über Einzelereignisse vermittelt. Diese Kurzinformationen können jeweils in der darauffolgenden ausführlichen Chronik, bisher einmalig in Umfang und thematischer Vielfalt, vertieft werden. Ebenso bunt und vielfältig ist die Mischung der sich anschließenden Dokumente: von erschreckenden Zeugnissen der Menschenverachtung, grotesken Auswüchsen des Hitlerkults bis hin zu fast kuriosen Belegen der Banalität des Bösen – kurz, ein vielgestaltiges Kaleidoskop, aus dem sich, so hoffen wir, ein stimmiges Gesamtbild formt.

Preis 30 Pfennig

Ritualmord-Nummer

Der Stürmer

Deutsches Wochenblatt zum Kampfe um die Wahrheit

HERAUSGEBER: JULIUS STREICHER

Sonder-Nummer 1 | Nürnberg, im Mai 1934 | 12. Jahr 1934

Jüdischer Mordplan

gegen die nichtjüdische Menschheit aufgedeckt

Das Mördervolk

Die Juden stehen in der ganzen Welt in einem furchtbaren Verdacht. Wer ihn nicht kennt, der kennt die Judenfrage nicht. Wer die Juden nur ansieht, wie Heinrich Heine (Chaim Bückeburg) sie beschreibt: „Ein Volk, das zu seinem Unterhalt mit Wechseln und alten Hosen handelt und dessen Uniform die

Judenopfer

VORKRIEGSJAHRE

Januar 1933 bis September 1939

Als Hitler am 30. Januar 1933 die Macht übernimmt, ruhen auf ihm die Hoffnungen nicht nur der mehr als sechs Millionen Arbeitslosen. Große Teile der Bevölkerung hatten in den Jahren der Weltwirtschaftskrise das Vertrauen in die Handlungsfähigkeit der von liberalen und konservativen Politikern geführten Weimarer Republik verloren, wachsende Existenzängste den Ruf nach einem «starken Mann», einem «Retter aus der Not» lauter werden lassen. So fallen die radikalen Parolen der sich in Massenaufmärschen dynamisch gebenden nationalsozialistischen «Bewegung» insbesondere beim Bürger- und Kleinbürgertum auf fruchtbaren Boden. Mahnende Stimmen von links ersticken im Gebrüll der Menge.

Unmittelbar nach Regierungsantritt beginnen Hitler und seine Ideologen, das Volk mittels einer diabolischen Mischung aus sozialdemagogischer Suggestion und brutaler Gewalt auf die eigenen weltanschaulichen Zwangsvorstellungen einzuschwören. Die Macht über Staat und Gesellschaft reicht ihnen nicht, sie wollen die Beherrschung der Gehirne. Und dies ist auch unabdingbar angesichts ungeheuerlicher globaler Eroberungspläne, zu deren Durchsetzung es im Innern über Loyalität und Duldung hinaus millionenfacher Komplizenschaft bedarf. Einfache geistige Abhängigkeit der Menschen von ihrer «Führung» genügt nicht, sie sind zu absoluter Hörigkeit zu «erziehen».

Dabei bedienen sich die Machthaber eines in solcher Totalität bis dahin beispiellosen Apparats, der in zentraler Steuerung die gesamte Meinungsbildung und die an ihr Beteiligten der nationalsozialistischen Diktion unterwirft. Literatur und Kunst sind nur noch zugelassen als Verherrlichung der antihumanistischen Tendenzen des Regimes bzw. als Ablenkung davon; die demonstrative Pflege «unvergänglichen deutschen Kulturguts» erweist sich bei näherer Betrachtung als obszöne Verkehrung des Strebens seiner Schöpfer. Ihre größte Breitenwirkung erzielt die Propaganda jedoch zweifellos durch die Massenmedien, die mit teuflischem Geschick instrumentiert werden. Nach dem Verbot der linken Presse wird die bürgerlich-private durch personelle Eingriffe und mit täglicher Instruktion auf die erwünschte Linie gezwungen, ihr Verlagswesen einem Prozeß der Monopolisierung durch den NS-Pressetrust ausgesetzt. Der Rundfunk, der jährliche Teilnehmerzugänge von jeweils rund einer Million zu verzeichnen hat, dient als hocheffektives Werkzeug direkter Massenführung, der Film schließlich wirkt besonders verderblich durch die Unmerklichkeit, mit der er «Blut und Boden»-Ideologie, aber auch Banalität infiltriert.

Tagtäglich und überall diesen Einflüssen ausgeliefert, von allen Gegenkräften abgeschnitten, erliegt die große Mehrheit des deutschen Volkes innerhalb weniger Jahre dem geistigen Terror. Dazu tragen neben den zahlreichen NS-Organisationen nicht zuletzt jene Gruppen der Intelligenz bei, die – wie beispielsweise die Lehrer – aufgrund ihrer gesellschaftlichen Rolle Einfluß auf breite Kreise ausüben. Wer der Volksverführung geistig entgegenwirkt oder auch nur dazu fähig scheint, wird verfemt, verfolgt, vertrieben, vernichtet. Für Wahrheit und Humanität ist kein Platz mehr in Deutschland. Tausende Geistesschaffende und Künstler gehen ins Exil, andere versuchen sich in der inneren Emigration zu behaupten. Unter diesen Bedingungen erreicht die bürgerliche Kultur ihren absoluten Tiefstand.

Das aber ficht die «Führung» nicht an. Ihr Verständnis zum deutschen Volk gründet sich auf tiefe Menschenverachtung. Offiziell als «Herrenrasse» gepriesen, gelten die Deutschen ihren Machthabern intern nur als «stumpfe Masse». Gerade daraus aber ergibt sich zugleich das überwache Mißtrauen gegen eben dieses Volk, die vielfältig sichtbar werdende Furcht vor dessen Selbstbesinnung.

Seiner systemstabilisierenden Aufgabe entspricht das Regime – im Unterschied zu allen Vorgängern – auf zweifache Weise: einmal durch die extreme Brutalität, mit der es seine Selbstschutzfunktion ausübt, vor allem aber durch den Kunstgriff, eine politisch desorientierte Bevölkerung gegen ihre ureigensten Interessen zu organisieren. Ein Programm, das sich gleichermaßen radikal wie traditionsbewußt gibt, sucht das Vertrauen breiter sozialer Kreise zu gewinnen. Zielgruppen sind dabei in erster Linie die städtischen und ländlichen Mittelschichten, höchst anfällig ob ihrer zwiespältigen gesellschaftlichen Stellung, wirtschaftlich selbst abhängig zu sein und zugleich andere in Abhängigkeit zu halten.

Kernpunkt der sozialen Demagogie ist die Verherrlichung einer starken Staatsmacht, von der sich das Kleinbürgertum – mit antikapitalistischen Parolen werbend hinters Licht geführt – in völliger Verkennung der Situation die Beseitigung der Dominanz des Großkapitals verspricht. Dem Staat soll in allen Bereichen, bis ins Leben des einzelnen hinein, die entscheidende Rolle zufallen – eine äußerst wirksame Methode, die gesamte Gesellschaft durch staatsmonopolistische Regulierungsmaßnahmen binnen kürzester Frist ökonomisch und moralisch auf den Krieg auszurichten.

Zur Militarisierung der «Volksgemeinschaft» setzt das NS-Regime sein «Führerprinzip» ein. Dem Volk bleibt, wo auch immer, nur die «Gefolgschaft». Die Verfassung erschöpft sich darin, den Willen Hitlers als oberstes Gesetz anzuerkennen. Auf ihn wird alles und jeder durch die NSDAP fixiert, deren «Hoheitsträger» von oben nach unten die erdrückende «Einheit von Partei und Staat» zu gewährleisten haben. Ein üppig wuchernder Apparat eingeschworener Beamter überwacht in diesem Geist noch den letzten Winkel. Parallel dazu kommandieren NS-Amtswalter ein nach Berufsgruppen gegliedertes Ständewesen. Ergänzt durch eine Vielzahl von Organisationen für die verbleibenden Lebensbereiche, umstrickt dieses Netzwerk unentrinnbar die gesamte Bevölkerung. Sie wird in Uniformen aller Art gesteckt, mit Titeln und Rängen, Orden und Ehrenzeichen geschmückt. Jeder, der sich dazu mißbrauchen läßt, erhält ein Amt, wähnend, nun ebenfalls befehlen zu dürfen, in Wirklichkeit aber dadurch nur um so mehr in den Gehorsam gezwungen.

Am stärksten leiden unter der wachsenden Bedrückung die «Schaffenden» – Arbeiter und Angestellte, politisch ohne jeden Einfluß, beargwöhnt wegen möglicher Nähe zu Kommunismus oder Sozialdemokratie. Mit Hilfe des Staates und solcher NS-Organisationen wie der anstelle Freier Gewerkschaften installierten Deutschen Arbeitsfront errichten die Unternehmer ein militärähnliches Regime, das sie als «Betriebsführer» nahezu uneingeschränkt handhaben. Bei niedrigen Löhnen und erheblich verlängerter Arbeitszeit ist den Belegschaften jeder Protest verwehrt. Dennoch kommt es hier und da immer wieder zu Streiks und passivem Widerstand. Umfassendere Aktionen verhindert nicht nur brutale Gewalt, sondern auch die sich zusehends verändernde Zusammensetzung des ohnehin durch Masseninhaftierungen geschwächten industriellen Proletariats, das in steigender Zahl junge, vom Regime geprägte Menschen und deklassierte Mittelständler in sich aufnimmt.

Getreu ihrem Grundsatz der «Auslese», wonach der Schwächere bedenkenlos dem Stärkeren geopfert werden kann, verfahren die Machthaber auch mit den anderen Klassen und Schichten. Auf dem Land befestigen sie ihre Position durch die einseitige Bevorzugung der großen «Erbhofbauern» gegenüber der Masse von Klein- und Mittelbetrieben, deren Eigner sich nur «Landwirte» nennen dürfen. Eine gleichartige soziale Differenzierung vollzieht sich in den städtischen Mittelschichten, wo zahllose Handwerker, Einzelhändler und kleinere Unternehmer ihre Existenz verlieren. Der Intelligenz, die systemimmanent pauschal herabgesetzt wird, bleibt nur die Wahl zwischen Anpassung oder Widerstand.

Auf Dauer jedoch erweist sich dieses noch so ausgeklügelte sozialdemagogische Programm allein nicht in der Lage, Defizite in der «Gefolgschaft» zu verdecken. Dem sucht die NS-Führung durch die materielle Korruption bestimmter Schichten und mittels eines breitgefächerten Wohltätigkeitssystems zu begegnen, für das im Zeichen der angeblichen sozialen Verbundenheit aller ausgerechnet die Masse der Berufstätigen selbst einzustehen hat. Rechtzeitig zu Hilfe kommt eine – verglichen mit den Jahren der Weltwirtschaftskrise – relative Verbesserung der Lebenslage, die vor allem von sinkender Arbeitslosigkeit gekennzeichnet ist. So vermögen die Nationalsozialisten aus der Rüstungskonjunktur, die sie als ihr «Wirtschaftswunder» ausgeben, ironischerweise auch noch Prestigegewinn zu ziehen.

Als nicht minder doppelbödig enthüllt sich die staatliche Sorge um die Familie. Eindeutig bevölkerungspolitisch motiviert, diskriminiert sie die Frau als herdgebundene Gebärmaschine in historisch beispielloser Weise. Die Jugend wird ohne Umschweife voll und ganz vereinnahmt. Und bei alledem erwartet das Regime «freudige Begeisterung», ohne die der folgenreiche Ausschluß aus der «Volksgemeinschaft» droht.

Der Terror erhält im nationalsozialistischen Staatsgefüge die elementare Funktion ständiger Abschreckung. Weit über das akute Bedürfnis hinaus, aktive politische Gegner «unschädlich» zu machen, ist ein gewaltiger Unterdrückungsapparat jederzeit bereit, auf die geringste oppositionelle Äußerung zu reagieren. Die Rechtsprechung orientiert sich dabei an dem willkürlich auslegbaren «gesunden Volksempfinden». Urteile sind nicht zwingend an Gesetze gebunden, Einweisungen in Konzentrationslager nicht an Urteile. Unter solchen Umständen absoluter Rechtsunsicherheit blühen Spitzelwesen und Denunziantentum; keiner kann mehr dem Nachbarn oder Arbeitskollegen trauen.

Eckpfeiler der NS-Ideologie sind Rassismus und Anspruch auf «Lebensraum». Ersteres praktiziert die «Führung» in gnadenloser Konsequenz, die in der von Hitler am 30. Januar 1939 vor dem Reichstag angekündigten «Vernichtung der jüdischen Rasse in Europa» gipfelt. Zugleich werden territoriale Forderungen erhoben – entgegen dem Verständnis breiter Bevölkerungskreise war dies, wie vieles andere auch, bereits in dem seit 1925 vertriebenen programmatischen Machwerk Hitlers «Mein Kampf» nachzulesen: «Ein Staat, der im Zeitalter der Rassenvergiftung sich der Pflege seiner besten rassischen Elemente widmet, muß eines Tages zum Herren der Erde werden.»

In diesem Sinne beginnt das nationalsozialistische Regime unmittelbar nach der Machtübernahme, die vom Versailler Vertrag 1919 im Ergebnis des Ersten Weltkriegs diktierten strengen militärischen Beschränkungen zu unterminieren. Als die Reichsregierung am 16. März 1935 das «Gesetz für den Aufbau der Wehrmacht» verkündet, läuft die Hochrüstung längst auf vollen Touren. Der schon 1932 von der Reichswehr ausgearbeitete «A-Plan», der die Verdreifachung der Truppenstärke und die Modernisierung der Bewaffnung vorsieht, ist abgeschlossen, der geheime Aufbau der Luftwaffe weit vorangeschritten. Hitler läßt nun die Tarnung fallen, wagt den offenen Bruch des Versailler Vertrages in allen entscheidenden militärischen Bestimmungen. Mit der Wiedereinführung der allgemeinen Wehrpflicht legt er den Grundstein für den systematischen Auf- und Ausbau einer schlagkräftigen Eroberungsarmee als Hauptinstrument zur Umsetzung seiner territorialen Forderungen.

Der Protest der Westmächte bleibt erwartungsgemäß lau und verbal. Das begünstigt das Regime bei der intensiven wie allseitigen Vorbereitung einer aggressiven Expansion. Die ersten Raubzüge beginnen. Noch vor Kriegsausbruch fallen binnen eines Jahres mit dem «Anschluß» Österreichs, der Einverleibung der Sudetengebiete, der Zerschlagung der Tschechoslowakei und der Besetzung des Memelgebietes erhebliche rüstungswirtschaftliche Ressourcen an Deutschland; zugleich wächst sein Territorium um fast eine Viertelmillion Quadratkilometer, seine Bevölkerung um rund 18 Millionen Menschen.

Mehr angeregt als gesättigt, erhebt Hitler nun Gebietsansprüche gegenüber Polen. Er stützt sich dabei auf ein Feldheer mit 86 Infanteriedivisionen, sechs Panzerdivisionen, drei Gebirgsdivisionen, vier motorisierte Infanteriedivisionen und eine Kavalleriebrigade zuzüglich einer großen Anzahl ständiger Grenzschutzformationen. Die Luftwaffe verfügt über 302 Staffeln mit 670000 Mann; hinzu kommen knapp 300000 Mann Flakartillerie. Die Kriegsmarine schließlich zählt rund 130000 Mann. Insgesamt umfaßt die Wehrmacht im Spätsommer 1939 etwa viereinhalb Millionen Mann.

Am 1. September 1939 ist es dann soweit. Um 4.45 Uhr marschieren deutsche Truppen in Polen ein. Der Zweite Weltkrieg beginnt.

Stichwörter zum Alltag

1933: Reichstagsbrand *(27.2.)*; erstes offizielles KZ in Dachau *(22.3.)*; erster Judenboykott *(1.4.)*; Rückgang der Arbeitslosigkeit um 700000 *(30.4.)*; Liquidierung der Freien Gewerkschaften *(2.5.)*; Bücherverbrennung *(10.5.)*; Verbot der SPD *(22.6.)*; Volksempfänger *(18.8.)*; Winterhilfswerk *(13.9.)*; Baubeginn der Reichsautobahnen *(23.9.)*; Reichserbhofgesetz *(29.9.)*; Eintopfessen *(1.10.)*; erstes deutsches Tierschutzgesetz *(24.11.)*; «Kraft durch Freude» *(27.11.)*. **1934:** «Landjahr» *(29.3.)*; Volksgerichtshof *(24.4.)*; «Hauswirtschaftliches Jahr» *(2.5.)*; reichsweite Sonnenwendfeiern *(23.6.)*. **1935:** Arbeitsbücher *(26.2.)*; erste große Luftschutzübung *(19./20.3.)*; erstes regelmäßiges Fernsehprogramm *(22.3.)*; öffentliche «Fernsehstuben» *(9.4.)*; erstes Autobahnteilstück übergeben *(19.5.)*; Reichsarbeitsdienst *(26.6.)*; Arbeitslosenzahl erstmals unter zwei Millionen *(30. 6.)*; «Nürnberger Gesetze» *(15. 9.)*; Ehetauglichkeitszeugnisse *(18. 10.)*; Vereidigung der ersten Rekruten des Jahrgangs 1914 *(7. 11.)*. **1936:** 4. Olympische Winterspiele in Garmisch-Partenkirchen *(6.–16. 2.)*; erste Ausstellung «Entartete Kunst» *(1. 3.)*; Jungfernfahrt des Zeppelins «Hindenburg» *(31. 3.)*; NS-«Ordensburgen» *(24. 4.)*; K.o.-Sieg Schmelings über Louis *(19. 6.)*; Spiele der XI. Olympiade in Berlin *(1.–16. 8.)*; erster deutscher Farbfilm *(4. 8.)*; Verdopplung der Wehrdienstzeit auf zwei Jahre *(24. 8.)*; rund eine Million Arbeitslose *(1. 10.)*; Gesetz über die Hitlerjugend *(1. 12.)*. **1937:** Erste Hitler-Briefmarke *(5. 4.)*; «Adolf-Hitler-Schulen» *(19. 4.)*; KdF-Schiff «Wilhelm Gustloff» *(5. 5.)*; «Volksgasmasken» *(5. 6.)*; Verbot von Studenten-Mensuren *(23. 8.)*; «Deutscher Nationalpreis für Kunst und Wissenschaft» *(6. 9.)*; «Reichsschwimmschein» *(19. 10.)*; Ausstellung «Der ewige Jude» *(8. 11.)*; Förderung von Kleinsiedlungen *(25. 11.)*; «Ehrenbuch für die kinderreiche deutsche Familie» *(2. 12.)*; 2000 Autobahnkilometer fertiggestellt *(17. 12.)*. **1938:** Über neun Millionen Rundfunkteilnehmer *(1. 1.)*; BDM-Werk «Glaube und Schönheit» *(19. 1.)*; «Perlon»-Faser patentiert *(29. 1.)*; Lautsprechersäulen auf Straßen und Plätzen *(9. 2.)*; erster Reichsberufswettkampf *(11. 2.)*; Pflichtjahr für unverheiratete Frauen *(15. 2.)*; KdF-Schiff «Robert Ley» *(29. 3.)*; Reichsschatzanweisungen *(4. 4.)*; Volksabstimmung über Österreich-«Anschluß» *(10. 4.)*; Olympia-Dokumentarfilm «Fest der Völker» und «Fest der Schönheit» *(20. 4.)*; «Führersportabzeichen» *(6. 5.)*; «Volkswohnungsbau» *(19. 5.)*; allgemeine zivile Dienstpflicht für Männer und Frauen *(23. 6.)*; Sparaktion für den Volkswagen *(1. 8.)*; «Kennkarte» für alle erwachsenen «Reichsbürger» *(1. 10.)*; Tisch-«Heimfernseher» *(1. 10.)*; «Reichskristallnacht» *(9. 11.)*; «Judenbanne» *(6. 12.)*; 3000 Autobahnkilometer fertiggestellt *(15. 12.)*; «Ehrenkreuz der Deutschen Mutter» *(16. 12.)*. **1939:** Nur noch 119000 Arbeitslose *(1. 1.)*; Postsparkassen *(2. 1.)*; Abschaffung der männlichen Kellner *(8. 2.)*; HJ-Dienst für alle Jugendlichen *(25. 3.)*; Turnen Abiturfach *(5. 4.)*; Tempo 100 auf allen Straßen *(7. 5.)*; Volkszählung: knapp 70 Millionen «Altreich»-Einwohner *(17. 5.)*; FC Schalke 04 zum vierten Mal deutscher Fußballmeister *(18. 6.)*; Lehrer verbeamtet *(5. 7.)*; Lebensmittelkarten und Bezugscheine *(27. 8.)*; Verdunklungspflicht bei Fliegeralarm *(1. 9.)*; Verbot des Abhörens von «Feindsendern» *(1. 9.)*.

Chronik

1933

30. Januar: Reichspräsident Paul von Hindenburg ernennt Adolf Hitler zum Reichskanzler; Vereidigung des neuen Kabinetts.

31. Januar: Die Arbeitslosenzahl hat die Sechs-Millionen-Grenze überschritten.
Rundfunkansprache Hitlers an das deutsche Volk: «Gebt uns vier Jahre Zeit!»

1. Februar: Auflösung des Reichstags.

2. Februar: Demonstrationsverbot für die KPD; Besetzung der Parteizentrale im Berliner Karl-Liebknecht-Haus.

4. Februar: Verordnung des Reichspräsidenten «zum Schutze des deutschen Volkes»: drastische Einschränkung der Versammlungs-, Rede- und Pressefreiheit sowie Inhaftierungen ohne Gerichtsbeschluß möglich.

8. Februar: Ein Erdbeben im Raum Karlsruhe verursacht schwere Sachschäden vor allem in Rastatt und löst eine Panik aus.

11. Februar: Eröffnung der Internationalen Funkausstellung am Berliner Funkturm.

15. Februar: Käthe Kollwitz und Heinrich Mann werden zum Ausscheiden aus der Preußischen Akademie der Künste gezwungen.

17. Februar: Schießerlaß Görings an die preußische Polizei: Straffreiheit für Waffengebrauch gegen «Staatsfeinde».

22. Februar: Aufstellung einer «Hilfspolizei» aus bewaffneten Einheiten der SA, SS und des Frontsoldatenbundes «Stahlhelm» in Preußen (rund 50000 Mann).

27. Februar: Reichstagsbrand; Vorwand zur Verhaftung von etwa 10000 Kommunisten, Sozialdemokraten und oppositionellen Demokraten noch in der Nacht; Verbot der kommunistischen und befristet auch der sozialdemokratischen Presse.

28. Februar: Verordnung des Reichspräsidenten «zum Schutz von Volk und Staat» («Reichstagsbrandverordnung»): Aufhebung zahlreicher demokratischer Grundrechte der Weimarer Verfassung wie Freiheit der Person, Meinungs-, Presse-, Vereins- und Versammlungsfreiheit, Post- und Fernmeldegeheimnis, Unverletzlichkeit von Eigentum und Wohnung; Beginn der «Schutzhaft»-Willkür.

Ende Februar: Einrichtung der ersten «wilden» Konzentrationslager.

1. März: Vorstellung des neuen Lufthansa-Schnellpostflugzeugs He 70 in Berlin-Tempelhof.

5. März: Reichstagswahl; trotz massiver Behinderungen vor allem der linken Parteien stimmen nur 43,9 Prozent der Wähler für die NSDAP; die Regierungskoalition erreicht die knappe absolute Mehrheit.

6. März: Ein Runderlaß des preußischen Innenministeriums verpflichtet die Polizei zur verschärften Bekämpfung der sogenannten Nacktkultur.

12. März: Schwarz-Weiß-Rot des Kaiserreichs und die Hakenkreuzfahne lösen die bisherigen Reichsfarben Schwarz-Rot-Gold ab; zur Feier des «Sieges der nationalen Revolution» werden alle öffentlichen Gebäude drei Tage lang beflaggt.

13. März: Bildung des Reichsministeriums für Volksaufklärung und Propaganda unter Joseph Goebbels.

15. März: Erstmals geht die Arbeitslosenzahl um 65000 zurück.

21. März: «Tag von Potsdam»: Konstituierung des neuen Reichstags in der Garnisonskirche.

Verordnung «zur Abwehr heimtückischer Angriffe gegen die Regierung der nationalen Erhebung»: Schaffung von Sondergerichten gegen Regime-Gegner.

22. März: Belegung des ersten offiziellen Konzentrationslagers in Dachau bei München.

Im Reichsinnenministerium wird das Referat «Rassenhygiene» geschaffen.

23. März: Ermächtigungsgesetz «zur Behebung der Not von Volk und Reich»: Die Regierung übernimmt die gesetzgeberische Gewalt und kann ohne Zustimmung des Reichstags

Nachdem der Reichspräsident am 30. Januar 1933 Hitler zum Reichskanzler ernannt hat, feiern ihn seine Anhänger vor der Reichskanzlei.

Das Berliner Hotel Kaiserhof ist das vorläufige *Führerhauptquartier*.

Verfassungsänderungen beschließen; Ende der Demokratie in Deutschland.

29. März: Gesetz über die Todesstrafe; Vollzug auch durch Erhängen.

31. März: Die ersten Häftlinge werden in das KZ Oranienburg bei Berlin eingeliefert.
In Hamburg wird die Kunstausstellung «Sezession» als «kulturbolschewistisch» geschlossen.

1. April: Erster reichsweiter Boykott jüdischer Geschäfte und Einrichtungen; SA und SS behindern unter der Parole: «Deutsche, wehrt Euch! Kauft nicht bei Juden!» den Zugang.
Das Panzerschiff «Deutschland» (57000 PS, 28 Seemeilen pro Stunde) wird der Reichsmarine übergeben.

4. April: Absetzung Max Reinhardts als künstlerischer Leiter des Deutschen Theaters in Berlin.

7. April: Gesetz «zur Wiederherstellung des Berufsbeamtentums»: «Arierparagraph» zur Ausschließung von Juden.

JUDEN RAUS!
D.R.G.M. 1446399
Das zeitgemäße und überaus lustige Gesellschaftsspiel
für Erwachsene und Kinder

An diesem außerordentlich heiteren und zeitgemäßen Gesellschaftsspiel können sich 2–6 Personen beteiligen. / Zu dem Spiel gehören 1 Würfel, [redacted] 6 Figuren und 36 Hütchen [redacted] Jeder Spieler erhält eine Figur, die die Nummern 1–6 tragen

Der Antisemitismus wird bald in ebenso primitiver wie brutaler Form bis ins Kinderspiel getragen.

In einem Wald bei Zossen wird der berühmte Hellseher Erik Jan Hanussen (eigentlich Hermann Steinschneider) erschossen aufgefunden; die von einem Mordkommando der SA ausgeführte Tat bleibt offiziell unaufgeklärt.

10. April: Aufhebung der Kraftfahrzeugsteuer für PKW, LKW und Motorräder mit Zulassung nach dem 31. März 1933.

20. April: Gründung der ersten Nationalpolitischen Erziehungsanstalten (NAPOLA) in Plön, Köslin und Potsdam.

25. April: Gesetz «gegen die Überfüllung deutscher Schulen und Hochschulen»: Beschränkung des Anteils von Juden und Frauen.

27. April: Bildung des Geheimen Staatspolizeiamtes (Gestapa) in Berlin.

28. April: Stiftung eines Film- und Buchpreises der Reichsregierung für die künstlerische Gestaltung der «nationalen Revolution».

29. April: Gründung des Reichsluftschutzbundes.
Hans von Tschammer und Osten wird Reichssportkommissar.

30. April: Die Arbeitslosenzahl ist um über 700000 zurückgegangen.

1. Mai: Erstmals wird der «Tag der nationalen Arbeit» als gesetzlicher Feiertag begangen; auf dem Tempelhofer Feld in Berlin versammeln sich etwa eineinhalb Millionen Menschen.
Aufnahmesperre für die NSDAP; seit Hitlers Machtübernahme am 30. Januar 1933 sind 1,6 Millionen neue Mitglieder der Partei beigetreten (nunmehr 2,5 Millionen).

2. Mai: Liquidierung der Freien Gewerkschaften.

7. Mai: Veröffentlichung «Schwarzer Listen» mit Namen und Werken mißliebiger Schriftsteller zur Aussortierung in Buchhandlungen und Bibliotheken; der Index der verbotenen

Die NSDAP-Organisation Deutsche Studentenschaft (DSt) ruft als Reaktion auf die angebliche *Greuelhetze des Judentums* zum 10. Mai 1933 zu *Verbrennungsfeiern* an allen Universitäten auf. In Leihbüchereien, Buchhandlungen und Privathaushalten wurden Bücher unliebsamer Autoren beschlagnahmt und mit *Feuersprüchen* unter Ausrufen der Namen öffentlich verbrannt.

Bücher umfaßt schließlich rund 12 400 Titel sowie das Gesamtwerk von 149 Autoren.

10. Mai: Öffentliche Bücherverbrennung «undeutscher» Schriftsteller durch nationalsozialistische Korpsstudenten in Berlin und anderen Universitätsstädten.
Gründung der Deutschen Arbeitsfront (DAF); Zwangseingliederung der ehemaligen Gewerkschaftsmitglieder.

15. Mai: Zwischen Hamburg und Berlin wird der Dieseltriebzug «Fliegender Hamburger» eingesetzt; er bewältigt die 287 Kilometer lange Strecke in zwei Stunden 18 Minuten und ist damit der schnellste fahrplanmäßig verkehrende Zug der Welt.

16. Mai: Verbot von Streiks und Aussperrungen.

20. Mai: Reise-Boykott gegen Österreich: Die Visa-Gebühr beträgt 1000 Reichsmark.

30. Mai: Abschluß der Gleichschaltung aller Landesregierungen mit der Reichsregierung.

1. Juni: Gesetz zur Minderung der Arbeitslosigkeit: Neben der Bereitstellung von einer Milliarde Reichsmark für öffentliche Baumaßnahmen werden auch Zuschüsse für private Bauten und Ehestandsdarlehen (bis 1000 Reichsmark) gewährt.

11. Juni: Mit einem 3:0-Sieg über den FC Schalke 04 wird Fortuna Düsseldorf deutscher Fußballmeister.

17. Juni: Ernennung Baldur von Schirachs zum «Jugendführer des Deutschen Reiches».

22. Juni: Verbot der SPD und Verhaftungswelle unter ihren Funktionären; danach Selbstauflösung der bürgerlichen Parteien.

23. Juni: Gesetz über den Bau von Reichsautobahnen.

25. Juni: Ministerpräsident Göring verlangt von den Theater-Intendanten Preußens detaillierte Angaben über Spielpläne und Besetzungen.

29. Juni: Einsetzung einer Kommission zur Prüfung aller Konzertprogramme auf «arischen» Ursprung.
Exmatrikulationserlaß für «kommunistische» Studenten.
Verbot der «Zeugen Jehovas».

6. Juli: Unter großem öffentlichen Interesse findet in Berlin die Trauung des ehemaligen Schwergewichts-Boxweltmeisters Max Schmeling mit der Filmschauspielerin Anny Ondra statt.

14. Juli: Gesetzliches Verbot der Neubildung von Parteien; die NSDAP ist damit die einzige legale Partei in Deutschland.

Das Gesetz «zur Verhütung erbkranken Nachwuchses» läßt Zwangssterilisierungen zu; allein von 1934 bis 1936 werden etwa 168 000 Eingriffe vorgenommen.
Im öffentlichen Dienst wird der Deutsche Gruß (Hitlergruß) eingeführt.

18. Juli: Ein Erlaß verpflichtet die Beamten zum Studium von Hitlers programmatischem Buch «Mein Kampf».

20. Juli: Reichskonkordat zwischen Deutschland und dem Vatikan: sichert einerseits den Fortbestand katholischer Einrichtungen im religiösen, kulturellen und karitativen Bereich zu, andererseits den Verzicht auf jede politische Betätigung.

27. Juli: Amnestiegesetz für SA- und SS-Straftaten «zur Durchsetzung des Nationalsozialistischen Staates».

31. Juli: 26 789 Personen befinden sich in «Schutzhaft».

5. August: Ankündigung eines umfänglichen Arbeitsbeschaffungsprogramms mit Großobjekten wie dem Bau der Reichsautobahn, dem Neckar-Durchstich bei Esslingen und der Eider-Abdämmung.

10. August: Das 1919 in Weimar gegründete, 1925 nach Dessau und 1932 nach Berlin verlegte Bauhaus erklärt sich für aufgelöst.

18. August: Auf der 10. Deutschen Funkausstellung in Berlin wird der im Auftrag des Reichspropagandaministeriums entwickelte Volksempfänger VE 301 (steht für den 30. 1. als den Tag der Machtübernahme Hitlers) vorgestellt; das von der Bevölkerung später insgeheim als «Goebbels-Schnauze» bezeichnete Einheitsradio kostet 76 Reichsmark; binnen eines Jahres werden eine Million Stück produziert.

Die ersten 100 000 *Volksempfänger* werden ab 25. Mai 1933 gemeinsam von 28 deutschen Unternehmen produziert. Die NS-Propaganda hat den Rundfunk als ideales Medium erkannt, um die Ideologie direkt bis in die einzelne Familie tragen zu können.

Einsetzung eines Reichsdramaturgen zur Steuerung der Theater-Spielpläne.

11. September: Beginn des evangelischen Kirchenkampfes: Rund ein Drittel aller Pfarrer um Martin Niemöller («Bekennende Kirche») wendet sich gegen Gleichschaltung und «Arierparagraph» in einer staatlich angestrebten «Reichskirche» (NS-Glaubensbewegung «Deutsche Christen»).

12. September: Uraufführung des Propagandafilms «Hitlerjunge Quex» in München.

13. September: Gründung des Winterhilfswerks (WHW) zum «Kampf gegen Hunger und Kälte» durch Spenden, Sammlungen, Lohnabgaben, Konsumeinschränkung und freiwillige Arbeitsleistungen.

Gesetz über den «Reichsnährstand» als Zwangsorganisation der Bauern bestimmt für die Landwirtschaft weitgehende Markt- und Preisregulierungen.

Einführung der «Rassenkunde» in den Biologie-Unterricht der preußischen Schulen; zugleich Grundlage für die Fächer Deutsch, Geschichte und Erdkunde.

17. September: Bildung der Reichsvertretung der deutschen Juden als Selbsthilfeorganisation gegen die rasch wachsende gesellschaftliche Ausgrenzung.

21. September: Eröffnung des Reichstagsbrand-Prozesses.

22. September: Gründung der Reichskulturkammer zur Gleichschaltung des gesamten kulturellen Lebens; Goebbels wird Präsident.

23. September: Eröffnung der «Arbeitsschlacht»: erster Spatenstich Hitlers zum Bau der Reichsautobahn Frankfurt am Main-Darmstadt-Heidelberg.

29. September: Reichserbhofgesetz: «Bauer kann nur sein, wer […] deutschen oder stammesgleichen Blutes und ehrbar ist»; Töchter werden von der Erbfolge ausgeschlossen.

1. Oktober: Mit 700000 Teilnehmern wird auf dem Bückeberg bei Hameln der «Tag des deutschen Bauern» als erstes staatlich organisiertes Erntedankfest begangen.

Premiere des reichsweiten Eintopfessens, welches künftig am ersten Sonntag jeden Wintermonats stattfindet; die Portion kostet 50 Pfennige, die Differenz zur üblichen Mahlzeit soll dem Winterhilfswerk gespendet werden.

Den ersten Spatenstich zum Bau der *Reichsautobahnen* führt Hitler eigenhändig am 23. September 1933 in Frankfurt am Main aus. Am 19. Mai 1935 wird zwischen Frankfurt und Darmstadt das erste Teilstück für den Verkehr freigegeben. Zu dieser Zeit sind ca. 1500 Kilometer Autobahn im Bau.

Seit dem 13. September 1933 sind Restaurants angewiesen, aber auch die Familien aufgefordert, jeweils am ersten Sonntag der Monate Oktober bis März lediglich ein Eintopfgericht zu kochen, das pro Person nicht mehr als 50 Pfennig kosten soll. Der eingesparte Betrag soll dem WHW gespendet werden. Um die Idee der völkischen Solidargemeinschaft propagandistisch darzustellen, trifft sich die politische Führung demonstrativ zum öffentlichen Essen am Eintopfsonntag, wie hier vor der Berliner Hedwigs-Kathedrale.

2. Oktober: Hitlers «Mein Kampf» erreicht eine Auflage von einer Million Exemplaren.

4. Oktober: Schriftleitergesetz zur Gleichschaltung des Pressewesens; rund 1300 jüdische Journalisten verlieren ihre Arbeit.

15. Oktober: In München legt Hitler den Grundstein zum «Haus der Deutschen Kunst».

18. Oktober: Verbot von Preissteigerungen.

12. November: Reichstagswahl; bei einer Beteiligung von 95,2 Prozent erhält die Einheitsliste der NSDAP 92,2 Prozent der gültigen Stimmen.

23. November: Gesetzliche Einschränkung unerwünschter Eheschließungen und Adoptionen.

24. November: Gewohnheitsverbrechergesetz ermöglicht Sicherungsverwahrung ohne Anklage.
Erstes deutsches Tierschutzgesetz.

27. November: Gründung der NS-Gemeinschaft für Urlaubs- und Freizeitgestaltung «Kraft durch Freude» (KdF) im Rahmen der Deutschen Arbeitsfront.

29. November: Einführung von Pflichtinnungen im Handwerk.

1. Dezember: Premiere des Films «Der Sieg des Glaubens» von Leni Riefenstahl in Berlin: verherrlichende Dokumentation des NSDAP-«Parteitags des Sieges» vom 31. August bis 3. September 1933 in Nürnberg.

16. Dezember: Genehmigungspflicht für Kunst- und Kunstgewerbeausstellungen.

20. Dezember: Beginn einer Straßenlotterie im Rahmen des Winterhilfswerks; bei einem Lospreis von 50 Pfennigen beträgt der Hauptgewinn jeder Serie 5000 Reichsmark.

28. Dezember: Reichsweite Begrenzung der Hochschulzulassung auf jährlich 15000 Abiturienten, davon nicht mehr als zehn Prozent Mädchen.

31. Dezember: Die Statistik registriert für das Jahr 1933 in Deutschland rund 639000 Eheschließungen, 43000 Scheidungen und 971000 Lebendgeburten.
Die Arbeitslosenzahl ist auf 2,7 Millionen zurückgegangen.

1934

4. Januar: Der Reichsbischof untersagt den evangelischen Pfarrern jegliche politische Kritik in den Predigten.

16. Januar: Göring ordnet die Auflösung der Freimaurerlogen in Preußen an.

20. Januar: Gesetz «zur Ordnung der nationalen Arbeit»: Einführung des «Führerprinzips» in den Betrieben; Unternehmer werden zu «Betriebsführern», Arbeiter und Angestellte zur «Gefolgschaft».

In den Schulen wird der Deutsche Gruß (Hitlergruß) zur Pflicht.

30. Januar: Gesetz «über den Neuaufbau des Reiches»: Länder-Hoheitsrechte fallen an das Reich; Abschaffung der Landtage.

2. Februar: Verbot sämtlicher monarchistischen Verbände.

12. Februar: In Preußen wird Mädchen der Besuch von Knabenschulen verboten (ab 1936 reichsweit).

16. Februar: Reichslichtspielgesetz: Alle Drehbücher müssen künftig von Reichsfilmdramaturgen genehmigt werden.

17. Februar: Mit den ersten zwölf KdF-Urlaubszügen reisen mehr als 10000 Arbeiter in die Ferien.

4. März: Eingliederung der evangelischen Jugend in die HJ.

7. März: Zur Eröffnung der Internationalen Automobil- und Motorradausstellung in Berlin fordert Hitler perspektivisch die Verdopplung des derzeit rund eineinhalb Millionen Kraftfahrzeuge betragenden Bestandes.

15. März: Hans Falladas Roman «Wer einmal aus dem Blechnapf frißt» erscheint bei Rowohlt.

21. März: Hitler eröffnet die «Zweite Arbeitsschlacht».

Einweihung des weltgrößten Schiffshebewerks Niederfinow; der Schiffsfahrstuhl hat ein Gewicht von 4200 Tonnen.

29. März: In Preußen wird für Volksschulabgänger das «Landjahr» eingeführt; 1934 werden etwa 20000 ehemalige Schüler

vor allem aus «gesundheitlich und politisch gefährdeten» Familien für die Dauer von neun Monaten zu unbezahlter Landarbeit verschickt.
Ausbürgerung des jüdischen Nobelpreisträgers Albert Einstein.

3. April: Einführung des Führer-Prinzips an allen preußischen Volks- und Mittelschulen.

9. April: Erster Reichsberufswettkampf der deutschen Jugend.

14. April: In Dresden wird die Staatsakademie für Rassen- und Gesundheitspflege eröffnet.

24. April: Schaffung des Volksgerichtshofes.

2. Mai: Einführung des «Hauswirtschaftlichen Jahres», das alle Schulabgängerinnen entgeltlos in Privathaushalten abzuleisten haben.
Start des ersten KdF-Urlauberschiffs.

5. Mai: Studienbewerber müssen vor der Immatrikulation eine halbjährige Arbeitsdienstpflicht erfüllen.

11. Mai: Beginn der Propaganda-Kampagne «gegen Miesmacher und Kritikaster».

15. Mai: Gesetz zur zwangsweisen Regelung des Arbeitseinsatzes.

26. Mai: Start zur ersten Südamerikafahrt des Luftschiffs «Graf Zeppelin»; Rio de Janeiro wird planmäßig am 29. Mai erreicht.

5. Juni: Erste kultische Aufführung eines «Thingfestspiels» auf dem Thingplatz bei Halle.

8. Juni: Neueinteilung des Schuljahres; die Dauer der Sommerferien wird auf acht Wochen verdoppelt.

23. Juni: Reichsweite Sonnenwendfeiern; sie sollen perspektivisch Weihnachten als wichtigstem christlichen Fest den Rang ablaufen.

24. Juni: Mit einem 2:1-Sieg über den 1. FC Nürnberg wird der FC Schalke 04 erstmals deutscher Fußballmeister.

30. Juni: Ermordung Ernst Röhms und weiterer SA-Führer sowie bürgerlich-konservativer Oppositioneller durch Spezialkommandos der SS («Röhm-Putsch»).

11. Juli: Erster «Staatsjugendtag»; schulfreier Samstag jede Woche für HJ-Dienst und nationalpolitische Schulung (bis 1937).

Juli: Über rund 200 Kilometer Entfernung erfolgen drahtlose Bildübertragungen vom Berliner Funkturm zur Brocken-Versuchsstation.

Als bekennender Pazifist und Mitglied der Liga für Menschenrechte gilt der Physiker Albert Einstein den Nazis als ein Hauptfeind. Der Direktor des Kaiser-Wilhelm-Instituts für Physik in Berlin (1914–1933) und seit 1933 in den USA lebende und forschende Wissenschaftler gehört zu den fast 40000 Deutschen, die *ausgebürgert* werden.

Beliebtes Vorzeigeobjekt sind die *KdF*-eigenen Kreuzfahrtschiffe, die nach Kriegsausbruch als Truppentransporter oder Lazarettschiffe genutzt werden. Eins der im Bau befindlichen Schiffe erhält den Namen *Wilhelm Gustloff*, nach dem 1936 ermordeten *NSDAP-Landesgruppenleiter* für die Schweiz.

Bau des ersten deutschen Heimfernsehers; die Braunsche Röhre hat ein Format von 24 x 26 Zentimeter.

Erste deutsche Nanga-Parbat-Expedition in den Himalaja.

Fahrzeuge und Briefkästen der Reichspost werden von Gelb in Rot umgestrichen.

2. August: Reichspräsident von Hindenburg stirbt im Alter von 86 Jahren; die Reichswehr wird auf Hitler als «Führer und Reichskanzler» vereidigt.

19. August: Volksabstimmung über die Vereinigung der Ämter des Reichspräsidenten und des Reichskanzlers; bei einer Wahlbeteiligung von 95,7 Prozent sind 89,9 Prozent aller gültigen Stimmen dafür.

29. August: Erstmals fliegt eine Ju 52 (auch «Tante Ju» genannt) der Deutschen Lufthansa nach China; die reine Flugzeit für die Strecke Berlin-Shanghai beträgt 58 Stunden.

6. September: Uraufführung des Films «Der verlorene Sohn» mit Luis Trenker.

1. Oktober: Eine neue Straßenverkehrsordnung tritt in Kraft; Automobile dürfen ab dem 18. Lebensjahr gefahren werden.

31. Oktober: «Schulgemeinden» mit HJ-Beauftragten ersetzen die Elternbeiräte.

8. November: Der Lloyd-Dampfer «Bremen» stellt bei der 100. Atlantik-Überquerung vom französischen Cherbourg nach New York mit vier Tagen, 15 Stunden und 27 Minuten einen neuen Rekord auf.

13. November: Für den Handel werden Preise und Gewinnspannen staatlich festgeschrieben.

17. November: Proklamierung der «Erzeugungsschlacht»; landwirtschaftliche Importe sollen weitgehend durch eigene Produktion ersetzt werden.

30. November: Eingliederung der Turn- und Sportjugend in die HJ.

4. Dezember: Wilhelm Furtwängler tritt aus Protest gegen die NS-Kulturpolitik von seinen öffentlichen Ämtern u. a. als Leiter der Berliner Philharmoniker und Direktor der Staatsoper zurück.

31. Dezember: Die Statistik registriert für 1934 in Deutschland rund 739000 Eheschließungen, 55000 Scheidungen und 1198000 Lebendgeburten.

Am Erntedanksonntag (7.10.1934) kommt Hitler auf den Bückeberg bei Hameln, wo der *Reichsbauerntag* als propagandistische Großveranstaltung gefeiert wird.

Die Adam Opel AG bilanziert für das Jahr eine Rekordproduktion von rund 60 000 Kraftfahrzeugen.

1935

1. Januar: Der NSDAP gehören zweieinhalb, der HJ dreieinhalb Millionen Mitglieder an.
Abschaffung der Eintänzer («Gigolos»).

4. Februar: Eröffnung des Berliner Reichsfilmarchivs als weltgrößtes seiner Art.

26. Februar: Einführung von Arbeitsbüchern zum Nachweis über Art und Dauer der Beschäftigung.

10. bis 29. März: Erste Madeira-Fahrt mit drei KdF-Schiffen; der Preis von nur 120 Reichsmark pro Person war mehr als die Hälfte billiger als bei herkömmlichen Reiseangeboten.

12. März: Eröffnung des Funksprechverkehrs Berlin-Tokio.

16. März: Gesetz über den Aufbau der Wehrmacht auf der

Grundlage allgemeiner Wehrpflicht; Heeresstärke: zwölf Armeekorps mit 36 Divisionen und 560000 Mann.

19./20. März: Bei einer ersten großen Luftschutzübung in Berlin wird die gesamte Stadt verdunkelt.

22. März: In Berlin startet das erste regelmäßig ausgestrahlte Fernsehprogramm der Welt; gesendet werden Filme und Wochenschau-Auszüge jeweils montags, mittwochs und samstags von 20.30 bis 22 Uhr.

23. März: Eröffnung der rassischen Propagandaschau «Wunder des Lebens» in der Reichshauptstadt.

27. März: Erlaß über den Ausschluß von der Höheren Schule bei Versagen in den Leibesübungen.

28. März: Uraufführung des Parteitagsfilms «Triumph des Willens»; Leni Riefenstahl wird dafür am 1. Mai der Nationalpreis für Film verliehen.

30. März: Gesetz zur Förderung des Wohnungsbaus; begünstigt werden vor allem Kleinwohnungen und -siedlungen.

1. April: In Deutschland sind 6725216 Rundfunkhörer registriert; es gibt 4781 Filmtheater mit 1,8 Millionen Sitzplätzen.
Für Studenten wird eine Arbeitsdienstpflicht verfügt.
Zur Überwachung der Verkehrsdisziplin werden auf Preußens Landstraßen motorisierte Polizeistreifen eingesetzt.

3. April: Laut Goebbels sind während fünf Wintermonaten 362 Millionen Reichsmark für das Winterhilfswerk gesammelt worden.

5. April: In Köln wird die neue Universität eingeweiht.

9. April: Einrichtung der ersten öffentlichen Fernsehempfangsstelle mit einem Bildschirmformat von 18 x 22 Zentimetern im Berliner Reichspostmuseum; vier weitere «Fernsehstuben» werden am 15. Mai in Betrieb genommen.

10. April: Mit einer pompösen Feierlichkeit im Berliner Dom läßt sich Göring mit der Staatsschauspielerin Emmy Sonnemann trauen; Zehntausende bilden ein begeistertes Spalier.

12. April: Ausschluß aller «nichtarischen» Mitglieder aus der Reichsschrifttumskammer.

21. April: Erstmals wird der «Tag der Luftwaffe» begangen.

24. April: Anordnung «zur Beseitigung der Skandalpresse».

26. April: Uraufführung des Ufa-Films «Das Mädchen Johanna» mit Angela Salloker, Gustaf Gründgens und Heinrich George.

Kraft durch Freude bietet Kultur- und Freizeitangebote, wobei die Kreuzfahrten nach Italien, Norwegen oder sogar zu den Palmenstränden von Madeira den größten Propagandaeffekt erzielen.

Schon 1935 wird das *Luftschutzgesetz* erlassen, das Maßnahmen wie *Verdunklung, Fliegeralarmübungen, Brandschutz und -bekämpfung* anordnet. Mit dem Beginn der britischen Bombenangriffe wird das Verdunkeln der Fenster bei Nacht, das den Flugzeugen die Orientierung erschweren soll, vom *Luftschutzwart* scharf kontrolliert, Verstöße werden bestraft.

Die gesammelten Gelder werden nicht nur für sozial Schwache verwendet, sondern auch zur Finanzierung von *Hitlerjugend* und *Lebensborn*, einer 1935 gegründeten SS-Vereinigung mit dem Ziel, *den Kinderreichtum in der SS zu unterstützen, jede Mutter guten Blutes zu schützen und zu betreuen und für hilfsbedürftige Mütter und Kinder guten Blutes zu sorgen.*

30. April: Rückgang der Arbeitslosenzahl auf 2,2 Millionen.

12. Mai: Der deutsche Rennfahrer Rudolf Caracciola siegt auf Mercedes-Benz beim Großen Preis von Tripolis.

17. Mai: Verbot des Esperanto-Lehrprogramms an deutschen Schulen.

19. Mai: Übergabe der ersten 23 Kilometer langen Teilstrecke der Reichsautobahn Frankfurt am Main-Darmstadt-Heidelberg.

21. Mai: Das Wehrgesetz verordnet die aktive Dienstpflicht vom 18. bis 45. Lebensjahr.

22. Mai: Die Wehrdienstzeit wird auf ein Jahr festgesetzt.

25. bis 30. Mai: Internationaler Filmkongreß in Berlin.

26. Mai: Beim Avus-Rennen fährt Hans Stuck auf Auto-Union die schnellste Runde mit 259 Stundenkilometern.

8. Juni: Bertolt Brecht und die Thomas-Mann-Tochter Erika sowie zahlreiche weitere Emigranten werden ausgebürgert.

14. Juni: Erprobung erster Automobile mit Holzvergaser; um einen Liter Benzin zu ersetzen, sind etwa zweieinhalb Kilogramm Holz erforderlich.

23. Juni: Vor fast 75000 Zuschauern wird der FC Schalke 04 mit einem 6:4-Sieg über den VfB Stuttgart zum zweiten Mal deutscher Fußballmeister.

25. Juni: Verschärfung des Strafgesetzes gegen die Homosexualität.

26. Juni: Einführung des Reichsarbeitsdienstes (RAD) «für alle jungen Deutschen beiderlei Geschlechts»; Männer zwischen dem 18. und 25. Lebensjahr haben sechs Monate abzuleisten, für Frauen ist der Dienst weiterhin freiwillig; vorläufige Stärke: 200000.

Reichsluftschutzgesetz; die Bevölkerung wird zu entsprechenden Sach- und Dienstleistungen verpflichtet.

Anfang November 1935 werden die ersten Rekruten, hier in Quedlinburg, zur neu geschaffenen *Wehrmacht* einberufen.

29. Juni: Das erste Unterseeboot der Kriegsmarine läuft aus.

30. Juni: Einweihung des ersten 25 Kilometer langen Teilabschnitts der Reichsautobahn München-Salzburg.

Die Arbeitslosenzahl ist erstmals unter die Zwei-Millionen-Grenze gesunken.

1. Juli: In Berlin sind 156 001 Kraftfahrzeuge zugelassen.

5. Juli: Mit Gottfried von Cramm erreicht erstmals nach 21 Jahren wieder ein deutscher Tennisspieler das Herreneinzel-Finale in Wimbledon, muß jedoch eine Niederlage hinnehmen.

13. Juli: Richard Strauss tritt als Präsident der Reichsmusikkammer zurück.

14. bis 18. Juli: In Berlin finden antijüdische Demonstrationen statt.

18. Juli: Uraufführung der Filmkomödie «Amphitryon»; in den Hauptrollen Fita Benkhoff, Willy Fritsch, Käthe Gold, Hilde Hildebrand, Paul Kemp und Adele Sandrock.

24. Juli: Auflösung aller Traditionsvereine.

25. Juli: «Nichtarier» werden vom Wehrdienst ausgeschlossen.

3. August: Einweihung der Großglockner-Hochalpenstraße.

Die *Arbeitsmänner* werden verstärkt zu körperlich schweren Hilfsarbeiten beim Autobahnbau eingesetzt.

16. August: Erste deutsche Fernseh- und Rundfunklotterie; Hauptpreise sind zehn Fernsehgeräte.

17. August: Verbot aller noch bestehenden Freimaurerlogen und Beschlagnahmung ihrer Vermögen.

30. August: Uraufführung des Films «Ich liebe alle Frauen» mit Jan Kiepura in der Hauptrolle.

31. August: Die Arbeitslosenzahl ist auf 1,7 Millionen zurückgegangen.

14. September: Vor mehr als 50000 HJ-Mitgliedern verkündet Hitler seine Idealvorstellung von der «völkischen» Jugend: «Flink wie Windhunde, zäh wie Leder und hart wie Kruppstahl».

15. September: Erlaß der antisemitischen «Nürnberger Gesetze» («Gesetz zum Schutze des deutschen Blutes und der deutschen Ehre» sowie «Reichsbürgergesetz»), welche die Arbeits- und Lebensbedingungen von rund 500000 deutschen Juden stark einschränken; u.a. werden «Mischehen» und außereheliche Beziehungen zwischen «Ariern» und Juden als «Rassenschande» verboten.
Verordnung über einmalige Beihilfen an kinderreiche Familien.

3. Oktober: Die Reichsautobahn Darmstadt-Heidelberg wird eröffnet.

6. Oktober: Goebbels gibt die Kürzung der Lebensmittelimporte von zweieinhalb auf eine Milliarde Reichsmark bekannt.
Auflösung der Deutschen Burschenschaft.

10. Oktober: Erste Trauung nach dem Zeremoniell der Deutschen Volkskirche: Anstelle des bisherigen «Ja-Wortes» hat das Brautpaar mit «Jawohl, Heil Hitler» zu antworten.

11. Oktober: Von allen Oberschülerinnen wird der Nachweis hausfraulicher Kenntnisse gefordert.

12. Oktober: Verbot des «Niggerjazz» im deutschen Rundfunk.

18. Oktober: Das Gesetz «zum Schutze der Erbgesundheit des deutschen Volkes» untersagt Eheschließungen bei bestimmten Krankheiten; Einführung der Ehetauglichkeitszeugnisse.

19. Oktober: Eröffnung des Reichsinstituts für Geschichte des neuen Deutschland in Berlin.

2. November: Der deutsche Zoologe Hans Spemann erhält den Nobelpreis für Physiologie und Medizin.

 7. November: Vereidigung der ersten Rekruten (Jahrgang 1914)

Das nationalsozialistische Erziehungsziel setzt auf *Prägung und Formation* statt auf Bildung und Individualität. An die Stelle von Religion und Humanismus treten *kämpferische Gesinnung und erbarmungslose Härte gegenüber unwertem Leben*. Die außerschulische *körperliche Ertüchtigung* erfährt eine starke Aufwertung. In den Oberschulen werden Jungen und Mädchen getrennt erzogen, die Jungen in sprachlichen und mathematisch-naturwissenschaftlichen Klassen, die Mädchen sprachlich und hauswirtschaftlich orientiert.

unter der neuen, die Farben Schwarz, Weiß und Rot tragenden Reichskriegsflagge.

14. November: Juden verlieren das Wahlrecht und werden aus öffentlichen Ämtern ausgeschlossen.

29. November: Einweihung der Deutschlandhalle in Berlin. Im Autobahnbau sind rund 250000 Personen beschäftigt.

3. Dezember: Hitler befiehlt die «Ertüchtigung der gesamten deutschen Jugend vom 10. bis 18. Lebensjahr außerhalb der Schulen».

13. Dezember: Zulassungsverbot für «nichtarische» Ärzte. Himmler gründet den «Lebensborn e. V.» zur Förderung von Geburt und Aufzucht «rassisch hochwertiger» SS-Kinder.

14. Dezember: Uraufführung der Oper «Wozzek» von Alban Berg (nach einem Text von Georg Büchner) in Berlin.

16. Dezember: Öffentliche Verpflichtung von Mitgliedern der deutschen Olympia-Kernmannschaften in Berlin und Garmisch-Partenkirchen, wo zugleich das Eisstadion für die Winterspiele eröffnet wird.

23. Dezember: Für Reisen in die Schweiz werden vorerst keine Visa mehr erteilt.

31. Dezember: Die Statistik registriert für 1935 in Deutschland rund 651 000 Eheschließungen, 50 000 Scheidungen und 1 264 000 Lebendgeburten.
Die deutsche Autoindustrie bilanziert eine Rekordproduktion von über 180 000 PKW.
Die Lufthansa verzeichnet für das Jahr etwa 175 000 Fluggäste.

1936

1. Januar: In Deutschland sind 7 192 952 Rundfunkteilnehmer registriert; damit hat sich die Zahl binnen eines Jahres um über eine Million erhöht.

9. Januar: Das Schnellverkehrsflugzeug He 111 stellt mit mehr als 400 Stundenkilometern einen neuen Geschwindigkeitsrekord auf.

11. Januar: Zulassungsverbot für jüdische Steuerberater.

17. Januar: Goebbels reagiert auf zunehmende Klagen über Butter-Knappheit: «Damit werden wir fertig. Aber wir werden nicht fertig ohne Kanonen!»

25. Januar: Die Reichspost kündigt Fernsehübertragungen zur XI. Olympiade in Berlin an.

2. Februar: In Leipzig findet die weltgrößte Kaninchenschau statt; rund 5000 Tiere sind in 42 Rassen vertreten.

6. Februar: Hitler eröffnet in Garmisch-Partenkirchen die 4. Olympischen Winterspiele, die mit Rekordbeteiligung zu den größten und glanzvollsten werden; bis 16. Februar erleben rund eine halbe Million Besucher den Wettstreit von 80 Frauen und 675 Männern aus 28 Ländern in 17 Disziplinen und nunmehr sechs Sportarten (alpiner und nordischer Skisport, Eisschnellauf, Eiskunstlauf, Bob und Eishockey); Deutschlands bisher umfangreichste Winter-Olympiamannschaft (sieben Frauen und 70 Männer) erkämpft je drei Gold- und Silbermedaillen.

25. Februar: Eine neue Stromlinien-Dampflok von Borsig erreicht eine Höchstgeschwindigkeit von knapp 200 Stundenkilometern.

1. März: Inbetriebnahme der Bildtelefonverbindung zwischen Berlin und Leipzig.
Eröffnung der ersten Ausstellung «Entartete Kunst» in München.
In Berlin wird Erich Engels «Mädchenjahre einer Königin» uraufgeführt.

3. März: Arnold Zweig und weitere Emigranten werden ausgebürgert.

14. März: Premiere des Films «Familienparade» mit Curd Jürgens in seiner ersten Hauptrolle.

29. März: Reichstagswahl und Volksabstimmung: Bei einer Beteiligung von 99 Prozent entscheiden sich 98,8 Prozent aller Stimmen für Hitlers «Einheitsliste» und seine Politik.

30. März: Nach einem Erlaß sind schulische Förderung, Auszeichnungen und Stipendien den HJ-Mitgliedern vorzubehalten.

31. März bis 4. April: Jungfernfahrt des Zeppelins «Hindenburg» nach Rio de Janeiro; am 6. Mai startet dieses größte Starr-Luftschiff der Welt (245 Meter lang, 46,8 Meter Maximal-

Die Kunst der Avantgarde tritt bewußt provozierend und antibürgerlich auf, so daß es der nationalsozialistischen Propaganda nicht schwerfällt, die in breiten Kreisen der Bevölkerung vorhandenen Ressentiments im eigenen, vor allem antisemitischen Sinne zu nutzen. 1937 werden die Bilder auf einer Wanderausstellung gezeigt, die von etwa drei Millionen Besuchern gesehen wird.

durchmesser, rund 200000 Kubikmeter Gasvolumen) mit 50 Passagieren und 56 Besatzungsmitgliedern zur ersten Nordatlantik-Überquerung und landet nach 61,5 Stunden im amerikanischen Lakehurst.

3. April: Zulassungsverbot für jüdische Tierärzte.

4. April: Übergabe des ersten Teilabschnitts der Reichsautobahn Berlin-Stettin.

20. April: Aus Anlaß des 47. Hitler-Geburtstags wird in Berlin eine große Truppenparade mit rund 500 Offizieren und 14000 Mann, fast 1000 Pferden und über 1500 Fahrzeugen abgehalten.

Mit der Einrichtung eines «Dankopfers der Nation» will die SA Spendengelder für Hitler eintreiben.

24. April: In Crössinsee, Sonthofen und Vogelsang werden die ersten «Ordensburgen» zur Ausbildung von NS-Führungskadern eröffnet.

2. Mai: Grundsteinlegung für das KdF-Seebad Prora auf Rügen.

7. Mai: An allen höheren Schulen außer den Knabengymnasien wird Englisch erste Fremdsprache.

21. Mai: Eröffnung eines 24 Kilometer langen Teilstücks der Reichsautobahn Köln-Ruhrgebiet; drei Tage später werden 34 Kilometer der Strecke München-Landesgrenze übergeben.

26. Mai: Unter gezieltem antikirchlichen Propagandadruck beginnt der erste von rund 250 «Sittlichkeitsprozessen» gegen mehr als 1000 katholische Geistliche, Ordens- und Laienbrüder.

28. Mai: Die «Bekennende Kirche» um Niemöller verurteilt in einer Pfingsdenkschrift die nationalsozialistische Rassenpolitik.

17. Juni: Himmler wird Chef der Deutschen Polizei; ab 30. Juni ist diese in das Hauptamt Ordnungspolizei (gesamte uniformierte Polizei) und das Hauptamt Sicherheitspolizei (politische Polizei und Kripo) gegliedert.

19. Juni: Einweihung des ersten Teilabschnitts der Reichsautobahn in Ostpreußen.

In New York besiegt das deutsche Box-Idol Schmeling den «braunen Bomber» Joe Louis durch K. o. in der zwölften Runde.

21. Juni: Mit einem 2:1-Erfolg über Fortuna Düsseldorf wird der 1. FC Nürnberg vor 45000 Zuschauern neuer deutscher Fußballmeister.

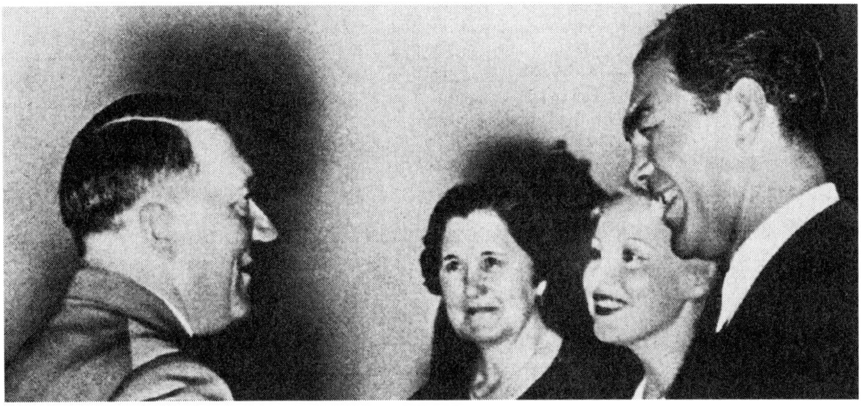

Seit er 1930 den Titel *Boxweltmeister aller Klassen*, wenn auch durch Disqualifikation des Gegners, errungen hat, gehört Max Schmeling zu den Idolen der Zeit. Nach seinem Sieg über den farbigen US-Boxer Joe Louis (1936) versucht die NS-Propaganda den Sportler für ihren *Arierkult* zu vereinnahmen. Nach dem verlorenen Rückkampf (1938) geht Schmeling auf Distanz zum NS-System.

22. Juni: Für erpresserischen Kindesraub bestimmt ein Gesetz die Todesstrafe.
In Berlin heiratet Gustaf Gründgens die Schauspielerin Marianne Hoppe.

26. Juni: Flugpremiere des weltersten Hubschraubers Fw 61 in Bremen.
An den Schulen wird der Sportunterricht auf drei Stunden pro Woche ausgeweitet.

1. Juli: Die Arbeitslosenzahl ist auf 1,3 Millionen zurückgegangen.
Zusätzliche Unterstützungen für kinderreiche Familien.
In Döberitz bei Berlin wird das von der Wehrmacht errichtete Olympische Dorf für die XI. Olympiade eingeweiht; es besteht aus festen Ziegelhäusern mit 38 Speisesälen.

8. Juli: Eröffnung des Flug- und Luftschiffhafens Frankfurt/M.

12. Juli: Baubeginn des KZ Sachsenhausen in Oranienburg.

18. Juli: Gestapo-Runderlaß über die Postkontrolle ausländischer Olympia-Teilnehmer.

20. Juli: Erstmals startet im griechischen Olympia der Olympische Fackellauf; 3331 Sportler tragen die Flamme über 3187 Kilometer nach Berlin, wo sie am 31. Juli eintrifft.

22. Juli: Der legendäre amerikanische Atlantik-Überflieger (1927) Charles A. Lindbergh besucht die Reichshauptstadt.

1. August: Hitler eröffnet in Berlin vor rund 100 000 Zuschauern die Spiele der XI. Olympiade; mit einer Rekordbeteiligung von 328 Frauen und 3634 Männern aus 49 Ländern finden bis 16. August 129 Wettbewerbe in 19 Sportarten sowie zahlreiche Rahmenveranstaltungen mit insgesamt 3,7 Millionen Besuchern statt; die deutsche Mannschaft mit 348 Aktiven erkämpft 38 Gold-, 31 Silber- und 32 Bronzemedaillen und belegt mit großem Abstand vor den USA und Ungarn den ersten Platz in der Nationenwertung.
Erstmals bei Olympia wird das Fernsehen eingesetzt; mehr als 160 000 Menschen erleben in Berliner (25), Leipziger (2) und Potsdamer (1) «Fernsehstuben» sowie drei in der Reichshauptstadt eingerichteten «Groß-Fernsehstellen» (Bildschirmformat 100 x 120 Zentimeter) bei freiem Eintritt Direktübertragungen der sportlichen Höhepunkte (insgesamt 138 Sendestunden); vier elektronische Kameras sind in den Stadien installiert, darunter als größte ein von Telefunken entwickeltes Ikonoskop, das mit seinen 2,2 Metern Länge als «Fernsehkanone» bezeichnet wird.
Auch der Rundfunk überträgt die Spiele erstmals direkt, wobei rund 3000 Sendungen in 40 Länder gehen; ein Sonderdienst des bei Zeesen in Betrieb genommenen leistungsstärksten Kurzwellensenders der Welt verbreitet die aktuellen Nachrichten mit Ausnahme von Australien auf allen Kontinenten.
Insgesamt sind 1800 Journalisten aus 58 Staaten akkreditiert.
45 Kameraleute nehmen die Dreharbeiten zu Leni Riefenstahls zweiteiligem Olympia-Dokumentarfilm «Fest der Völker» und «Fest der Schönheit» auf und belichten 400 Kilometer(!) Negativmaterial; nach aufwendiger Bearbeitung erlebt der monumentale Vier-Stunden-Streifen erst am 20. April 1938 zu Hitlers 49. Geburtstag seine gefeierte Uraufführung.
Über 2000 Prostituierte, Bardamen und Tänzerinnen werden laut amtlichem Bericht während der Spiele zwangsweise auf Geschlechtskrankheiten untersucht und 350 zwangsbehandelt; von den verhafteten Taschendieben gelangen 49 sofort vor ein Schnellgericht, das empfindliche Zuchthausstrafen verhängt.

3. August: Göring in seiner Funktion als Reichsjägermeister verbietet die Jagd zu Pferde (Parforcejagd).

Erstmals werden aus dem Berliner Olympiastadion mit einer Fernbildkamera Bilder von den Wettkämpfen gesendet, die in öffentlichen Fernsehstuben gesehen werden können.

4. August: Als erster deutscher Farbfilm wird «Das Schönheitsfleckchen» uraufgeführt.

24. August: Verdopplung der Wehrdienstzeit auf zwei Jahre; der 1935 als erster rekrutierte Jahrgang 1914 wird nicht entlassen und muß weiterdienen.

31. August: 28 Bergleute fallen einem schweren Grubenunglück in Bochum zum Opfer.

1. September: Für Offiziersbewerber werden an den Schulen Prüfungserleichterungen eingeführt.

Uraufführung des Operetten-Films «Der Bettelstudent» mit Marika Rökk und Johannes Heesters.

26. September: Ein Erlaß regelt die Stärke des Reichsarbeitsdienstes bis 1939: 300000 Jungen und 25000 Mädchen.

Der Deutsche Gruß (Hitlergruß) wird auch für Geistliche im Ornat zur Pflicht.

1. Oktober: Die Arbeitslosenzahl ist auf rund eine Million zurückgegangen.

5. Oktober: Freigabe des Rügendamms von Stralsund nach Altefähr für den Eisenbahnverkehr.

6. Oktober: Hitler eröffnet das 4. Winterhilfswerk; 1935/36 hat die Aktion 372 Millionen Reichsmark erbracht.

9. Oktober: Uraufführung des nach einem Roman von Heinrich Spoerl gedrehten Lustspielfilms «Wenn wir alle Engel wären» mit Heinz Rühmann.

10. Oktober: Josef («Sepp») Herberger wird zum Fußball-Reichstrainer berufen.

24. Oktober: Verpflichtung des gesamten Reichsarbeitsdienstes zur Hackfruchternte.

5. November: Im Entwurf eines neuen Strafrechts werden 21 Delikte mit der Todesstrafe bedroht.

19. November: Als erste Tonbandaufnahme wird in Ludwigshafen eine von den Londoner Philharmonikern gespielte Mozart-Sinfonie mitgeschnitten.

23. November: Dem Publizisten und ehemaligen Herausgeber der «Weltbühne», Carl von Ossietzky, wird nachträglich der Friedensnobelpreis für 1935 zuerkannt, den er jedoch – seit 1933 in KZ-Haft und am 4. Mai 1938 an deren Folgen verstorben – aufgrund eines Verbots der NS-Regierung nicht annehmen darf; am 30. Januar 1937 verfügt Hitler die Stiftung eines mit 100000 Reichsmark dotierten «Deutschen Nationalpreises für Kunst und Wissenschaft» und untersagt zugleich allen «Reichsbürgern» die Annahme von Nobelpreisen.

30. November: Auf Verlangen der Wehrmacht wird die Oberschuldauer auf zwölf Jahre verkürzt.

1. Dezember: Gesetz über die Hitlerjugend, welches die gesamte junge Generation zur «Staatsjugend» erklärt und in dieser Organisation «zum Dienst am Volk» zusammenfaßt; 10- bis 14jährige sind «Jungvolk» bzw. «Jungmädel», 14- bis 18jährige HJ bzw. «Bund deutscher Mädel» (BDM).

2. Dezember: Thomas Mann wird die Doktorwürde der Universität Bonn und gemeinsam mit weiteren emigrierten Persönlichkeiten die deutsche Staatsangehörigkeit bei gleichzeitiger Konfiszierung des Vermögens aberkannt.

4. Dezember: Im Handel werden Kundenlisten für die Versorgung mit Speisefetten eingeführt.

31. Dezember: Die Statistik registriert für das Jahr 1936 in Deutschland rund 610000 Eheschließungen, 50000 Scheidungen und 1279000 Lebendgeburten.

Nach dem Prinzip *Jugend muß durch Jugend geführt werden* leisten ältere Mädchen bei wöchentlichen Heimabenden oder Fahrten in die nähere Umgebung Erziehungsarbeit an jüngeren. Die Mitgliedschaft ist zunächst für *Mädchen aus gutem Hause* besonders erstrebenswert, sind sie doch hier frei von elterlicher Bevormundung. Die Erziehung zu Gehorsam, Pflichterfüllung und Opferbereitschaft deckt sich weitgehend mit den Vorstellungen des Bürgertums.

1937

1. Januar: Deutschland besitzt mit 8,16 Millionen Rundfunkteilnehmern vor England (7,96 Millionen) die in Europa größte Hörerzahl.

3. Januar: Der VfB Leipzig besiegt den FC Schalke 04 mit 2:1 im Endspiel um den nach dem Reichssportkommissar von Tschammer benannten deutschen Fußballpokal.

10. Januar: Einweihung der Reichsautobahn Berlin-Hannover.

15. Januar: Himmler bezeichnet in einer Rundfunkansprache die Sicherung des Straßenverkehrs sowie den Kampf gegen Homosexualität und Abtreibung als wichtigste Polizeiaufgaben.

26. Januar: Beamte werden gesetzlich zu «unbedingtem Gehorsam und äußerster Pflichterfüllung» verpflichtet.

Das Gesetz «über den Verkehr mit land- und forstwirtschaftlichen Grundstücken» bereitet der Bodenspekulation ein Ende; künftig bedarf jeder Besitzwechsel einer staatlichen Genehmigung.

31. Januar: Durch einen anhaltenden Kälteeinbruch ist die Arbeitslosenzahl wieder auf 1,9 Millionen gewachsen.

13. Februar: Zulassungsverbot für jüdische Notare.

20. Februar: Hitler eröffnet in Berlin die Internationale Automobil- und Motorradausstellung und weist auf die Notwendigkeit der Schaffung eines «Volkswagens» hin.

9. März: In einer reichsweiten «Säuberungsaktion» werden Tausende «Gewohnheitsverbrecher» verhaftet und in Konzentrationslager eingewiesen.

18. März: Uraufführung des Lustspielfilms «Die göttliche Jette» mit Grethe Weiser in der Hauptrolle.

20. März: Abschaffung der Gymnasialbildung für Mädchen.

24. März: Goebbels erklärt das Winterhilfswerk zur Dauereinrichtung.

5. April: Ausgabe der ersten Hitler-Briefmarke; der «Führer» reklamiert das «Recht am eigenen Bild» und partizipiert damit an den Erlösen der Reichspost.

10. April: Beginn der deutschen Ausgrabungen im griechischen Olympia.

19. April: Auf der «Ordensburg» Crössinsee wird für Eliteschüler die erste «Adolf-Hitler-Schule» der HJ eröffnet; im «Jungvolk» bewährte «Pimpfe» werden nach Abschluß der sechsten Klasse an diese Internatsschule delegiert, deren Besuch sechs Jahre dauert.

20. April: Zum 48. «Führer»-Geburtstag wird eine «Adolf-Hitler-Dank»-Stiftung für notleidende Parteimitglieder eingerichtet.

30. April: Die Arbeitslosenzahl hat wieder die Millionengrenze unterschritten.

Anfangs sollten die freiwilligen Spenden für das *Winterhilfswerk (WHW)* dazu beitragen, die Not vieler zu lindern. Mit dem Rückgang der Arbeitslosigkeit und der Stabilisierung der wirtschaftlichen Lage rückte die Bekundung von *Gemeinschaftssinn und Opferbereitschaft* stärker in den Vordergrund.

1. Mai: Emil Jannings erhält den Nationalen Filmpreis.

3. Mai: Gleichzeitige Grundsteinlegung für 543 HJ-Heime. Goebbels ordnet an, daß höhere Beamte aus den Bereichen Propaganda und Kultur «nacheinander je zwei Monate als Hilfsarbeiter in Betrieben aller Art» tätig werden.

5. Mai: Das KdF-Schiff «Wilhelm Gustloff» läuft vom Stapel.

6. Mai: Bei einer neuerlichen Landung in Lakehurst geht der Zeppelin «Hindenburg» in Flammen auf; 35 Menschen sterben in dem Inferno.

8. Mai: Juden wird künftig die Zulassung zur Doktorprüfung verweigert.

13. Mai: Die Rügendammstraße zwischen Stralsund und der Insel sowie die Reichsautobahn Hamburg-Lübeck werden dem Verkehr übergeben.

18. Mai: Himmler-Erlaß: «Trunkenheit am Steuer und im Straßenverkehr wird fortan als kriminelles Verbrechen angesehen und behandelt.»

5. Juni: Göring kündigt vor dem Reichsluftschutzbund in Berlin die Ausgabe von Millionen neuentwickelter «Volksgasmasken»

Zur psychologischen Vorbereitung auf den Krieg gehören systematische *Luftschutzübungen*, das Propagandafoto will wohl die glückliche Familie als Überlebende im Gaskrieg zeigen.

an; sie werden zwar ausgeliefert, kommen aber nicht zum Einsatz, da der befürchtete Giftgasangriff ausbleibt.
Erster sportlicher Reichswettkampf der HJ.

8. Juni: Uraufführung von Carl Orffs szenischer Kantate «Carmina Burana» in Frankfurt am Main; weitere Vorstellungen der avantgardistischen Komposition scheitern am Einspruch der NS-Kulturbehörden.

20. Juni: Inbetriebnahme der Reichsautobahn Kassel-Göttingen.
Mit einem 2:0-Sieg über den 1. FC Nürnberg wird der FC Schalke 04 zum dritten Mal deutscher Fußballmeister.

21. Juni: Sieben Bergsteiger der zweiten deutschen Nanga-Parbat-Expedition werden im Himalaja von einer Lawine getötet.

1. Juli: Pastor Niemöller wird verhaftet; am 2. März 1938 zu «nur» sieben Monaten Festungshaft und 2000 Reichsmark Geldstrafe verurteilt, erfolgt dennoch schon tags darauf seine Einweisung in das KZ Sachsenhausen, das er ebenso überlebt wie ab Juli 1941 bis Kriegsende das Lager Dachau.

2. Juli: Schulträgern wird die «abgesonderte Beschulung der jüdischen Schüler» empfohlen.
Der von Heinrich Focke konstruierte Hubschrauber Fw 61 stellt mit einer Flughöhe von 2500 Metern, einer Geschwindigkeit von 122,5 Stundenkilometern und einer Flugdauer von einer Stunde und 20 Minuten neue Weltrekorde auf.

16. Juli: Auf dem Ettersberg bei Weimar beginnen die ersten 149 Häftlinge mit dem Ausbau des späteren KZ Buchenwald.

19. Juli: Bei der Eröffnung der zweiten Ausstellung «Entartete Kunst» in München kündigt Hitler an: «Wir werden von jetzt ab einen unerbittlichen Säuberungskrieg führen gegen die letzten Elemente unserer Kulturzersetzung»; die Exposition verzeichnet bis zur Schließung über zwei Millionen Besucher.

20. Juli: Gesetzliche Sonderbesteuerung für nicht einberufene Wehrpflichtige.

14. August: Berlin feiert sein 700jähriges Bestehen.

16. August: Dem Seeflugboot «Nordmeer» gelingt die Atlantiküberquerung.

23. August: Verbot von Studenten-Mensuren.

31. August: Die Arbeitslosenzahl ist auf 509 000 gesunken.
Als erster deutscher Spielfilm mit Zarah Leander wird der Streifen «Zu neuen Ufern» uraufgeführt.

Bis 1937 scheint die Entwicklung im Deutschen Reich, sowohl politisch als auch wirtschaftlich gesehen, positiv im Sinne der Nationalsozialisten zu verlaufen. Auf der Weltausstellung von Paris ist die deutsche Technik bewundert worden. Der Sieg in der Arbeitsschlacht hatte zur Vollbeschäftigung geführt. Die große Mehrheit der deutschen Bevölkerung glaubt an den Aufschwung und läßt es sich, wie hier in der Friedrichstraße, gutgehen.

4. September: Reichsweite «regelmäßige allgemeine Beflaggungstage» werden bestimmt: Reichsgründungstag (18. Januar), Tag der nationalen Erhebung (30. Januar), Heldengedenktag (fünfter Sonntag vor Ostern), Geburtstag des «Führers und Reichskanzlers» (20. April), Nationaler Feiertag des deutschen Volkes (1. Mai), Erntedanktag (erster Sonntag nach Michaelis).

6. bis 13. September: 9. Parteitag der NSDAP in Nürnberg; erstmalige Verleihung des «Deutschen Nationalpreises für Kunst und Wissenschaft» u. a. an den Mediziner Ferdinand Sauerbruch; Hitler legt den Grundstein für ein gigantomanisches, 400000 Menschen fassendes «Deutsches Stadion».

14. September: Boxen, Fußball und Geländesport werden in die Leibeserziehung an den Knabenschulen einbezogen.

4. Oktober: Erlaß eines Rahmengesetzes zur monumentalen Neugestaltung der Städte Berlin, Hamburg, München, Nürnberg und Stuttgart.

5. Oktober: Das 5. Winterhilfswerk beginnt; 1936 / 37 sind 422,8 Millionen Reichsmark gespendet worden.

13. Oktober: Uraufführung des Spielfilms «Der Mustergatte» mit Rühmann in der Titelrolle sowie Leny Marenbach, Hans Söhnker und Heli Finkenzeller.

19. Oktober: Verordnung eines «Reichsschwimmscheins» für die gesamte deutsche Jugend.

31. Oktober: Goebbels eröffnet die «Woche des Buches» in Weimar und proklamiert «Buch und Schwert» als Symbole der nationalen Politik.

3. November: Um den Getreideimport zu verringern, verordnet der «Reichsnährstand», dem Roggenbrotmehl Kartoffel- und dem Weizenbrotmehl Maismehl beizumischen.

30 Länder beteiligen sich an einer unter Schirmherrschaft Görings stehenden Jagdausstellung in Berlin.

4. November: Jüdischen Bürgern wird der Deutsche Gruß (Hitlergruß) untersagt.

Weimar ist für die Nationalsozialisten ein Ort von symbolischer Bedeutung, wollen sie doch ein politisches und propagandistisches Gegengewicht zur Weimarer Republik setzen. Hier, wo die NSDAP schon 1930 erstmals ein Ministeramt besetzt hat, ist der Ort, an dem ihre Großveranstaltungen auch international Beachtung finden.

8. November: Beginn der rassistischen Ausstellung «Der ewige Jude» in München.
Himmler beklagt in einer Rede die Existenz «entsetzlicher Pantoffelhelden» in der SS.
25. November: Gesetzliche Bestimmungen fördern den Bau weiterer Kleinsiedlungen.
2. Dezember: Erste Verleihung eines «Ehrenbuches für die kinderreiche deutsche Familie».
4. Dezember: Auf dem Zentralflughafen Berlin-Tempelhof wird Richtfest gefeiert.
17. Dezember: Die ersten 2000 Kilometer der Reichsautobahnen sind fertiggestellt.
31. Dezember: Die Statistik registriert für das Jahr 1937 in Deutschland rund 620 000 Eheschließungen, 47 000 Scheidungen und 1 277 000 Lebendgeburten.

1938

1. Januar: Mit nunmehr über neun Millionen Rundfunkteilnehmern sind abermals binnen Jahresfrist fast eine Million Neuzugänge zu verzeichnen.
7. Januar: Uraufführung des Abenteuerfilms «Der Tiger von Eschnapur» in Weimar; die Fortsetzung «Das indische Grabmal» folgt am 28. Januar.
19. Januar: Für 17- bis 21jährige Mädchen wird das BDM-Werk «Glaube und Schönheit» gegründet; in Arbeitsgemeinschaften werden Sport und Gymnastik betrieben und Fächer wie Körper- und Gesundheitspflege, Hauswirtschaft, Wohn- und Raumgestaltung unterrichtet.
28. Januar: Bei einem Geschwindigkeits-Rekordversuch auf der Reichsautobahn Frankfurt am Main-Darmstadt verunglückt der Rennfahrer Bernd Rosemeyer tödlich; der Tacho des zertrümmerten Wagens steht auf 430 Stundenkilometern.
29. Januar: Für höhere Schulen werden acht Klassenstufen festgelegt und die wöchentlichen Turnstunden auf fünf vermehrt.
Eine vom Chemiker Paul Schlack entwickelte neue Kunstfaser wird als «Perlon» patentiert.

6. Februar: Verbot der Sechs-Tage-Radrennen in Deutschland.

9. Februar: Reichsweit werden auf öffentlichen Straßen und Plätzen Lautsprechersäulen installiert.

10. Februar: Uraufführung des nach dem gleichnamigen Spoerl-Roman gedrehten Lustspielfilms «Der Maulkorb» mit Elisabeth Flickenschildt und Will Quadflieg.

11. Februar: Erster Reichsberufswettkampf «aller schaffenden Deutschen».

15. Februar: Unverheiratete Frauen unter 25 Jahren sollen ein Pflichtjahr in der Land- oder Hauswirtschaft ableisten.

16. Februar: Gründung der Bavaria-Filmkunst GmbH in München.

1. März: Einrichtung einer zentralen Zensur- und Kontrollbehörde für Schulbücher.

29. März: Das KdF-Schiff «Robert Ley» läuft vom Stapel; sämtliche Zwei- und Vierbettkabinen (alle mit Seeblick) sind solide möbliert und mit fließend Warmwasser sowie Klimaanlagen versehen; sparsam ist dagegen die sanitäre Ausstattung: Für mehr als 1600 Passagiere stehen lediglich 40 Badezimmer und 100 Duschen zur Verfügung.

1. April: Rühmann, Leny Marenbach, Oskar Sima und Albert Florath spielen die Hauptrollen in dem Film «Fünf Millionen suchen einen Erben», der in Berlin uraufgeführt wird.

4. April: Reichsschatzanweisungen im Wert von einer Milliarde Reichsmark werden ausgegeben; die Verzinsung beträgt viereinhalb Prozent.

10. April: Volksabstimmung über den «Anschluß» Österreichs: Im «Altreich» stimmen 99 Prozent dafür.

20. April: Einführung eines Hauswirtschafts-Pflichtjahrs für Abiturientinnen; erst nach Ableistung wird das Reifezeugnis ausgehändigt.

26. April: Jüdische Vermögen über 5000 Reichsmark werden anmeldepflichtig.

1. Mai: 54,62 Prozent aller deutschen Haushalte besitzen ein Rundfunkgerät.

Leni Riefenstahl erhält für ihr zweiteiliges Olympia-Dokumentarwerk den Nationalen Filmpreis und noch im selben Jahr beim Festival von Venedig die Auszeichnung mit dem «Goldenen Löwen von San Marco».

6. Mai: Der HJ wird das «Führersportabzeichen» gestiftet.

19. Mai: Für den «Volkswohnungsbau» werden zusätzlich 48 Millionen Reichsmark bereitgestellt.

22. Mai: Hitler ordnet die Gründung einer Richard-Wagner-Forschungsstätte in Bayreuth an.

25. Mai: In Düsseldorf wird die Ausstellung «Entartete Musik» eröffnet.

26. Mai: Grundsteinlegung zum Volkswagenwerk bei Fallersleben, später Wolfsburg; erstmals wird der von Ferdinand Porsche konstruierte «KdF-Wagen» (Volkswagen) der Öffentlichkeit vorgestellt.

31. Mai: Die Arbeitslosenzahl ist auf 338 000 zurückgegangen. Gesetz zur entschädigungslosen Einziehung aller als «entartet» eingestuften Kunstwerke; der Beschlagnahmung unterliegen rund 5000 Gemälde und Plastiken sowie 12 000 Grafiken.

8. Juni: Im Flugwesen werden neue Weltrekorde aufgestellt: Das größte deutsche Verkehrsflugzeug «Großer Dessauer» erreicht 9312 bzw. 7242 Meter Höhe mit 100 bzw. 200 Tonnen Nutzlast, das Jagdflugzeug He 100 eine Geschwindigkeit von 634 Stundenkilometern.

9. Juni: In München wird die Synagoge abgetragen.

13. bis 18. Juni: In einer reichsweiten Gestapoaktion werden Tausende «Asoziale» verhaftet und in Konzentrationslager eingewiesen.

14. Juni: Nach Plänen von Albert Speer beginnt auf 16 Großbaustellen die architektonische Umgestaltung Berlins.

1934 beginnt Ferdinand Porsche mit der Entwicklung des Volkswagens, 1936 werden fünf Prototypen von Technikern mit Erfolg getestet, die nächsten 30 Wagen testet 1937 die SS. Diese Version von 1938 gilt als ausgereift.

22. Juni: Das Gesetz «gegen Straßenraub mittels Autofalle» (d. h. über die Fahrbahn gespannte Ketten oder Taue) bestimmt die Todesstrafe für dieses gehäuft auftretende Delikt, für das Hitler am 19. November 1938 den standgerichtlichen Vollzug anweist. Schmeling unterliegt Louis in New York im Kampf um die Schwergewichts-Weltmeisterschaft durch K. o. in der ersten Runde.

23. Juni: Für alle arbeitsfähigen Männer und Frauen erfolgt die Einführung der allgemeinen Dienstpflicht.

26. Juni: Beim Deutschen Derby in Hamburg-Horn wird die Rekord-Einlaufquote von 4360 Reichsmark für zehn gezahlt.

1. Juli: Erlaß über das sechsklassige Mittelschulwesen.

3. Juli: Vor 100000 Zuschauern im Berliner Olympia-Stadion gewinnt Hannover 96 das Endspiel um die deutsche Fußballmeisterschaft gegen den FC Schalke 04 mit 4:3 nach Verlängerung.

10. Juli: Mit einem 23:0-Sieg(!) über die Schweiz wird Deutschland Handball-Weltmeister.

12. Juli: Inbetriebnahme der Bildtelefonverbindung zwischen Berlin und München.

16. Juli: Alle vor dem Ersten Weltkrieg geprägten Goldmünzen werden außer Kurs gesetzt.

18. Juli: Die gesamte Bevölkerung wird zu Sachleistungen für Wehrzwecke verpflichtet.

24. Juli: Erstbesteigung der Eiger-Nordwand durch eine deutsch-österreichische Seilschaft.

25. Juli: Jüdischen Ärzten wird die Approbation entzogen.

31. Juli: Juden dürfen keine «arischen» Erbschaften annehmen.

1. August: Beginn der Sparaktion für den «KdF-Wagen» (Volkswagen); bei wöchentlichen Mindestraten von fünf Reichsmark beträgt der Gesamtpreis 990 Reichsmark; alle 336000 Besteller gehen jedoch leer aus, da das neue Werk während des Krieges ausschließlich Kübelwagen für die Wehrmacht produziert.

5. August: Fertigstellung des 100000. «Deutschen Kleinempfängers DKE 1938»; das Radio wird für 35 Reichsmark verkauft.

10. August: Zerstörung der Synagoge in Nürnberg.

11. August: Das Focke-Wulf-Großflugzeug «Condor» fliegt in 25 Stunden nonstop von Berlin nach New York.

16. August: Für Kleinsiedlungen wird ein zusätzliches Reichsdarlehen von 80 Millionen Reichsmark bereitgestellt.

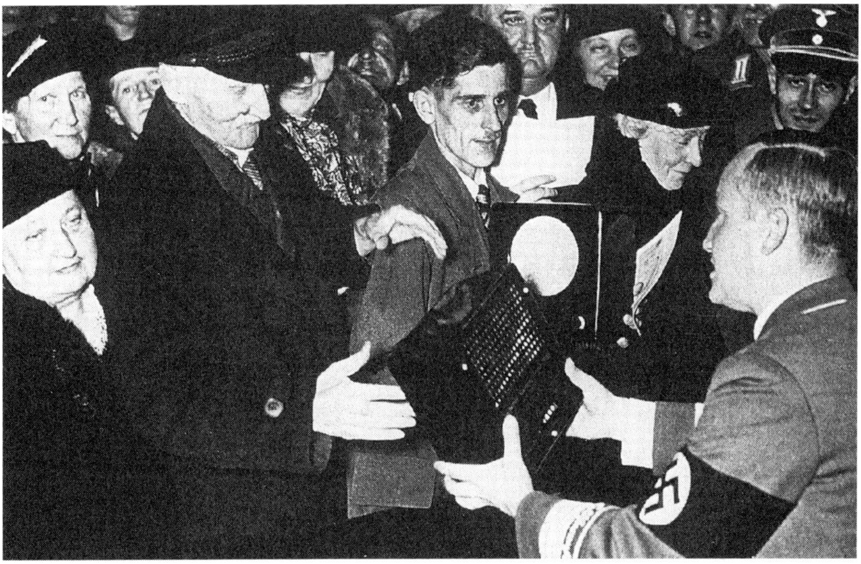

Der seit 1938 produzierte *Deutsche Kleinempfänger* (DKE) ist weder für den Kurz- noch für den Langwellenempfang ausgerüstet. Weil man damit lediglich das Programm der Reichssender und mithin die Propagandareden empfangen kann, erhält das Gerät bald den Spitznamen *Goebbels-Schnauze.*

17. August: Verordnung zur Einführung der jüdischen Zwangsvornamen «Sara» bzw. «Israel» (ab 1. Januar 1939).

29. August: Leihgaben wertvollen deutschen Kunstbesitzes ins Ausland werden untersagt.

31. August: Weiterer Rückgang der Arbeitslosenzahl auf 179000.

5. September: Die Flugzeugbauer Ernst Heinkel und Willy Messerschmidt, der Automobilkonstrukteur Ferdinand Porsche sowie der Generalinspekteur für das deutsche Straßenwesen, Fritz Todt, erhalten den «Deutschen Nationalpreis für Kunst und Wissenschaft».

27. September: Berufsverbot für jüdische Rechtsanwälte.

1. Oktober: Als polizeilicher Inlandsausweis wird für alle erwachsenen «Reichsbürger» die «Kennkarte» eingeführt.
Freigabe des Fernsehempfangs für die Allgemeinheit; Tisch-«Heimfernseher» mit einem Bildschirmformat von 20 x 23 Zentimetern kosten etwa 800 Reichsmark.

5. Oktober: Verordnung über die Einbeziehung der Reisepässe von Juden; beschränkte Neuausstellung nur mit dem Aufdruck «J».

30. Oktober: Inbetriebnahme des Mittellandkanals, der insgesamt 465 Kilometer langen Wasserstraßenverbindung zwischen Rhein und Elbe.

1. November: Achtjähriger Volksschul- und anschließender dreijähriger Berufsschulbesuch werden reichseinheitlich zur gesetzlichen Pflicht.

9. November: Nach einem aus Verzweiflung über die Abschiebung seiner Eltern von Deutschland nach Polen verübten Attentat des 17jährigen jüdischen Emigranten Herschel Grünspan in der deutschen Botschaft in Paris stirbt Legationssekretär Ernst vom Rath; dies wird der NS-Führung zum willkommenen Anlaß für die «Reichskristallnacht»: Den organisierten Ausschreitungen gegen die Juden fallen über 7500 Geschäfte sowie Waren- und Wohnhäuser zum Opfer; 191 Synagogen werden in Brand gesteckt, weitere 76 vollständig zerstört, desgleichen Gemeindehäuser und Friedhofskapellen; 91 Menschen werden sofort ermordet, rund 30000 verhaftet und in die KZ Buchenwald, Dachau und Sachsenhausen verschleppt.

12. November: Den deutschen Juden wird als «Sühneleistung» die Zahlung einer Kontribution von einer Milliarde Reichsmark auferlegt; sie werden außerdem zur sofortigen Beseitigung aller «durch die Empörung des Volkes» entstandenen Schäden verpflichtet, wobei Versicherungsansprüche «zugunsten des Reichs» beschlagnahmt werden (insgesamt etwa 225 Millionen Reichsmark, darunter allein bis zu zehn Millionen für die der Schreckensnacht den Namen gebenden Glasschäden).

Juden unterliegen fortan dem Verbot des Betreibens von Einzelhandelsverkaufsstellen, Versandgeschäften, Bestellkontoren und Handwerksbetrieben, der Markt- und Messebeteiligung sowie des Besuchs kultureller Veranstaltungen.

15. November: Jüdische Kinder dürfen keine öffentlichen Schulen besuchen.

24. November: Uraufführung von Werner Egks Oper «Peer Gynt» in Berlin.

29. November: «Nichtariern» wird das Halten von Brieftauben verboten.

30. November: Das Großflugzeug «Condor» bewältigt die Route Berlin-Hanoi-Tokio (rund 14000 Kilometer) in 46,5 Stunden.

Der Spielfilm «Tanz auf dem Vulkan» mit Gründgens als Hauptdarsteller wird uraufgeführt.

3. Dezember: Verordnung über den Zwangsverkauf jüdischer Geschäfte, Betriebe sowie des Land-, Forst- und Grundeigentums; zu Tausenden werden die Besitztümer «arisiert».

Einzug der Führerscheine jüdischer Bürger; Kraftfahrverbot im gesamten Reich.

6. Dezember: Juden wird das Betreten bestimmter Gegenden in Berlin untersagt («Judenbann»).

8. Dezember: Ausschluß der jüdischen Studenten aus Universitäten und Hochschulen.

Himmler verfügt die systematische Erfassung und «erkennungsdienstliche Behandlung» aller Zigeuner.

15. Dezember: Der 3000. Kilometer der Reichsautobahnen wird feierlich dem Verkehr übergeben.

16. Dezember: Hitler stiftet das «Ehrenkreuz der Deutschen Mutter» (Mutterkreuz); die Auszeichnung, welche die Inschrift «Das Kind adelt die Mutter» trägt, wird alljährlich am Muttertag (zweiter Mai-Sonntag) in drei Klassen verliehen: Bronze ab dem vierten, Silber ab dem sechsten, Gold ab dem achten Kind.

17. bis 19. Dezember: Den Chemikern Otto Hahn und Fritz Straßmann gelingt in einer Versuchsreihe erstmals die Urankernspaltung.

Das 1934 gegründete *Hilfswerk Mutter und Kind* gehört zum System der *NS-Volkswohlfahrt*, mit 17 Millionen Mitgliedern die größte Massenorganisation nach der *DAF*. Hilfe und Unterstützung wird allerdings ausschließlich bedürftigen *arischen* Familien gewährt.

21. Dezember: Berufsverbot für «nichtarische» Hebammen.

31. Dezember: Die Statistik registriert für das Jahr 1938 in Deutschland rund 645000 Eheschließungen, 50000 Scheidungen und 1349000 Lebendgeburten.

1939

1. Januar: Die Arbeitslosenzahl ist auf 119000 gesunken.

Eine neue Arbeitszeitordnung tritt in Kraft; sie erlaubt Schichten von zehn bis 14 Stunden Dauer.

In Deutschland sind 3,63 Millionen Kraftfahrzeuge zugelassen.

2. Januar: Reichsweite Einrichtung von Postsparkassen in mehr als 80000 Postämtern.

8. Januar: In den Unter- und Mittelstufen der Schulen werden Mädchen vom Lateinunterricht ausgeschlossen.

9. Januar: Etwa 8000 Bauarbeiter nehmen an der Einweihung der neuen Berliner Reichskanzlei teil.

17. Januar: Berufsverbot für jüdische Zahnärzte, Dentisten und Zahntechniker, Tierärzte, Apotheker, Heilpraktiker und Krankenpfleger.

«Nichtariern» wird die Benutzung von Schlaf- und Speisewagen untersagt.

30. Januar: Vor dem Reichstag kündigt Hitler für den Kriegsfall die «Vernichtung der jüdischen Rasse in Europa» an.

1. Februar: Für deutsche Sportler

Preis 30 Pfennig

Ritualmord-Nummer

Der Stürmer

tsches Wochenblatt zum Kampfe um die Wahrheit

HERAUSGEBER: JULIUS STREICHER

Nürnberg, im Mai 1934

Jüdischer Mordplan

gegen die nichtjüdische Menschheit aufgedeckt

Das Mördervolk

Judenopfer

Die Juden sind unser Unglück!

Bereits seit 1923 erscheint das antisemitische Wochenblatt *Der Stürmer*. 1933 verzehnfacht sich die Auflage auf 20000 Exemplare (1944: 400000 Expl.). Wegen seiner aggressiven Hetze gegen Juden und Farbige ist der offizielle Verkauf des Blattes während der Olympiade in Berlin untersagt. Seine letzte Ausgabe erscheint am 1. Februar 1945.

wird die Beteiligung an Auslandsveranstaltungen genehmigungspflichtig.

8. Februar: Abschaffung der männlichen Kellner; nach Ansicht Hitlers ist dies «die gegebene Arbeit für Frauen und Mädchen».

19. Februar: Bei den Ski-Weltmeisterschaften in Zakopane gewinnt Christl Cranz alle drei alpinen Damenwettbewerbe.

21. Februar: Edelmetalle, Edelsteine und Perlen aus jüdischem Besitz müssen abgeliefert werden.
Uraufführung des Spielfilms «Bel ami» mit Willi Forst in der Hauptrolle.

1. März: Erlaß über den 9. November: Der Jahrestag des Nazi-Putsches von 1923 wird künftig als Staatsfeiertag begangen.
Die deutschen Konzentrationslager sind mit rund 20000 Häftlingen belegt.

10. März: Italienisch wird Pflichtfach an den «Adolf-Hitler-Schulen».

11. März: Juden sind von der Wehrpflicht ausgeschlossen.

20. März: 4800 Werke «Entarteter Kunst» werden in der Berliner Hauptfeuerwache auf dem Scheiterhafen verbrannt.

25. März: Alle Jugendlichen zwischen zehn und 18 Jahren werden zum Dienst in der HJ verpflichtet; Verstöße können u. a. mit Arrest, Geldbußen sowie Bestrafung der Erziehungsberechtigten geahndet werden.

5. April: An den Schulen ist Turnen nunmehr Abiturfach.

19. April: Als neue Berliner Prachtstraße wird die Ost-West-Achse eingeweiht; sie ist am darauffolgenden Tag Schauplatz eines mehr als vierstündigen Vorbeimarsches an Hitler, der seinen 50. Geburtstag mit dieser Heerschau begeht, an der erstmals auch Fallschirmjägereinheiten teilnehmen.

27. April: Ein Jagdflugzeug des Typs Me 109 R verbessert den Geschwindigkeits-Weltrekord auf 755,1 Stundenkilometer.

28. April: In Hamburg wird die Fischerei- und Walfangausstellung «Segen des Meeres» eröffnet; sie soll den einheimischen Verbrauch fördern und damit Devisen für Nahrungsmittelimporte einsparen.

30. April: Jüdische Mieter müssen «arische» Häuser räumen und werden in «Judenhäusern» zwangseingewiesen; diese Konzentration in bestimmten Wohnvierteln ist eine Vorstufe der späteren Ghettoisierung im besetzten Osteuropa und erste Station auf dem Weg zur Deportation.

7. Mai: Ab sofort gilt auf allen Reichsautobahnen und Landstraßen für PKW und Motorräder Tempo 100, in geschlossenen Ortschaften sind 60 Stundenkilometer erlaubt; LKW und Omnibusse dürfen nur 70 bzw. 40 fahren.

16. Mai: Die erste Deutsche Reichslotterie schüttet Gewinne von 372 000 Reichsmark aus.

17. Mai: Volkszählung: Das «Altreich» (Deutschland ohne die Protektorate Böhmen und Mähren) hat knapp 70 Millionen Einwohner.

18. Mai: Ankunft der ersten Häftlinge im neuerrichteten Frauen-KZ Ravensbrück.

19. Mai: Der Deutschlandsender nimmt im sächsischen Herzberg eine Sendeanlage in Betrieb, die mit 325 Metern das höchste Bauwerk Europas ist.

21. Mai: Erstmals werden rund drei Millionen meist ältere Mütter von vier und mehr Kindern mit dem «Ehrenkreuz der Deutschen Mutter» ausgezeichnet; die Trägerinnen genießen Bevorzugungen bei Behördengängen, Veranstaltungen, Eisen- und Straßenbahnfahrten und erhalten eine zusätzliche Altersversorgung; für HJ-Mitglieder besteht Grußpflicht.

24. Mai: In Berlin-Wannsee wird die Reichsluftschutzschule eröffnet.

9. Juni: Das Internationale Olympische Komitee vergibt die 5. Winterspiele 1940 wieder an Garmisch-Partenkirchen.

18. Juni: Im Endspiel um die deutsche Fußballmeisterschaft besiegt der FC Schalke 04 die Mannschaft von Admira Wien sensationell hoch mit 9:0.

20. Juni: In Peenemünde startet die He 176 als erstes Flüssigkeitsraketen-Flugzeug der Welt.

28. Juni: Binnen 36 Stunden fliegt eine viermotorige Fw 200 der Deutschen Lufthansa von Berlin nach Rio de Janeiro.

29. Juni: In der deutschen Landwirtschaft sind 113 000 ausländische Gastarbeiter, vor allem Slowaken und Italiener, beschäftigt.

30. Juni: Die NS-Regierung läßt beschlagnahmte Werke der «Entarteten Kunst» in einem Luzerner Hotel versteigern.

3. Juli: Ab sofort müssen alle Häuser mit Luft- und Selbstschutzgeräten ausgerüstet sein.

5. Juli: Sämtliche Lehrer werden Reichsbeamte.

15. Juli: Rudolf Harbig verbessert den Weltrekord über 800 Meter auf 1:46,6 Minuten.

28. Juli: Auf der Berliner Funkausstellung wird der Einheits-Fernsehempfänger E 1 mit einer Bildschirmgröße von 20 x 23 Zentimetern vorgestellt; er soll noch vor Weihnachten zum Preis von 650 Reichsmark lieferbar sein, geht jedoch wegen des Krieges nicht in Serie.

15. August: Uraufführung des Tschaikowsky-Spielfilms «Es war eine rauschende Ballnacht».

26. August: Gründung der «Wehrmachtsauskunftstelle für Kriegsverluste und Kriegsgefangene» in Berlin; noch heute sind in dieser Einrichtung über 500 Mitarbeiter tätig.

27. August: Zur «Sicherstellung des lebenswichtigen Bedarfs des deutschen Volkes» werden das Bezugscheinsystem und die stu-

Der Krieg, auf den das Land längst nicht so gut vorbereitet ist, wie die Propaganda glauben machen will, verändert den Alltag im Reich. Schon seit dem 27. August 1939 sind bestimmte Nahrungsmittel rationiert und werden nur gegen Vorlage der *Reichsfleischkarte*, der *Reichsbrotkarte*, der *Reichsfettkarte* u. a. abgegeben.

fenweise Zwangsrationierung von Lebensmitteln beschlossen; «Normalverbraucher» erhalten etwa die Hälfte ihres bisherigen Konsums.
In Rostock wird mit der He 178 das erste Strahlturbinenflugzeug der Welt vorgestellt.

28. August: Bis auf weiteres werden alle Meisterschaftsspiele im Fuß- und Handball sowie in anderen Mannschaftssportarten abgesetzt.

31. August: In Deutschland stehen etwa viereinhalb Millionen Soldaten unter Waffen.

Bevölkerung in Deutschland (1933 bis 1939)

Jahr	in Tsd.
1933	66027
1934	66409
1935	66871
1936	67349
1937	67831
1938	68558
1939	69286

1. September: Mit dem Einmarsch der Wehrmacht in Polen beginnt der Zweite Weltkrieg.
Einführung der Verdunklungspflicht bei Fliegeralarm.
Reichsweit wird das Abhören ausländischer Sender verboten.

Dokumente

Aus dem Konzept einer Rede des neuen Reichskanzlers Adolf Hitler vor den Befehlshabern von Heer und Marine über das «Ziel der Gesamtpolitik» (3. Februar 1933)

Ziel der Gesamtpolitik allein: Wiedergewinnung der pol. Macht. Hierauf muß gesamte Staatsführung eingestellt werden (alle Ressorts!).

1. Im Innern. Völlige Umkehrung der gegenwärt. innenpol. Zustände in D. Keine Duldung der Betätigung irgendeiner Gesinnung, die dem Ziel entgegensteht (Pazifismus!). Wer sich nicht bekehren läßt, muß gebeugt werden. Ausrottung des Marxismus mit Stumpf und Stiel. Einstellung der Jugend u. des ganzen Volkes auf den Gedanken, daß nur d. Kampf uns retten kann u. diesem Gedanken gegenüber alles zurückzutreten hat. (Verwirklicht in d. Millionen d. Nazi-Beweg. Sie wird wachsen.) Ertüchtigung der Jugend u. Stärkung des Wehrwillens mit allen Mitteln. Todesstrafe für Landes- u. Volksverrat. Straffste autoritäre Staatsführung. Beseitigung des Krebsschadens der Demokratie!
2. Nach außen. Kampf gegen Versailles. Gleichberechtigung in Genf; aber zwecklos, wenn Volk nicht auf Wehrwillen eingestellt. Sorge für Bundesgenossen.
3. Wirtschaft! Der Bauer muß gerettet werden! Siedlungspolitik! Künft. Steigerung d. Ausfuhr zwecklos. Aufnahmefähigkeit d. Welt ist begrenzt, u. Produktion ist überall übersteigert. Im Siedeln liegt einzige Mögl., Arbeitslosenheer z. T. wieder einzuspannen. Aber braucht Zeit u.

Arbeitslosigkeit in Deutschland (1933 bis 1939)

Am 1. Januar	Arbeitslose	Jahr	Arbeitslose
1933	4804428	1937	912312
1934	2718309	1938	429461
1935	2151039	1939	119915
1936	1592655	1939 Juli	38379

radikale Änderung nicht zu erwarten, da Lebensraum für d. Volk zu klein.

4. Aufbau der Wehrmacht wichtigste Voraussetzung für Erreichung des Ziels: Wiedererringung der pol. Macht. Allg. Wehrpflicht muß wieder kommen. Zuvor aber muß Staatsführung dafür sorgen, daß die Wehrpflichtigen vor Eintritt nicht schon durch Pazif., Marxismus, Bolschewismus vergiftet werden oder nach Dienstzeit diesem Gifte verfallen.

Reichstagswahl
Wahlkreis Leipzig

1	Nationalsozialistische Deutsche Arbeiter-Partei (Hitlerbewegung) Hitler — Dr. Frick — Göring — Mutschmann	1	◯
2	Sozialdemokratische Partei Deutschlands Lipinski — Saupe — Graf — Frau Starrmann	2	◯
3	Kommunistische Partei Deutschlands Thälmann — Selbmann — Kippenberger — Jäkel	3	◯
4	Deutsche Zentrumspartei Dr. Brüning — Kirsch — Frau Spitzner-Bender	4	◯
5	Kampffront Schwarz-weiß-rot Dr. Hugenberg — Dr. Bang — D. Doehring — Dr. Rademacher	5	◯
7	Deutsche Volkspartei D. Hickmann — Retzmann — Frau Ackermann — Stockhausen	7	◯
8	Christlich-sozialer Volksdienst (Evangelische Bewegung) Behrens — Kunze — Gebhardt — Thomas	8	◯
9	Deutsche Staatspartei Dr. Keßler — Dr. Kolthe — Puder — Dr. Hohlfeld	9	◯
10	Deutsche Bauernpartei Dr. Fehr	10	◯
15	Sozialistische Kampfgemeinschaft Krebaum — Breuer — Büschel — Löscher	15	◯

Aus der Rede Hitlers zum Auftakt des Reichstagswahlkampfes (10. Februar 1933)

14 Jahre haben die Parteien des Zerfalls, des Novembers, der Revolution das deutsche Volk geführt und mißhandelt. 14 Jahre lang zerstört, zersetzt und aufgelöst. Es ist nicht vermessen, wenn ich heute vor die Nation hintrete und sie beschwöre: Deutsches Volk! gib uns vier Jahre Zeit – dann richte und urteile über uns! […] Denn ich kann mich nicht lossagen von dem Glauben an mein Volk, kann mich nicht lossagen von der Überzeugung, daß diese Nation wieder einst auferstehen wird […] und hege felsenfest die Überzeugung, daß einmal doch die Stunde kommt, in der die Millionen, die uns heute verfluchen, dann hinter uns stehen und mit uns begrüßen werden das gemeinsam geschaffene, mühsam erkämpfte und bitter erworbene neue Deutsche Reich der Größe und Ehre und der Kraft, der Herrlichkeit und der Gerechtigkeit. Amen.

Aus der Verordnung des Reichspräsidenten Paul von Hindenburg «zum Schutze von Volk und Staat» (28. Februar 1933)

Auf Grund des Artikels 48 Abs. 2 der Reichsverfassung wird zur Abwehr kommunistischer staatsgefährdender Gewaltakte folgendes verordnet:

Am 27. Februar 1933 brennt das Reichstagsgebäude in Berlin.

Der Reichstagsbrand wird von den Nationalsozialisten mit sofort erfolgten Schuldzuweisungen für den Reichstagswahlkampf genutzt. Der am 5. März gewählte Reichstag tritt in der Potsdamer Garnisonkirche zur konstituierenden Sitzung zusammen, auf der die Ära des *Dritten Reiches* proklamiert wird.

§ 1 Die Artikel 114, 115, 117, 118, 123, 124 und 153 der Verfassung des Deutschen Reichs werden bis auf weiteres außer Kraft gesetzt. Es sind daher Beschränkungen der persönlichen Freiheit, des Rechts der freien Meinungsäußerung, einschließlich der Pressefreiheit, des Vereins- und Versammlungsrechts, Eingriffen in das Brief-, Post-, Telegraphen- und Fernsprechgeheimnis, Anordnungen von Haussuchungen und von Beschlagnahmen sowie Beschränkungen des Eigentums auch außerhalb der sonst hierfür bestimmten gesetzlichen Grenzen zulässig.

Aus einer Rede von Minister Hermann Göring über den «Kampf gegen das Chaos» (3. März 1933)

Volksgenossen, meine Maßnahmen werden nicht angekränkelt sein durch irgendwelche juristische Bedenken. Meine Maßnahmen werden nicht angekränkelt sein durch irgendeine Bürokratie. Hier habe ich keine Gerechtigkeit zu üben, hier habe ich nur zu vernichten und auszurotten, weiter nichts! Dieser Kampf, Volksgenossen, wird ein Kampf gegen das Chaos sein, und solch einen Kampf führe ich nicht mit polizeilichen Machtmitteln. Das mag ein bürgerlicher Staat getan haben. Gewiß, ich werde die staatlichen und polizeilichen Machtmittel bis zum äußersten auch dazu benutzen, meine Herren Kommunisten, damit Sie hier nicht falsche Schlüsse ziehen, aber den Todeskampf, in dem ich Euch die Faust in den Nacken setze, führe ich mit denen da unten, das sind die Braunhemden.

Aus der Meldung des «Völkischen Beobachters» über die Einrichtung des Konzentrationslagers Dachau (21. März 1933)

Am Mittwoch [22. März 1933] wird in der Nähe von Dachau das erste Konzentrationslager mit einem Fassungsvermögen für 5000 Menschen errichtet werden. Hier werden die gesamten kommunistischen und, soweit dies notwendig ist, Reichsbanner- und sozialdemokratische Funktionäre, die die Sicherheit des Staates gefährden zusammengezogen, da es auf die Dauer nicht möglich ist und den Staatsapparat zu sehr belastet, diese Funktionäre in den Gerichtsgefängnissen unterzubringen. Es hat sich gezeigt, daß es nicht angängig ist, diese Leute in die Freiheit zu lassen, da sie weiter hetzen und Unruhe stiften. Im Interesse der Sicherheit des

Von der Existenz der Konzentrationslager wollen viele Deutsche nichts gewußt haben, das sei Geheimsache der Nazis gewesen. Diese Schutzbehauptung wird u. a. durch diese Zeitschrift aus dem Jahre 1936 erschüttert.

Staates müssen wir diese Maßnahme treffen ohne Rücksicht auf kleinliche Bedenken. Polizei und Innenministerium sind überzeugt, daß sie damit zur Beruhigung der gesamten nationalen Bevölkerung und in ihrem Sinne handeln.

Aus dem Gesetz «zur Wiederherstellung des Berufsbeamtentums» (7. April 1933)

§ 1 Zur Wiederherstellung eines nationalen Berufsbeamtentums und zur Vereinfachung der Verwaltung können Beamte nach Maßgabe der folgenden Bestimmungen aus dem Amt entlassen werden, auch wenn die nach dem geltenden Recht hierfür erforderlichen Voraussetzungen nicht vorliegen [...]

§ 3 Beamte, die nicht arischer Abstammung sind, sind in den Ruhestand zu versetzen [...]

§ 4 Beamte, die nach ihrer bisherigen politischen Betätigung nicht die Gewähr dafür bieten, daß sie jederzeit rückhaltlos für den nationalen Staat eintreten, können aus dem Dienst entlassen werden.

Aus einem Bericht des Standesbeamten von Düsseldorf-Ost über Vornamensgebungen (7. April 1933)

Heute erschien in dem mir unterstellten Standesamte ein Parteigenosse, der die Geburt seiner Tochter anmeldete und dem Kinde den Vornamen «Hitlerine» beilegen wollte. Der mit der Registerführung beauftragte Beamte hatte Bedenken, diesen Namen einzutragen, und holte meine Entscheidung ein. Ich habe daraufhin die Eintragung dieses Namens abgelehnt und dem Parteigenossen nahegelegt, dem Mädchen den Vornamen «Adolfine» zu geben, womit er sich auch einverstanden erklärt hat [...]

Da uns Nationalsozialisten der Name unseres Führers viel zu hehr und heilig ist, als daß wir ihn dem Mißbrauch nationalen Kitsches ausliefern lassen, so wäre eine diesbezügliche baldige Entscheidung des Herrn Minister des Innern dringend erwünscht. Wenn ein Nationalsozialist seinen Sohn oder seine Tochter nach unserem Führer benennen will, so hat er ja die Möglichkeit, dem Kinde den Vornamen «Adolf» oder «Adolfine» beizulegen.

Aus einem Brief der Schützengesellschaft Lambrecht e. V. an «unsern Adolf Hittler» [!] (10. April 1933)

Aus Freude und Dankbarkeit darüber, daß wir deutsche Schützen an der Westmark durch den 14jährigen, unentwegten und heldenmütigen Kampf unseres jetzigen Reichskanzlers Adolf Hittler wieder frei atmen und Deutschen Schützengeist wieder froh entfalten und den Schießsport ungehindert fördern können, wollen wir an dem kommenden Geburtstag unseres unvergleichlichen Führers

1. unsern Adolf Hittler zum Ehrenschützenmeister ernennen;
2. eine Ehrenscheibe ausschießen lassen. Wir wären nun sehr dankbar, wenn wir bald Mitteilung darüber bekommen könnten, wie man über solche spontanen Ehrungen unseres Helden durch kleinere Körperschaften denkt und ob man in der Umgebung unseres geliebten Adolf Hittler glaubt, daß man mit solchen Ehrungen, zumal diese jetzt so massenhaft geschehen, eine Freude bereiten kann.

Aus einem Rundschreiben der NSDAP-Stabsleiters Robert Ley zur Zerschlagung der Gewerkschaften (21. April 1933)

Dienstag, den 2. Mai 1933, vormittags 10 Uhr, beginnt die Gleichschaltungsaktion gegen die Freien Gewerkschaften [...]

Im wesentlichsten richtet sich die Aktion gegen den Allgemeinen Deutschen Gewerkschaftsbund (ADGB) und den Allgemeinen Freien Angestelltenbund (AFA-Bund). Was darüber hinaus von den Freien Gewerkschaften abhängig ist, ist dem Ermessen der Gauleiter anheimgestellt.

Berufs- und Sozialgliederung der Erwerbstätigen in Deutschland (1933 bis 1939)

	1933		1939	
Wirtschaftszweig	**Mill.**	**Proz.**	**Mill.**	**Proz.**
Land- und Forstwirtschaft	9,4	28,8	8,9	25,9
Industrie und Handwerk	13,2	40,6	14,6	42,3
Handel und Verkehr	6,0	18,4	6,1	17,5
Dienstleistungen	4,0	12,2	5,0	14,3
Sozialstruktur				
Arbeiter und Hausangestellte	16,3	50,1	17,5	50,8
Beamte und Angestellte	5,6	17,1	6,5	18,9
Selbständige	5,3	16,4	4,8	13,9
Mithelfende Familienangehörige	5,4	16,4	5,7	16,4

Das Amt *Schönheit der Arbeit*, eine Unterorganisation der *KdF*, organisiert zusammen mit der *Deutschen Arbeitsfront (DAF)* Bedingungen für eine effiziente Auslastung von Arbeitskraft und -zeit.

Verantwortlich für die Durchführung der Gleichschaltungsaktion in den einzelnen Gebieten sind die Gauleiter […]

SA bzw. SS ist zur Besetzung der Gewerkschaftshäuser und der Inschutzhaftnahme der in Frage kommenden Persönlichkeiten einzusetzen […]

Im Reich werden besetzt:

Die Leitung der Verbände;

die Gewerkschaftshäuser und Büros der Freien Gewerkschaften, die Parteihäuser der SPD, soweit Gewerkschaften dort untergebracht sind;

die Filialen und Zahlungsstellen der «Bank der Arbeiter, Angestellten und Beamten AG»;

die Bezirksausschüsse der ADGB und des AFA-Bundes;

die Ortsausschüsse des ADGB und des AFA-Bundes.

In Schutzhaft werden genommen:

alle Verbandsvorsitzenden;

die Bezirkssekretäre und

die Filialleiter der «Bank der Arbeiter, Angestellten und Beamten AG».

Aus einem Bericht des «Neuköllner Tageblatts» über die Bücherverbrennung in Berlin (12. Mai 1933)

Der Opernplatz war in weitem Umfange abgesperrt und von einer dichten Kette von Zuschauern umsäumt. Um 11 Uhr trafen die ersten des Zuges im Braunhemd und Couleur, an deren Spitze der neue Ordinarius für politische Pädagogik in Berlin, Professor Dr. Alfred Bäumler, marschierte, auf dem Opernplatz ein. Sie marschierten auf dem weiten Platz auf und warfen ihre Fackeln in den in der Mitte errichteten Scheiterhaufen, auf dem die Flammen in wabernder Lohe emporschlugen. Von der Seite der Behrenstraße her beleuchten riesige Scheinwerfer den ganzen Platz. Von den Wagen, die das undeutsche Schriftmaterial bis zum Opernplatz in die Nähe des Scheiterhaufens gebracht hatten, bildete sich eine lange Kette von Studenten, und von Hand zu Hand gingen die Bücher, die dann dem Feuer überantwortet wurden. Unter dem Jubel der Menge wurden um 11.20 Uhr die ersten Bücher der mehr als zwanzigtausend, die heute auf diesen Scheiterhaufen als symbolischer Akt verbrannt werden, in die Flammen geworfen. Cand. jur. Herbert Gutjahr ergriff das Wort zu einer kurzen Ansprache

Bücherverbrennung auf dem Platz neben der Oper (Unter den Linden) in Berlin.

an die deutschen Studenten und Volksgenossen. Während der Verbrennung der Bücher spielten SA- und SS-Kapellen vaterländische Weisen und Marschlieder, bis neun Vertreter der Studentenschaft, denen die Werke nach einzelnen Gebieten zugeteilt waren, mit markanten Worten die Bücher des deutschen Ungeistes dem Feuer übergaben:

1. Rufer: Gegen Klassenkampf und Materialismus, für Volksgemeinschaft und idealistische Lebenshaltung! Ich übergebe der Flamme die Schriften von Marx und Kautsky.
2. Rufer: Gegen Dekadenz und moralischen Verfall! Für Zucht und Sitte in Familie und Staat! Ich übergebe der Flamme die Schriften von Heinrich Mann, Ernst Glaeser und Erich Kästner.
3. Rufer: Gegen Gesinnungslumperei und politischen Verrat, für Hingabe an Volk und Staat. Ich übergebe der Flamme die Schriften von Friedrich Wilhelm Foerster.
4. Rufer: Gegen seelenzerfasernde Überschätzung des Trieblebens für den Adel der menschlichen Seele! Ich übergebe der Flamme die Schriften des Sigmund Freud.
5. Rufer: Gegen Verfälschung unserer Geschichte und Herabwürdigung ihrer großen Gestalten, für Ehrfurcht vor unserer Ver-

gangenheit! Ich übergebe der Flamme die Schriften von Emil Ludwig und Werner Hegemann.

6. Rufer: Gegen volksfremden Journalismus demokratisch-jüdischer Prägung, für verantwortungsbewußte Mitarbeit am Werk des nationalen Aufbaus! Ich übergebe der Flamme die Schriften von Theodor Wolff und Georg Bernhard.
7. Rufer: Gegen literarischen Verrat am Soldaten des Weltkrieges, für Erziehung des Volkes im Geiste der Wahrhaftigkeit! Ich übergebe der Flamme die Schriften von Erich Maria Remarque.
8. Rufer: Gegen dünkelhafte Verhunzung der deutschen Sprache, für Pflege des kostbarsten Gutes unseres Volkes! Ich übergebe der Flamme die Schriften von Alfred Kerr.
9. Rufer: Gegen Frechheit und Anmaßung, für Achtung und Ehrfurcht vor dem unsterblichen deutschen Volksgeist! Verschlinge, Flamme, auch die Schriften der Tucholsky und Ossietzky.

Aus einem Brief des «Patentschuhe»-Fabrikanten Heinrich Hoffmann aus Bad Kreuznach an Hitler (2. Juni 1933)

In den letzten drei Jahren wurden meine Patentschuhe von Herren und Damen getragen und praktisch ausprobiert, und habe ich zu meiner Freude feststellen müssen, daß die Träger in Zukunft keine anderen Schuhe mehr als nur solche mit meinem Patentverschluß zu tragen wünschen.

Aus großer Dankbarkeit zu dem Herrn Reichskanzler möchte ich ergebenst den Wunsch aussprechen, dem Herrn Kanzler ebenfalls ein paar Schuhe nach meinem Patent als Geschenk anfertigen lassen zu dürfen, damit der Herr Reichskanzler sich von dem praktischen Wert sowie Schönheit derselben persönlich überzeugen kann. Sollten die Schuhe zur vollsten Zufriedenheit des Herrn Kanzler ausfallen, dann möchte ich ergebenst bitten, mir zu gestatten, bei Fabrikation der Schuhe dieselben als *Adolf Hitler-Schuhe* bezeichnen und in den Handel bringen zu dürfen [...]

Ich bitte den Herrn Reichskanzler ergebenst um Erfüllung meines Wunsches und bitte gleichzeitig, mir mitteilen zu lassen, ob und wann ich bei dem Herrn Kanzler Maß für ein Paar Schuhe mit meinem patentierten Druckknopfverschluß nehmen lassen darf.

Aus einem Erinnerungsbericht des KPD-Mitglieds Franz Bollfraß über die «Köpenicker Blutwoche» (Juni 1933)
Ich war damals 19 Jahre alt und […] seit 1932 Mitglied der KPD in Köpenick und deshalb bei den Faschisten verhaßt. So wurde auch ich am 21. Juni 1933 von der SA verhaftet und zur «Vernehmung» zum SA-Sturmlokal Demuth in die Elisabethstraße gebracht […]

Hier saß ein SA-Scharführer und nahm die «Personalien» auf. Sofort war auch einer da, der sich mit meinen Haaren beschäftigte und der Meinung war, sie wären zu lang und müßten geschnitten werden. Ich glaube, ein Tier behandelt man anders, als ich jetzt behandelt wurde. Mir wurden mit dem Gegenstand, es soll eine Schere gewesen sein, die Haare ausgerissen, so daß das Blut auf mein Gesicht und mein Hemd rann […]

Wir mußten jetzt alle unsere Hände in den Nacken legen und wurden so durch die Straßen Köpenicks geführt. Als unser Zug an der Luisenstraße vorbeikam, sah ich meine Mutter und wollte zu ihr, was aber die SA-Leute verhinderten, indem sie mich zu Boden schlugen […]

Unser Marsch ging weiter bis zur Lindenstraße und dann zurück zum Lokal Demuth. Hier wurden wir sofort auf den Hof gebracht und in drei Gruppen eingeteilt.

Die *Sturmabteilungen* (SA), hier bei einem Fackelzug durch die Berliner Innenstadt, waren die *Speerspitze* der Partei und blieben auch nach der Machtübernahme ein gefürchtetes Gewaltinstrument.

Die erste Gruppe wurde mit einer «Verwarnung» sofort entlassen. Die zweite und dritte Gruppe mußten im Eiltempo, wie die Nazis es nannten, wieder auf den Heuboden. Unsere Gruppe mußte zusehen, wie die Genossen, gleich ob KPD oder SPD, von den SA-Banditen mit Weidenruten und Gummiknüppeln je 25 Schläge auf das nackte Gesaäß erhielten. Danach verblieb dann nur noch die Gruppe der «Verhafteten» auf dem Heuboden. Es dauerte nur kurze Zeit, dann wurden auch wir über das aufgestellte Feldbettgestell «gelegt». Um die Schmerzensschreie zu unterdrücken, preßte man unseren Kopf auf den Strohsack. Dazu ließ einer der Brüder Demuths ein Motorrad laufen, damit das Schreien der Gequälten nicht nach draußen dringen sollte [...]

Nach stundenlangen Quälereien wurden wir in Wäscheautos verladen. Sie SA-Schläger drohten, uns zum Müggelsee zu fahren und dort wie junge Hunde zu ersaufen. Vorerst landeten wir jedoch im Amtsgerichsgefängnis Köpenick. Hier empfingen uns wiederum besoffene Nazis mit lautem Gejohle. Das Aussteigen aus den Autos ging ihnen nicht schnell genug, weshalb sie mit den üblichen Gegenständen auf uns einhauten und uns so in die Zellen trieben. Dort hatten wir aber nur eine kurze Pause. Bald kamen vier SA-Banditen in meine Zelle und brüllten: «Ach, hier ist der Rote Kietz», und sie begannen auf mich einzuschlagen. Stunden müssen vergangen sein, ehe ich wieder zur Besinnung kam. Vor Schmerzen konnte ich meine Glieder nicht bewegen [...]

Die besoffenen SA-Leute gaben keine Ruhe und begannen die Quälereien immer wieder von neuem. Schließlich wurden wir aufgefordert, aus den Zellen zu kommen und uns zu waschen, da wir entlassen werden sollten. Der Standartenführer Gehrke ließ es sich nicht nehmen, uns selbst zu «verabschieden». Mit den Worten: «Na, nun wißt ihr Kommunistenschweine, was los ist», wurden wir zur Tür hinausgestoßen [...]

Ich kam in das Urbankrankenhaus in Neukölln, wo ich aber nach acht Tagen auf eigenen Wunsch wieder entlassen wurde. Den Ärzten erklärte ich, daß ich zu Hause leichter und besser sterben könne als bei ihnen. Zwei Tage später wurde ich jedoch wieder [...] ins Köpenicker Krankenhaus eingewiesen, wo ich annähernd zwei Jahre und 6 Monate zubrachte.

Aus dem Gesetz «gegen die Neubildung von Parteien» (14. Juli 1933)

§ 1 In Deutschland besteht als einzige politische Partei die Nationalsozialistische Deutsche Arbeiterpartei.

§ 2 Wer es unternimmt, den organisatorischen Zusammenhalt einer anderen politischen Partei aufrechtzuerhalten oder eine neue politische Partei zu bilden, wird, sofern nicht die Tat nach anderen Vorschriften mit einer höheren Strafe bedroht ist, mit Zuchthaus bis zu drei Jahren oder mit Gefängnis von sechs Monaten bis zu drei Jahren bestraft.

Aus einem Brief des Gärtnereibesitzers Bruno Koch aus Malente-Gremsmühlen an die Reichskanzlei (1. August 1933)

Es ist mir geglückt, eine neue wertvolle Erdbeersorte zu züchten. In großer Verehrung für den Herrn Reichskanzler bitte ich sehr, diese Neuzüchtung «Hitler-Erdbeere» nennen zu dürfen.

Wir haben bereits eine Erdbeere «Hindenburg».

Aus einem Schreiben des 1. Gestapo-Chefs Rudolf Diels über das Abhören Moskauer Rundfunksendungen (4. September 1933)

Aus den in letzter Zeit vorgelegten Berichten der Staatspolizeistellen ist ersichtlich, daß die Moskauer Sendungen des Großsenders der Komintern auf Welle 1482 bzw. auf Kurzwellensender 50 immer wieder zu einer maßlosen Hetze gegen die nationale Revolution und die von ihr berufene Regierung benutzt werden. Es ist wiederholt festgestellt worden, daß Besitzer empfangsstarker Radiogeräte regelmäßig in den Abendstunden einen weiteren oder engeren Kreis von Bekannten zum Abhören der Moskauer Sendungen in ihrer Wohnung versammelt haben […]

Solange es nicht möglich ist, derartige Sen-

Rundfunkteilnehmer in Deutschland (1933 bis 1939)

Am 1. Januar	Teilnehmer	Jahreszugang
1933	4307722	744885
1934	5052607	1090314
1935	6142921	1050031
1936	7192952	975005
1937	8167957	919497
1938	9087454	1734404
1939*	11503019	

* einschließlich Österreich und Sudetenland

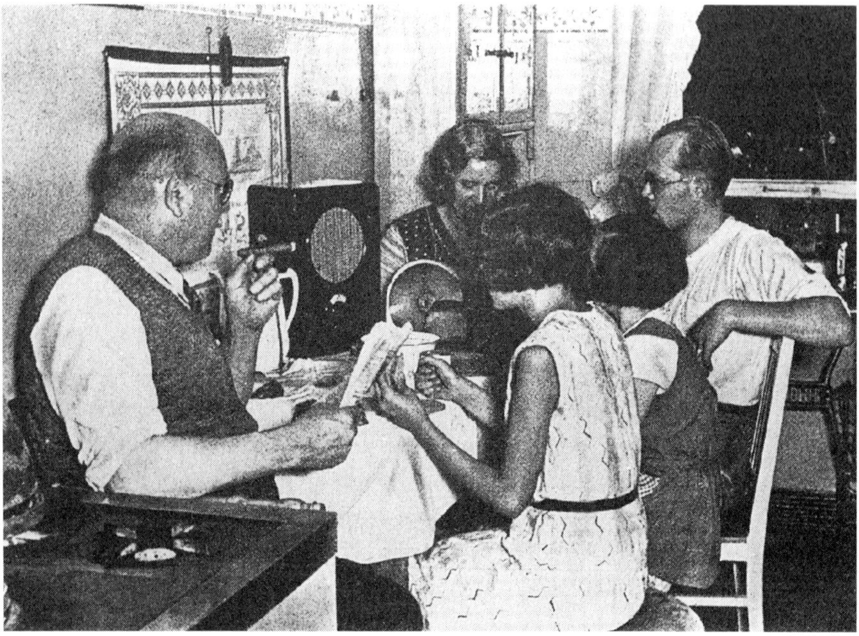

Ein Rundfunkgerät ist in den dreißiger Jahren bei einem Kaufpreis zwischen 200 RM und 400 RM noch ein Luxusartikel. Dank des preiswerten *Volksempfängers* (1933 = 76 RM, später 59 RM) verfügen 1941 bereits 65 Prozent der Haushalte über ein Radio. Das Gerät soll zwar nur den Empfang des nächstgelegenen Senders ermöglichen, dennoch ist es möglich, auch ausländische Stationen zu hören. Deren Empfang wird ab 1939 unter Strafe gestellt.

dungen mit anderen Mitteln zu unterbinden, erscheint es erforderlich, zum Zwecke der Abschreckung gegen festgestellte Teilnehmer derartiger Zusammenkünfte mit aller Schärfe einzuschreiten. Sie sind grundsätzlich als Teilnehmer an geheimen kommunistischen Versammlungen in Schutzhaft zu nehmen und unverzüglich in ein Konzentrationslager zu bringen.

Aus dem Reichskulturkammer-Gesetz (22. September 1933)

§ 1 Der Reichsminister für Volksaufklärung und Propaganda wird beauftragt und ermächtigt, die Angehörigen der Tätigkeitszweige, die seinen Aufgabenkreis betreffen, in Körperschaften des öffentlichen Rechts zusammenzufassen.

§ 2 Gemäß § 1 werden errichtet: 1. eine Reichsschrifttumkammer, 2. eine Reichspressekammer, 3. eine Reichsrundfunkkammer, 4. eine Reichstheaterkammer, 5. eine Reichsmusikkammer, 6. eine Reichskammer der bildenden Künste […]

§ 5 Die im § 2 bezeichneten Körperschaften werden gemeinsam mit der vorläufigen Filmkammer, die den Namen Reichsfilmkammer erhält, zu einer Reichskulturkammer vereinigt. Die Reichskulturkammer steht unter der Aufsicht des Reichsministers für Volksaufklärung und Propaganda.

Aus dem Reichserbhof-Gesetz (29. September 1933)
Die Reichsregierung will unter Sicherung alter deutscher Erbsitte das Bauerntum als Blutquelle des deutschen Volkes erhalten.

Die Bauernhöfe sollen vor Überschuldung und Zersplitterung im Erbgang geschützt werden, damit sie dauernd als Erbe der Sippe in der Hand freier Bauern verbleiben [...]

Die Reichsregierung hat daher das folgende Gesetz beschlossen. Die Grundgedanken des Gesetzes sind:

Land- und forstwirtschaftlicher Besitz in der Größe von mindestens

Bauernsiedlung in Deutschland (1933 bis 1939)

Jahr	Zahl der neuen Höfe	Bodenbesitz (ha)	Durchschnittsgröße (ha)
1933	4914	60297	12,3
1934	4931	74192	15,0
1935	3905	68338	17,5
1936	3308	60358	18,2
1937	1894	37596	19,8
1938	1456	27834	19,1
1939	798	17927	22,5

Das *Reichserbhofgesetz* (1933) verfügt, daß bäuerliche Wirtschaften über 7,5 Hektar Größe als *Erbhöfe* nur an Bauern von *stammesgleichem Blut* vererbt werden dürfen. Es ist nicht gestattet, sie zu teilen, mit Hypotheken zu belasten oder zu verkaufen, was die rentable Bewirtschaftung oftmals sehr behindert.

einer Ackernahrung und von höchstens 125 Hektar ist Erbhof, wenn er einer bauernfähigen Person gehört.

Der Eigentümer des Erbhofs heißt Bauer.

Bauer kann nur sein, wer deutscher Staatsbürger, deutschen oder stammgleichen Blutes und ehrbar ist [...]

Aus einem Dankschreiben der Reichskanzlei an die Schülerin Gudrun Röhm aus Grünberg / Hessen (10. November 1933)

Liebe Gudrun!

Daß Du dem Herrn Reichskanzler wiederum eine Spende zur Linderung der Not übersandt hast, hat ihn herzlich gefreut. Besonders aber läßt er Dir dafür danken, daß Du ihn in Dein Gebet einschließest. Als äußeres Zeichen des Dankes übersende ich Dir ein Bild des Herrn Reichskanzlers und hoffe, daß damit auch Dir eine Freude bereitet wird. Deine Spende ist wiederum der Winterhilfe zugeführt worden.

Aus der Entschließung der Deutschen Christen auf ihrer Kundgebung im Berliner Sportpalast (13. November 1933)

Ein dauernder Frieden kann hier nur geschaffen werden durch Versetzung oder Amtsenthebung aller der Pfarrer, die entweder nicht willens oder nicht fähig sind, bei der religiösen Erneuerung unseres Volkes und der Vollendung der deutschen Reformation aus dem Geist des Nationalsozialismus führend mitzuwirken [...]

3. Wir erwarten von unserer Landeskirche, daß sie den Arierparagraphen – entsprechend dem von der Generalsynode beschlossenen Kirchengesetz – schleunigst und ohne Abschwächung durchführt, daß sie darüber hinaus alle fremdblütigen evangelischen Christen in besondere Gemeinden ihrer Art zusammenfaßt und für die Begründung einer judenchristlichen Kirche sorgt.
4. Wir erwarten, daß unsere Landeskirche als eine deutsche Volkskirche sich frei macht von allem Undeutschen in Gottesdienst und Bekenntnis, insbesondere vom Alten Testament und seiner jüdischen Lohnmoral.
5. Wir fordern, daß eine deutsche Volkskirche Ernst macht mit der Verkündung der von aller orientalischen Entstellung gereinigten schlichten Frohbotschaft und einer heldnischen Jesusgestalt als Grundlage eines artgemäßen Christentums, in dem

Ein großer Teil der evangelischen Kirche, zu dem auch der Bischof von Berlin und Brandenburg Otto Dibelius gehört, sieht nach Hitlers Regierungsantritt zunächst die Chance zu einer *Gesinnungsrevolution* gegen Liberalismus und Bolschewismus. Schnell ändert sich diese Einschätzung; als sich die NS-nahen *Deutschen Christen* für die Übernahme des *Führerprinzips* und den *Arierparagraphen* in die Kirche aussprechen, entsteht der oppositionelle Pfarrernotbund.

an die Stelle der zerbrechenden Knechtsseele der stolze Mensch tritt, der sich als Gotteskind dem Göttlichen in sich und in seinem Volke verpflichtet fühlt.

6. Wir bekennen, daß der einzige wirkliche Gottesdienst für uns der Dienst an unseren Volksgenossen ist, und fühlen uns als Kampfgemeinschaft vor unserem Gott verpflichtet, mitzubauen an einer wehrhaften und wahrhaften völkischen Kirche, in der wir die Vollendung der deutschen Reformation Martin Luthers erblicken und die allein dem Totalitätsanspruch des nationalsozialistischen Staates gerecht wird.

Aus einer Rede des Reichsleiters der Deutschen Arbeitsfront, Robert Ley, über die «Organisation der Freizeit» (24. November 1933)

Es wäre falsch, daß wir zwar den Arbeitstag bis ins kleinste organisieren, aber die 16 Stunden Freizeit ungeregelt lassen. Es gilt, in Zukunft auch die Organisation der Freizeit durchzuführen, daß sich alle Arbeitsmenschen nach ihrer Werkarbeit wohl fühlen und Stunden der Erholung und Erbauung finden. Das dringendste für ein Volk sei, daß es seine Nerven stark erhalte. Ein Volk ohne Nerven könnte im Sturm des Schicksals nur erliegen. Die Stählung der Nerven und die Gestaltung der Freizeit ist die Aufgabe der Feierabendorganisation «Nach der Arbeit». Dem Menschen muß in Zukunft eine größere Ausspannung gesichert werden. Wer 40 und mehr Jahre alt geworden ist, braucht im Jahre seine 3 bis 4 Wochen Urlaub, die Jüngeren müssen wenigstens 10 Tage Ferien bekommen [...]

Wir müssen das Volk heben, emporheben, mit uns heben [...] Genau so, wie wir die Seele mit Nahrung versehen, müssen wir auch den Körper stählen.

Monatliche Renten in Deutschland (1933 bis 1939)

Rentenart	1933	1936	1938	1939
Durchschnittswerte in RM				
Sozialrentner-Fürsorge	16,22	16,37	17,05	16,96
Invaliden-Witwenrente	21,10	19,30	19,00	19,20
Invaliden-Rente	33,40	30,90	31,25	32,10
Angestellten-Rente	56,98	54,69	54,01	68,46

Nach dem Willen der NS-Propaganda soll Hitlers Buch *Mein Kampf* in jedem Haus zu finden sein. Ehepaare erhalten auf Anordnung des *Reichsministeriums des Innern* zur Trauung ein Exemplar der *Bibel des Dritten Reichs* überreicht. Bei dieser Verteilpraxis scheint die mit zehn Millionen Exemplaren angegebene Gesamtauflage eher gering. Immerhin kommt der Münchner Parteiverlag der NSDAP mit diesem Buch in die Gewinnzone.

Aus einem Artikel des NS-Literaten Will Vesper über Hitlers «Mein Kampf» (November 1933)

Der deutsche Buchhandel stellt sich für die Buchwoche folgende besondere Aufgabe: Es gibt in Deutschland noch Volksgenossen, Häuser und Familien, die des Führers Werk «Mein Kampf» nicht besitzen. «Mein Kampf» aber ist das heilige Buch des Nationalsozialismus und des neuen Deutschland, das jeder Deutsche besitzen muß. Es ist kein Buch zum Durchlesen, sondern ein Buch zum Durcharbeiten und Durchleben. Der Buchhandel sorge dafür, daß nach dieser Buchwoche «Mein Kampf» in jeder deutschen Familie zu finden ist.

Aus einem Brief des Vereins Deutscher Teichwirte e. V. an den «Führer des neuen Deutschlands» (20. Dezember 1933)

Alljährlich senden die schlesischen Teichwirte dem Reichspräsidenten, Herrn Generalfeldmarschall von Hindenburg, als Zeichen der Verehrung zum Weihnachtsfest einen schlesischen Spiegelkarpfen.

Die deutschen Teichwirte halten es für selbstverständlich, diese Tradition auf den Führer des neuen Deutschlands auszudehnen und bitten Sie, dieses besonders gut gelungene Exemplar schlesischer Zucht mit den aufrichtigsten Wünschen zum Weihnachtsfest freundlichst annehmen zu wollen.

[Darauf der doppeldeutige Vermerk der Reichskanzlei: «Karpfen eingegangen»!]

Aus einem Bericht des «Völkischen Beobachters» über die Richtlinien des Reichsinnenministers Wilhelm Frick zur Einführung des Deutschen Grußes in den Schulen (21. Dezember 1933)

Lehrer und Schüler erweisen einander innerhalb und außerhalb der Schule den Deutschen Gruß (Hitlergruß).

Der Lehrer tritt zu Beginn jeder Unterrichtsstunde vor die stehende Klasse, grüßt als erster durch Erheben des rechten Armes und die Worte «Heil Hitler»; die Klasse erwidert den Gruß durch Erheben des rechten Armes und die Worte «Heil Hitler». Der Lehrer beendet die Schulstunde, nachdem sich die Schüler erhoben haben, durch Erheben des rechten Armes und die Worte «Heil Hitler»; die Schüler antworten in gleicher Weise.

Sonst grüßen die Schüler die Mitglieder des Lehrkörpers im Schulbereich nur durch Erheben des rechten Armes in angemessener Haltung.

Wo bisher der katholische Religionsunterricht mit dem Wechselspruch «Gelobt sei Jesus Christus» – «In Ewigkeit Amen» begonnen und beendet wurde, ist der Deutsche Gruß zu Beginn der Stunde *vor*, am Ende der Stunde *nach* dem Wechselspruch zu erweisen.

Aus dem Gesetz «zur Ordnung der nationalen Arbeit» (20. Januar 1934)

§ 1 Im Betriebe arbeiten der Unternehmer als Führer des Betriebes, die Angestellten und Arbeiter als Gefolgschaft gemeinsam zur Förderung der Betriebszwecke und zum gemeinsamen Nutzen von Volk und Staat.

§ 2 (1) Der Führer des Betriebes entscheidet der Gefolgschaft gegenüber in allen betrieblichen Angelegenheiten, soweit sie durch dieses Gesetz geregelt werden.

Aus der Belegschaft wird die *Gefolgschaft*, aus dem Betriebsleiter der *Betriebsführer*, so legt es das *Arbeitsordnungsgesetz* von 1934 fest. Die nach militärischen Prinzipien organisierte *Werkschar* gilt als *weltanschaulicher Stoßtrupp der Deutschen Arbeitsfront* im Betrieb.

Löhne und Gehälter in Deutschland (1932 bis 1939)

Löhne und Gehälter			1932	1936	1939
Tarifstundenlohn	Facharbeiter	Pf	81,60	78,30	79,10
(Durchschnitt der	Hilfsarbeiter	Pf	64,40	62,30	62,80
höchsten Tarif-Alters-	Facharbeiterin	Pf	53,10	51,60	51,50
stufe in 17 Gewerben)	Hilfsarbeiterin	Pf	43,90	43,40	44,00
Brutto-Stundenlohn	Industrie-Arb.	RM	0,73	0,74	0,81
Brutto-Wochenlohn	Industrie-Arb.	RM	20,83	24,94	28,08
Brutto-Monatsgehalt	Angestellter	RM	182,00	199,00	231,00

(2) Er hat für das Wohl der Gefolgschaft zu sorgen. Diese hat ihm die in der Betriebsgemeinschaft begründete Treue zu halten.

Aus der «Verfassung der Deutschen Studentenschaft» (7. Februar 1934)

Die Deutsche Studentenschaft ist die Vertretung der Gesamtheit der Studenten. Sie steht dafür ein, daß die Studenten ihrer Pflichten in Hochschule, Volk und Staat erfüllen. Vor allem hat sie die Studenten durch die Verpflichtung zum SA-Dienst und Arbeitsdienst und durch politische Schulung zu ehrbewußten und wehrhaften deutschen Männern und zum verantwortungsbereiten selbstlosen Dienst in Volk und Staat zu erziehen. Durch lebendige Mitarbeit an den Aufgaben der Hochschulen sichert sie die unlösliche Verbundenheit von Volk und Hochschule und einen im Volke wurzelnden, an Leib und Seele starken und geistig tüchtigen akademischen Nachwuchs.

Bildungswesen in Deutschland (1931 bis 1940)

Jahr	Volksschul-Lehrer	Volksschüler je Lehrer	Mittelschulen Lehrer	Mittelschulen Schüler	Höhere Schulen Lehrer	Höhere Schulen Schüler	Hochschule Studenten
1931	190281	39,9	11517	229671	44902	778440	137767
1939	176552	50,6	10256	277313	43307	663516	56477

Angaben in Prozent		soziale Herkunft: Arbeiter	Bauern	Beamte	Angestellte	Geschäftsleute
Studenten	1933	3,9	7,0	42,1	12,9	20,9
	1939	3,2	5,0	40,4	15,1	18,8
NAPOLA*-Schüler	1940	13,1	7,2	31,6	22,0	16,3
Adolf-Hitler-Schüler	1940	11,1	5,0	15,0	21,0	33,0

* Nationalpolitische Erziehungsanstalt

Aus dem Reichslichtspielgesetz (16. Februar 1934)

§ 1 Spielfilme, die in Deutschland hergestellt werden, müssen vor der Verfilmung dem Reichsfilmdramaturgen im Entwurf und im Drehbuch zur Begutachtung eingereicht werden. Spielfilme im Sinne dieses Gesetzes sind Filme, die eine fortlaufende Spielhandlung enthalten, um derentwillen sie hergestellt worden sind.

Der Spielfilm gilt, wie der Rundfunk, als bestens geeignetes Mittel zur ideologischen Beeinflussung. Nach dem *Reichslichtspielgesetz* können Filme verboten werden, die *nationalsozialistisches Empfinden* verletzen, für die besonders wirksamen Streifen wird der Ehrentitel *Film der Nation* kreiert. *KdF*-Kinowagen bringen die erwünschten Filme auch dorthin, wo es keine Lichtspieltheater gibt.

§ 2 Der Reichsfilmdramaturg hat folgende Aufgaben:
1. Die Filmindustrie in allen dramaturgischen Fragen zu unterstützen,
2. die Filmherstellung bei dem Entwurf (Manuskript) und bei der Umarbeitung von Filmstoffen zu beraten,
3. Filmstoffe, Manuskripte und Drehbücher, die ihm [...] vorgelegt werden, daraufhin vorzuprüfen, ob ihre Verfilmung mit den Bestimmungen dieses Gesetzes vereinbar ist,
4. die Hersteller verbotener Filme bei der Umarbeitung zu beraten,
5. rechtzeitig zu verhindern, daß Stoffe behandelt werden, die dem Geist der Zeit zuwiderlaufen.

Aus einer Erklärung des Präsidenten des Bundes Deutscher Verkehrsverbände und Bäder e. V., Hermann Esser, über die Taktik gegenüber jüdischen Kurgästen (April 1934)

Das nationalsozialistische Ziel in der Judenfrage muß auch im Fremdenverkehr stets im Auge gehalten werden. Der Jude darf niemals wieder Subjekt weder in der deutschen Politik, noch als Führer in der deutschen Wirtschaft sein. Es wäre aber töricht, ihn nicht als Objekt in der Wirtschaft zu dulden; das heißt auf gut Deutsch: Sein Geld wird genommen […]

Wie es selbstverständlich ist, daß wir von jedem Ausländer sein Geld nehmen, wenn er es uns geben will, so müssen wir dies bei den Juden tun. Dafür, daß die Juden als Kurgäste nicht zu üppig werden, wie es früher vielfach der Fall war und einzelnen Plätzen ihren Stempel aufdrücken, werden, wie ich zuversichtlich hoffe, schon die örtlichen Instanzen der Bewegung sorgen, die man hierzu in geeigneter Form heranziehen soll, falls es irgendwo notwendig ist. Jedenfalls aber muß dafür gesorgt werden, daß die zur Zeit wieder ganz erheblich aufflackernde und die deutsche Exportwirtschaft und Überseeschiffahrt beunruhigende schädliche Propaganda des Judentums nicht durch ungeschickte öffentliche Äußerungen oder durch öffentliche Boykottbefehle noch gefördert wird und neue Anregung erhält.

Aus einem an Hitler gerichteten Schreiben der Stadtverwaltung Niederlahnstein am Rhein über eine beabsichtigte Namensgebung (16. Mai 1934)

Im Herbst vorigen Jahres hatte sich die Stadtverwaltung Niederlahnstein entschlossen, ein 20 ha großes Gelände umzuroden, um auf diesem Obstkulturen anlegen zu können […]

In dankbarer Würdigung der Verdienste, die Sie, hochverehrter Herr Reichskanzler, sich um das Wohl des deutschen Volkes erworben haben, hat sich die Stadtverwaltung Niederlahnstein entschlossen, die durch die umgerodete Waldfläche angelegten Obstbaum- und Erdbeerkulturen «Adolf-Hitler-Anlage» zu benennen.

Den Herrn Reichskanzler und Ehrenbürger der Stadtgemeinde Niederlahnstein bitte ich um Zustimmung zu dem Vorhaben.

Gleichzeitig erlaubt sich der Verkehrsverein Niederlahnstein, Ihnen, hochverehrter Herr Reichskanzler, ein Körbchen frischer Erdbeeren aus der jetzt begonnenen neuen Ernte zu übermitteln.

Aus einer Mitteilung der Deutschen Arbeitsfront über das unbegründete Fernbleiben von 1.-Mai-Feiern (Juli 1934)

In den Veröffentlichungen der Deutschen Arbeitsfront wird ein bedeutsames arbeitsgerichtliches Erkenntnis mitgeteilt, das unbegründetes Fernbleiben von den Betriebsfeierlichkeiten am 1. Mai als Entlassungsgrund bejaht. In der Begründung dieser Entscheidung wird festgestellt, daß die Gekündigten durch ihr Fernbleiben von den Betriebsfeiern am 1. Mai eine schwere Verletzung der im Arbeitsvertrag begründeten privatrechtlichen Verpflichtung zum Gehorsam den Anordnungen des Betriebsführers gegenüber begangen hätten, da der Betriebsführer die Gefolgschaft ausdrücklich zum Erscheinen aufgefordert habe.

Beamteneid (20. August 1934)
Ich schwöre: Ich werde dem Führer des Deutschen Reiches und Volkes, Adolf Hitler, treu und gehorsam sein, die Gesetze beachten und meine Amtspflichten gewissenhaft erfüllen, so wahr mir Gott helfe.

Aus einer Rede der Reichsfrauenführerin Gertrud Scholtz-Klink auf dem Internationalen Kongreß für Hauswirtschaftsunterricht in Berlin (25. August 1934)
Die deutsche Frau, wie wir sie uns denken, muß, wenn es die Lage des Volkes fordert, verzichten können auf Luxus und Genuß, sie

Die NSDAP ist eine Männerpartei, Frauen bilden darin lediglich eine kleine Minderheit. Das Werben für die *Volksgemeinschaft* gilt jedoch verstärkt diesen *Hüterinnen des Hauses*, ohne die weder das politische noch das wirtschaftliche System auskommen kann.

Eheschließungen, Scheidungen und Geburten in Deutschland (1933 bis 1939)

(in Tsd.)	1933	1934	1935	1936	1937	1938	1939
Eheschließungen	639	739	651	610	620	645	774
Scheidungen	43	55	50	50	47	50	62
Geburten (lebend)	971	1198	1264	1279	1277	1349	1407

muß arbeiten können, geistig und körperlich gesund sein, und sie muß aus dem harten Leben, das wir heute zu leben gezwungen sind, ein schönes Leben machen können; sie muß zum letzten innerlich um die Nöte und Gefahren, die das Leben unseres Volkes bedrohen, wissen. Sie muß so sein, daß sie alles, was von ihr gefordert wird, gern tut. Sie muß, ich fasse es in einem Wort zusammen, politisch denken können, nicht parteipolitisch, nicht politisch im Sinne des politischen Kampfes mit anderen Nationen, sondern politisch so, daß sie mitfühlt, mitdenkt, mitopfert mit dem ganzen Volk.

Aus einem Schreiben des Reichsministers für Luftfahrt, Hermann Göring, über den Luftschutz (21. September 1934)

In Zukunft ist zu erwarten, daß spätestens mit oder vielleicht schon vor der Kriegserklärung Luftbombenangriffe schwerster Art auf die politisch, militärisch, wirtschaftlich oder verkehrstechnisch lebenswichtigen Anlagen im Hinterland der kriegführenden Staaten erfolgen. Damit wird aber auch die Zivilbevölkerung im Innern des Landes, einschließlich der Frauen und Kinder, unmittelbar der Waffenwirkung dieser Luftangriffe ausgesetzt. Besonders ungünstig für das deutsche Volk wirkt sich in dieser Hinsicht die zentrale Lage des Reichs in Europa aus, die zur Folge hat, daß jede deutsche Stadt den Bombenflugzeugen unserer Nachbarstaaten erreichbar ist.

Es liegt auf der Hand, daß die Wirkung der Luftangriffe um so größer ist, je dichter sich die Menschen auf verhältnismäßig engem Raum zusammendrängen, wie es in den großen Massensiedlungen der Fall ist. Die Großstädte, die zudem im allgemeinen gleichzeitig kriegswichtige Nervenzentren des Staates darstellen, sind daher in besonders hohem Maße durch Luftangriffe gefährdet [...]

In Anbetracht aller dieser aus dem Charakter der neuzeitlichen Kriegführung sich ergebenden Verhältnisse ist es unerläßlich, bei Anruf des Luftschutzes zunächst alle Veranstaltungen zu vermeiden, die mit der Versammlung größerer Menschenmengen verbunden sind.

Aus den Empfehlungen der «Reichsstelle zur Förderung des deutschen Schrifttums» über die Einrichtung nationalsozialistischer «Kernbibliotheken» (September 1934)

Adolf Hitler, Mein Kampf / Adolf Hitler, Die Reden Hitlers für Gleichberechtigung und Frieden / Houston Stewart Chamberlain, Die Grundlagen des 19. Jahrhunderts / Alfred Rosenberg, Der My-

Eine Gliederung der *Reichskulturkammer* (Vorsitzender Goebbels) ist die *Reichsschrifttumskammer*. Sie veranstaltet alljährlich in Weimar die *Woche des deutschen Buches* zur Propagierung von NS-Literatur.

thus des 20. Jahrhunderts / Alfred Bäumler, Männerbund und Wissenschaft / Richard Walther Darré, Das Bauerntum als Lebensquell der nordischen Rasse / Dr. Joseph Goebbels, Kampf um Berlin / Alfred Rosenberg, Blut und Ehre / Graf Ernst zu Reventlow, Nationaler Sozialismus im neuen Deutschland / Heinrich Hoffmann, Hitler, wie ihn keiner kennt / Ingeborg Wessel, Mein Bruder Horst / Gustav Kossina, Ursprung und Verbreitung der Germanen / Dr. Jörg Lechler, Vom Hakenkreuz / Möller van den Bruck, Der preußische Stil / Hermann Stegemann, Der Kampf um den Rhein / Wilhelm Ziegler, Versailles / Theodor Fritsch, Handbuch der Judenfrage / Dr. med. Julius Schwab und Emil Jörns, Rassenhygienische Fibel / Werner Beumelburg, Sperrfeuer um Deutschland / Paul Schultze-Naumburg, Kunst und Rasse / Edwin Erich Dwinger, Zwischen Weiß und Rot / Hans Johst, Schlageter / Alois Schenzinger, Der Hitlerjunge Quex / Hans Zöberlein, Der Glaube an Deutschland / Hans Grimm, Volk ohne Raum / Will Vesper, Das harte Geschlecht
[Die Liste umfaßte insgesamt 100 Buchtitel.]

Aus der Verordnung Hitlers «über die Deutsche Arbeitsfront» (24. Oktober 1934)

§ 1 Die Deutsche Arbeitsfront ist die Organisation der schaffenden Deutschen der Stirn und der Faust.

In ihr sind insbesondere die Angehörigen der ehemaligen Gewerkschaften, der ehemaligen Angestelltenverbände und der ehemaligen Unternehmervereinigung als gleichberechtigte Mitglieder zusammengeschlossen [...]

§ 2 Das Ziel der Deutschen Arbeitsfront ist die Bildung einer wirklichen Volks- und Leistungsgemeinschaft aller Deutschen.

Sie hat dafür zu sorgen, daß jeder einzelne seinen Platz im wirtschaftlichen Leben der Nation in der geistigen und körperlichen Verfassung einnehmen kann, die ihn zur höchsten Leistung befähigt und damit den größten Nutzen für die Volksgemeinschaft gewährleistet [...]

§ 4 Die Führung der Deutschen Arbeitsfront hat die NSDAP [...]

§ 7 Die Deutsche Arbeitsfront hat den Arbeitsfrieden zu sichern, daß bei den Betriebsführern das Verständnis für die berechtigten Ansprüche ihrer Gefolgschaft, bei den Gefolgschaften das Verständnis für die Lage und die Möglichkeiten ihres Betriebes geschaffen wird […]

§ 8 Die Deutsche Arbeitsfront ist die Trägerin der Nationalsozialistischen Gemeinschaft «Kraft durch Freude».

Die Deutsche Arbeitsfront hat für die Berufsschulung Sorge zu tragen.

Aus einem Brief der Schriftstellerin Theolinde Zillmer aus Leipzig an den «herrlichen, wunderbaren Kameraden» (12. November 1934)

Einen Händedruck von Dir, Adolf Hitler, der für mich wie ein Schicksal ist […] «Hand in Hand», das ist wie ein Schwur, der uns bindet mit Blut und deutscher Erde. Es wird dann sein wie ein heiliges Gebet […]

Du bist ein herrlicher, wunderbarer Kamerad, und ich verehre nicht Deine Größe, sondern Dein Heldentum und Deine Seele. Man muß Dich lieben und schaut auf den Weg, den Du uns so wunderbar vorlebst. Wir laufen Dir nach und stellen uns vor Dich: erst wir, ehe Du sterben darfst! Wenn alles hart auf hart geht, wir wollen standhalten. Bis der Schmerz zu Dir kommt, hast Du längst wieder einen großen Gedanken, und Du reißt uns mit Größe aus dem Chaos, in dem die Welt zu gerne sähe, daß wir zu Grunde gingen. Wir wissen, daß es hart ist, aber wir wollen auch nie vergessen, daß es ohne Dich viel härter wäre!

Ich bin zwar nur ein kleines, deutsches Mädel, das hart im Leben stand und hart im Leben wurde. Aber mutig genug, Dich zu bitten, mich eine Teelänge lang in Deinem Haus oben in Berchtesgaden zu empfangen. Ich werde den Tee sehr langsam trinken, denn ich habe Dir sehr viel zu sagen […]

Einen herzlichen Händedruck, *Adolf Hitler*, nun habe ich meine Beichte beendet, und ich wünschte, Du würdest nicht vergessen, mir zu schreiben.

Ergeben Dir und voller Glauben
an Dich und Deutschland
immer
Dein kleiner Soldat

Aus dem Protokoll einer Beratung bei Reichswirtschaftsminister Hjalmar Schacht über die staatliche Lenkung des Im- und Exports (13. Dezember 1934)

Präsident Schacht schneidet sodann das Thema der Rohstoffkredite an [...] Rietdorf (industrielle Fettversorgung) bemerkt, daß die Henckelwerke in Düsseldorf angefragt hatten, ob sie den Fettgehalt ihres Seifenpulvers (Persil) erhöhen dürften, wenn sie Fett im Wege von Rohstoffkreditgeschäften hereinholen. Der Antrag sei abgelehnt worden. Präsident Schacht erwidert, daß Seife, Seifenpulver, Rasiercreme usw. nicht lebensnotwendig seien. Zur Not könne man sich auch einmal mit Sand waschen [...] Präsident Schacht kommt sodann auf die Frage der Einfuhr ausländischer Fertigwaren zu sprechen. Eine Firma habe den Antrag auf Einfuhr von 42000 Badekappen aus England gestellt [...] Was da alles eingeführt würde, das sei geradezu fürchterlich [...] Dr. Ungewitter (Chemie) bemerkt, daß er eine ganze Reihe Genehmigungen zur Einfuhr von Lippenstiften, Pomaden usw. aus England zulassen müsse. Präsident Schacht erwidert, daß man hier mit der Methode der Schikane und Sabotage am weitesten käme [...] Hammesfahr (Kautschuk) erwähnt, er habe seine Abteilung für englische Fertigwaren nur mit einem Mann besetzt. Die Erledigung eines solchen Antrags dauere mindestens sechs Wochen; dadurch würde sich die Einfuhr in vielen Fällen erübrigen. Präsident Schacht teilt den Standpunkt, daß man den Firmen die Einfuhr von Fertigwaren nach Möglichkeit erschweren sollte [...] Man solle sogar nicht davor zurückschrecken, die Namen der Leute, die Badehauben und dergl. einführen, in schwarzen Listen zusammenzustellen [...] Diesen Herrschaften müsse man gleich einen Gummistempel auf einen gewissen Körperteil drücken.

Aus dem Buch «Die Hitler-Jugend. Idee und Gestalt» von Reichsjugendführer Baldur von Schirach (1934)

Das Jungvolk erklärt dem Muttersöhnchen den Krieg. Jungvolkerziehung ist Erziehung zur Selbständigkeit. Noch nie gab es eine so große Zahl selbständiger Jungen. Sie sehen mit einer gewissen Verachtung auf das herab, was man landläufig «Kinder» nennt, und ärgern sich maßlos, wenn sie von Erwachsenen selbst so bezeichnet werden. Nach ihrer (und auch meiner) Meinung sind Jungvolkjungen eine Sache für sich. Mit «Kindern« bezeichnen

Zusammensetzung der NSDAP
(1. Januar 1935)

Berufsgruppe	**NSDAP-Mitglieder (in Tsd.)**	**(in Proz.)**	**Politische Leiter (davon in Proz.)**	**Proz. des Korps**
Arbeiter	756	30,3	14,9	23,0
Angestellte	484	19,4	22,9	22,6
Lehrer	84	3,4	39,3	7,1
Beamte (ohne Lehrer)	223	9,0	28,0	10,5
Selbständige	475	19,0	20,0	14,7
Bauern	255	10,2	28,1	19,5
Sonstige	80	3,2	–	2,6
Erwerbstätige	2358	94,5	–	–
Insgesamt	2495	100,0	–	100,0

Berufsgruppe	**Gesellschaft (in Tsd.)**	**(in Proz.)**	**NSDAP (in Proz.)**
Arbeiter	14950	46,3	5,1
Angestellte	4032	12,5	12,0
Lehrer	286	0,9	29,4
Beamte (ohne Lehrer)	1195	3,7	18,7
Selbständige	3180	9,8	14,9
Bauern	2123	6,6	12,0
Sonstige	6350	20,2	1,2
Erwerbstätige	32296	100,0	7,3
Insgesamt	65218	–	3,8

Beispiel: 84000 Lehrer gehörten der NSDAP an; sie stellten 3,4 Prozent der Mitglieder. 39,3 Prozent von ihnen waren als Politischer Leiter tätig, was sie mit 7,1 Prozent am Korps (der Gesamtzahl) der Politischen Leiter beteiligte. In der Gesellschaft gab es damals 286000 Lehrer (0,9 Prozent der Erwerbstätigen). 29,4 Prozent davon waren NSDAP-Mitglied – fast jeder dritte! Dagegen war nur jeder zwanzigste Arbeiter Mitglied der NSDAP.

wir die nichtuniformierten Wesen niedriger Altersstufen, die noch nie einen Heimabend oder einen Ausmarsch mitgemacht haben [...]

Oh, ein Pimpf versteht schon etwas von der Welt! Wenn er unterwegs seine Hosen zerrissen hat, näht er sie selbst wieder zusammen. Geht es nicht anders, dann mit Bindfaden. Kinder pflegen in ähnlichen Situationen zu heulen und nach der Mutter zu schreien. Pimpfe sind auf sich selbst gestellt. Kinder verreisen nur in Begleitung Erwachsener. Pimpfe gehen mit ihrem Führer auf Fahrt. Andere Eltern sprechen von ihrem Kinde, die Pimpfeneltern aber reden von ihrem Sohn. «Mein Sohn, der Pimpf!» In diesem Satz liegt diese tiefe Wandlung unserer Jugend.

Aus einem Bericht der «Weser-Zeitung» über die Abschaffung der Eintänzer (16. Januar 1935)

Mit dem 1. Januar hat in Deutschland das Gigolosystem ein Ende gefunden. Werden die tanzlustigen Damen ihm auch ein wenig nachtrauern, im Interesse der Manneswürde ist der Entschluß der Regierung entschieden zu begrüßen. Eintänzer zu sein war kein Beruf, im besten Fall ein Nebenberuf. Verlangt wurde kavaliermäßiges Auftreten, gute Erscheinung, flottes Tanzen, ein guter Smoking, Unterhaltungsgabe, womöglich in mehreren Sprachen – und geboten wurden dafür drei Mark. Der Beruf des Eintänzers war alles andere, nur nicht romantisch, vielmehr ein ganz nüchternes Geschäft mit genau geregelten Praktiken.

Aus einer Rede des Reichskriegsministers Werner von Blomberg über die Wiedereinführung der allgemeinen Wehrpflicht (17. März 1935)

Indem die Reichsregierung am gestrigen Tag das Gesetz über den Aufbau der deutschen Wehrmacht verkündete, mit dem die allgemeine Wehrpflicht wieder eingeführt wird, ist die Grundlage für die Sicherheit des Reichs geschaffen. Für das innen- und außenpolitische Leben unseres Volkes aber ist die deutsche Wehrmacht im Begriff, wieder das zu werden, was sie einst war und was sie sein muß: nach innen eine Schule der Nation für die Erziehung unserer Jugend im Geiste der Wehrhaftigkeit und opferbereiter Vaterlandsliebe, nach außen der völlig gleichberechtigte und gleichbefähigte Hüter und Wächter des Reichs. [...]

Neben Elternhaus und Schule ist von den Nationalsozialisten die *Hitlerjugend* (HJ) als dritter Erziehungsträger gesetzt. Das *Deutsche Jungvolk* (Jungen von 10–14 Jahren), auch *Pimpfe* genannt, und die eigentliche *HJ* (Jungen von 14–18) werden zeitig an das Tragen von Uniformen und das Laufen im Gleichschritt gewöhnt. 1943 wird aus *HJ*-Führern und Absolventen von *Wehrertüchtigungslagern* die *12. SS-Panzerdivision Hitlerjugend* gebildet, die infolge mangelhafter Ausbildung und fehlender Erfahrung im Sommer 1944 in der Normandie fast vollständig aufgerieben wird.

Parteigenossen der NSDAP, deren Mitgliedsnummer niedriger als 100000 liegt, die mithin deutlich vor 1933 beigetreten sind, erhalten von Hitler persönlich das *Goldene Parteiabzeichen* überreicht. 1935 gibt es 22282 Träger dieses NS-Ehrenzeichens.

Aus der Rundfunkansprache Goebbels' zu Hitlers 46. Geburtstag (20. April 1935)

Heute, zum Geburtstag des Führers, ist es, glaube ich, an der Zeit, den Menschen Hitler mit dem ganzen Zauber seiner Persönlichkeit, mit der geheimnisvollen Magie und der eindringlichen Kraft seines individuellen Wirkens dem ganzen Volk vor Augen zu stellen […]

Dieses ganze Volk hängt ihm nicht nur mit Verehrung, sondern mit tiefer, herzlicher Liebe an, weil es das Gefühl hat, daß es zu ihm gehört, Fleisch aus seinem Fleische und Geist aus seinem Geiste ist […] Aus dem Volke ist er gekommen, und im Volke ist er geblieben […] Die Kleinsten nahen ihm mit freundlicher Zutraulichkeit, weil sie empfinden, daß er ihr Freund und Beschützer ist. Das ganze Volk aber liebt ihn, weil es sich in seiner Hand geborgen fühlt wie ein Kind im Arm der Mutter.

Dieser Mann ist fanatisch von seiner Sache besessen. Er hat ihr Glück und Privatleben geopfert. Es gibt für ihn nichts anderes als das Werk, das ihn erfüllt und dem er als getreuester Arbeiter am Reich in innerer Demut dient […]

Gebe ein gütiges Schicksal, […] daß noch viele Jahrzehnte hindurch die Nation unter seiner Führung den Weg zu neuer Freiheit, Größe und Macht fortsetzen kann. Das ist der aufrichtigste und heißeste Wunsch, den heute das ganze deutsche Volk ihm in Dankbarkeit zu Füßen legt. Und wie wir, die eng um ihn versammelt stehen, so sagt es zu dieser Stunde der letzte Mann im fernsten Dorf: «Was er war, das ist er, und was er ist, das soll er bleiben: Unser Hitler!»

Aus einer Denkschrift Schachts für Hitler über Praktiken der Gestapo (3. Mai 1935)

Kein ernsthafter Politiker wird die Tätigkeit der Gestapo bei der Abwehr kommunistischer und anderer staatsfeindlicher Bestrebungen entbehren wollen. Die Tätigkeit der Gestapo greift aber weit über dieses Gebiet hinaus, und es finden zahlreiche Verhaftungen, Überführungen ins Konzentrationslager etc. statt, oftmals, ohne daß der Betreffende überhaupt erfährt, warum er verhaftet ist, und leider auch oft, ohne daß überhaupt irgendeine Schuld, sondern vielmehr nur ein Verdacht vorliegt. Der Innenminister erläßt zwar Verordnungen, nach denen solche Verhaftungen nicht vorgenommen werden dürfen, aber er setzt sich damit nur der Lächerlichkeit aus, denn die Gestapo macht sich aus solchen Verordnungen nichts [...]

Das gegenteilige Verfahren der Gestapo trägt uns in der ganzen Welt Verachtung ein. Diese Verachtung steigert sich zur offenen Feindschaft, wenn die Gestapo, wie es geschehen ist, ihren Arm unter Verletzung des internationalen Rechtes nach anderen Ländern ausstreckt [...]

Muß das alles so gemacht werden? Im Kern ist das, was das Dritte Reich wünscht und braucht, unanfechtbar. Warum muß man also die Durchführung in Formen und Methoden vornehmen, die uns die Feindseligkeit der von uns so dringend benötigten Auslandsmärkte einträgt!

Aus einem an das Reichsinnenministerium gerichteten Schreiben des Präsidenten des Organisationskomitees für die 4. Olympischen Winterspiele, Karl Ritter von Halt, über antisemitische Propaganda in Garmisch-Partenkirchen (14. Mai 1935)

Mit wachsender Sorge beobachte ich in Garmisch-Partenkirchen eine planmäßig einsetzende antisemitische Propaganda [...] Ich sehe seit vergangenem Samstag an allen möglichen Stellen in Garmisch-Partenkirchen große Tafeln angebracht mit Inschrift «Juden sind hier unerwünscht». Der Leiter der Deutschen Arbeitsfront in Garmisch hat in einer Hotelier-Versammlung zum Ausdruck gebracht, daß jeder Gaststättenbesitzer aus der Partei ausgeschlossen würde, der einen Juden als Gast aufnehme. Sofern er nicht Parteigenosse wäre, würde mit anderen Mitteln gegen ihn vorgegangen werden.

Ich könnte diese Beispiele durch eine Unzahl von Episoden vervollständigen, die sich in G.-P. ereignet haben. Dabei scheint man zu vergessen, daß G.-P. 1936 der Schauplatz der Olympischen Winterspiele sein soll. Alle Nationen sind eingeladen, und alle haben zugesagt. Exzellenz Lewald und ich einerseits und der Reichssportführer anderseits haben unter ausdrücklicher Billigung des Reichsinnenministeriums dem Internationalen Olympischen Komitee und verschiedenen Führern nationaler ausländischer Verbände (ich erinnere an die schriftlichen Zusagen, die Brundage gegeben wurden) das Versprechen gegeben, daß alles vermieden werden soll, was zu einer Störung anläßlich einer evtl. Teilnahme von jüdischen Sportlern anderer Nationen führen könnte. Wenn die Propaganda in dieser Form weitergeführt wird, dann wird die Bevölkerung von Garmisch-Partenkirchen bis 1936 so aufgeputscht sein, daß sie wahllos jeden jüdisch Aussehenden angreift und verletzt. Dabei kann es passieren, daß Ausländer, die jüdisch aussehen und gar keine Juden sind, beleidigt werden […]

Wenn in G.-P. die geringste Störung passiert, dann – darüber sind wir uns doch alle im klaren – können die Olympischen Spiele in Berlin nicht durchgeführt werden […] Für uns Deutsche wäre das ein ungeheurer Prestigeverlust, und der Führer würde die Verantwortlichen zur Rechenschaft ziehen.

Aus dem «Reichsarbeitsdienst-Gesetz» (26. Juni 1935)

Abschnitt I

§ 1 (1) Der Reichsarbeitsdienst ist Ehrendienst am deutschen Volk.

(2) Alle jungen Deutschen beiderlei Geschlechts sind verpflichtet, ihrem Volk im Reichsarbeitsdienst zu dienen.

(3) Der Reichsarbeitsdienst soll die deutsche Jugend im Geiste des Nationalsozialismus zur Volksgemeinschaft und zur wahren Arbeitsauffassung, vor allem zur gebührenden Achtung der Handarbeit erziehen.

(4) Der Reichsarbeitsdienst ist zur Durchführung gemeinnütziger Arbeiten bestimmt […]

Abschnitt II

§ 3 (1) Der Führer und Reichskanzler bestimmt die Zahl der alljährlich einzuberufenen Dienstpflichtigen und setzt die Dauer der Dienstzeit fest.

(2) Die Dienstpflicht beginnt frühestens nach vollendetem 18. und endet spätestens mit Vollendung des 25. Lebensjahres […]

§ 7 (1) Zum Reichsarbeitsdienst kann nicht zugelassen werden, wer nichtarischer Abstammung ist oder mit einer Person nichtarischer Abstammung verheiratet ist […]

Aus einem Schreiben Leys an Hitler über die Erhöhung der Lebensmittelpreise (15. August 1935)

Die Aufwärtsbewegung der Preise hat in den letzten Tagen eine Entwicklung genommen, die stärkste Unruhe hervorgerufen hat.

Die Idee zu einem *Reichsarbeitsdienst* (RAD) hat Hitler schon vor dem Machtantritt entwickeln lassen, seit 1935 gibt es dafür die gesetzliche Grundlage. 1939 leisten 350 000 junge Männer sechs Monate lang den *Ehrendienst am deutschen Volke*. Der RAD gehört jedoch nicht zur Parteistruktur der NSDAP.

Von allen Seiten und aus allen Teilen des Reichs häufen sich die Klagen gerade über ein Emporschnellen der Lebensmittelpreise zu einer für den Arbeiter fast unerschwinglichen Höhe [...]

Einzelhandelspreise in Deutschland (1932 bis 1939)

Erzeugnis in Pf	**1932**	**1939**
1 kg Roggenbrot	36,9	32,7
1 kg Kartoffeln	9,0	9,0
1 kg Schweinebauch	148,3	164,1
1 kg Butter	289,4	314,7
1 l Vollmilch	23,2	23,3
1 Ei	9,5	12,0

Zwingt schon die Preispolitik des Reichsnährstands mit ihrer nivellierenden Tendenz und der dadurch bedingten Verschiebung der Lebenshaltungskosten zwischen Stadt und Land ohnedies in absehbarer Zeit zu Folgerungen in der Lohngestaltung, so ist eine unmittelbare Auswirkung auf die Löhne unvermeidbar, wenn der hier kurz angedeuteten Preisentwicklung nicht schnellstens Einhalt geboten wird.

Aus dem «Gesetz zum Schutze des deutschen Blutes und der deutschen Ehre» (15. September 1935)

§ 1 1. Eheschließung zwischen Juden und Staatsangehörigen deutschen oder artverwandten Blutes sind verboten. Trotzdem geschlossene Ehen sind nichtig, auch wenn sie zur Umgehung dieses Gesetzes im Auslande geschlossen sind [...]

§ 2 Außerehelicher Verkehr zwischen Juden und Staatsangehörigen deutschen oder artverwandten Blutes ist verboten.

§ 3 Juden dürfen weibliche Staatsangehörige deutscher oder artverwandten Blutes unter 45 Jahren nicht in ihrem Haushalt beschäftigen.

§ 4 1. Juden ist das Hissen der Reichs- und Nationalflagge und das Zeigen der Reichsfarben verboten [...]

Aus einem Bericht des «Völkischen Beobachters» über das Verbot des «Niggerjazz» im Rundfunk (13. Oktober 1935)

Der Redner [Reichssendeleiter Eugen Hadamovsky] erinnerte daraufhin an die zersetzende Tätigkeit des kulturbolschewistischen Judentums gerade im deutschen Rundfunkwesen und fuhr fort:

«Nachdem wir heute zwei Jahre lang mit diesen Kulturbolschewisten aufgeräumt haben und Stein an Stein fügten, um in unserem Volk das verschüttete Bewußtsein für die deutschen Kulturwerte wieder zu wecken, wollen wir auch mit den noch in unserer Unterhaltungs- und Tanzmusik verbliebenen zersetzenden Elementen Schluß machen. Dieses Verbot ist kein Symptom für eine irgendwie geartete Auslandsfeindschaft des deutschen Rundfunks, vielmehr reicht der deutsche Rundfunk allen Völkern die Hand zum freundschaftlichen Kultur- und Kunstaustausch. Was aber zersetzend ist und die Grundlage unserer ganzen Kultur zerstört, das werden wir ablehnen.

Wir werden dabei ganze Arbeit leisten.

Der Niggerjazz ist von heute ab im deutschen Rundfunk endgültig ausgeschaltet.»

Aus einer Pressemitteilung über das erste in Berlin gefällte Urteil wegen «Rassenschande» (17. Dezember 1935)

Die Strafkammer beim Landgericht Berlin verurteilt den 43 Jahre alten Juden Otto Jaffe aus Berlin wegen Rassenschande (§ 2 des

Seit 1935 die *Nürnberger Gesetze* in Kraft getreten sind, gilt *Rassenschande* als ein Straftatbestand, der sexuelle Kontakte und erst recht *Mischehen zwischen Juden und Staatsangehörigen deutschen oder artverwandten Blutes* verbietet. Verstöße gegen das *Blutschutzgesetz* werden zunächst, wie hier 1935 in Hamburg, öffentlich angeprangert, später werden die Beschuldigten, zumeist jüdische Frauen, im KZ ermordet.

Gesetzes zum Schutze des deutschen Blutes und der deutschen Ehre) mit einem Jahre und drei Monaten Gefängnis […]

Der verurteilte Jude hatte eine arische Frau kennengelernt und war mit ihr ein eheähnliches Verhältnis eingegangen, dem ein Kind entsprossen ist. Auch nach Erlaß des Gesetzes vom 15. September d. J., das auf dem diesjährigen Nürnberger Parteitag verkündet wurde, blieb der von dem Juden und der artvergessenen Frau gemeinsam geführte Haushalt bestehen. In voller Kenntnis der gesetzlichen Bestimmungen wurde, wie vor der Strafkammer zugegeben wurde, das verbrecherische Verhältnis fortgesetzt.

Aus einer Schrift des SS-Hauptamtes beim Reichsführer SS über «Untermenschentum» (1935)

Der Untermensch – jene biologisch scheinbar völlig gleichgeartete Naturschöpfung mit Händen, Füßen und einer Art von Gehirn, mit Augen und Mund, ist doch eine ganz andere, eine furchtbare Kreatur, ist nur ein Wurf zum Menschen hin, mit menschenähnlichen Gesichtszügen – geistig, seelisch jedoch tieferstehender als jedes Tier. Im Inneren dieses Menschen ein grausames Chaos wilder, hemmungsloser Leidenschaften: namenloser Zerstörungswille, primitivste Begierde, unverhüllteste Gemeinheit.

Untermensch – sonst nicht! [...]

Aber auch der Untermensch lebte. Er haßte das Werk des anderen. Er wütete dagegen, heimlich als Dieb, öffentlich als Lästerer, als Mörder. Er gesellte sich zu seinesgleichen.

Die Bestie rief die Bestie. –

Nie wahrte der Untermensch Frieden, nie gab er Ruhe. Denn er brauchte das Halbdunkle, das Chaos.

Er scheute das Licht des kulturellen Fortschritts.

Er brauchte zur Selbsterhaltung den Sumpf, die Hölle, nicht aber die Sonne. –

Und diese Unterwelt der Untermenschen fand ihren Führer: – den ewigen Juden!

Aus einer Mitteilung der Deutschen Reichspost über Vorbereitungen von Fernsehübertragungen zur XI. Olympiade in Berlin (25. Januar 1936)

Die Deutsche Reichspost trifft zur Zeit im Einvernehmen mit dem Organisationskomitee der Olympischen Spiele Vorbereitungen, um eine Übertragung der wichtigsten Ereignisse der Olympischen Spiele auf den Berliner Fernsehsender zu ermöglichen. Es ist das erstemal, daß bei einer großen Veranstaltung unter freiem Himmel Fernseh-Reportagen in großem Umfange unternommen werden. In den öffentlichen Berliner Fernsehstellen werden dann die Sportfreunde, die keine Eintrittskarte zum Stadion mehr erhalten konnten, Gelegenheit haben, in der gleichen Sekunde, wo im Stadion die Ereignisse abrollen, das lebende Abbild davon mitzuerleben.

Aus einem zusammenfassenden Bericht des Bilderalbums «Die Olympischen Spiele 1936» über die 4. Olympischen Winterspiele in Garmisch-Partenkirchen (6. bis 16. Februar 1936)

Hoch über dem Werdenfelser Land leuchtete die Flamme Olympias. Am großen Mast im Skistadion weht die Olympische Flagge. Als die jungen Sportmannschaften von 28 Nationen hinter ihren Fahnen ins Stadion einmarschiert waren und Adolf Hitler, der Führer und Kanzler des neuen Deutschlands, die 4. Olympischen Winterspiele 1936 in Garmisch-Partenkirchen für eröffnet erklärte, haben wir diese Zeichen des olympischen Friedenswillens angebracht [...]

Zu Füßen dieser Symbole wickelten sich an zehn herrlichen Tagen eines wunderbaren Festes die spannendsten Wettkämpfe ab, die jemals bei einem Winterolympia ausgetragen wurden, einer Organisation gehorchend, die ebenfalls beispiellos war und nur schwer jemals zu übertreffen sein wird. Das eindrucksvolle Bild dieser weihevollen Minuten wird allen unvergessen bleiben, denen es vergönnt war, der feierlichen Zeremonie beizuwohnen. Da standen die Abgesandten der Sportnationen hinter ihren Fahnenträgern und Führern, die Hand zum Schwur erhoben, unbeweglich und ernst. Nur wenige von ihnen kannten das Land, das ihnen olympisches Gastrecht gewährte; was sie wußten, war oftmals häßlich verdreht zu ihren Ohren gekommen. Aber jetzt fühlten sie, daß dieses Land und seine Bevölkerung nichts anderes sein wollte[n] als der freigebige Gastgeber einer friedlichen olympischen Gemeinschaft [...] Jedes Wort dieser Zeremonie ist im Olympischen Protokoll genau festgelegt worden, dennoch haben Teilnehmer und Organisatoren genügend Raum, sich frei und individuell zu entfalten. Das wußten unsere

Lieblinge der Deutschen sind Maxie Herber und Ernst Beier, welche bei den Winterspielen in Garmisch-Partenkirchen die Goldmedaille im Paarlaufen gewonnen haben.

olympischen Gäste, und sie taten freiwillig, was niemand von ihnen fordern durfte und wollte: Zum ersten Mal entboten Briten und Franzosen ihrem Gastgeber bei einer offiziellen Veranstaltung den Deutschen Gruß. Spontaner Jubel durchbrauste die olympische Stätte, denn die Menge erkannte, was hier in einer vielsagenden Geste entgegenkommend zum Ausdruck kam. Olympia verwischt Grenzen und künstliche Schranken [...]

Es war nicht nur das größte, sondern auch das schönste Olympia in der Reihe der Winterspiele, ein herrliches Vorspiel kommender, noch größerer Tage, die in den Spielen der XI. Olympiade Berlin 1936 nunmehr mit bester Zuversicht erwartet werden dürfen.

Aus einer Rede Leys über ein geplantes «Riesenseebad» auf Rügen (18. Februar 1936)

Die Idee dieses Seebads ist vom Führer selbst. Er sagte mir eines Tages, daß man nach seiner Meinung ein Riesenseebad bauen müsse. Die Arbeiter würden sich in den vorhandenen Bädern doch nicht restlos wohl fühlen. Die Umgebung und der ganze Kreis sei ihnen fremd und es fehle ihnen dort auch außerordentlich viel. Wenn sie in das neue Seebad kämen, dann müssen sie dort schon alles vorfinden, was man zum Badeleben braucht. Dies waren die Gründe, weshalb mir der Führer den Auftrag gab, ein eigenes «Kraft-durch-Freude»-Seebad zu schaffen, das das Gewaltigste und Größte von allem bisher Dagewesenen werden müsse.

Der Führer gab auch gleichzeitig an, daß das Bad 20000 Betten haben müsse. Alles soll so eingerichtet werden, daß man das Ganze im Falle eines Krieges auch als Lazarett verwenden kann. Wichtig für die Gesamtlage ist die Führung der Eisenbahn, denn es sollen jeden Tag 2000 Menschen an- und 2000 Menschen abtransportiert werden.

Ferner ist es der Wunsch des Führers, daß in der Mitte des Seebades ein großes Festhaus entsteht und daß alle Bauten sauber, zweckmäßig und schön gestaltet werden. Das Gelände [in Binz] haben wir schon gekauft.

Wenn der Mensch in das Seebad kommt, dann muß er sofort seine Vergangenheit vergessen. Ich möchte es so einrichten, daß er in einen Trubel hineinkommt, der ihm den Atem nimmt, daß er vor lauter Musik, Tanz, Ins-Theater-Gehen usw. nicht zu sich selbst kommt. Bisher brauchte man schon allein 7 Tage, um sich einzuleben und mit anderen Menschen Fühlung zu bekommen, 7 Tage konnte man sich erholen, und die letzten 7 Tage mußte man sich schon wieder an die zukünftigen Sorgen des Alltags gewöhnen. Das darf hier nicht sein. Von der ersten Stunde an muß der Mensch von der berauschenden Umgebung befangen werden bis zur letzten Sekunde, wenn er in den Zug steigt. Das ist auch der Wunsch des Führers, und wir wollen daher das Bad mit allem ausstatten, was es überhaupt gibt, mit Theater, Kino, Kabarett, Musik, Tanzflächen usw. [...]

Das Gemeinschaftshaus soll auf Wunsch des Führers alle Menschen fassen. Ferner soll auf der Düne eine breite, befestigte Promenade angeordnet werden. Ein Teil davon soll überdacht oder als Wandelhalle vorgesehen werden. Wir möchten dann außerdem noch einen kleinen Hafen oder eine Mole, um unseren «Kraft-durch-Freude»-Schiffen, mit denen wir später einen Seebäderdienst einrichten wollen, das Anlegen zu ermöglichen. Dann müssen Sie [die ausführenden Architekten] überlegen, wie die Menschen am schnellsten aus den Häusern ans Meer gelangen können. Ich habe da an Rutschbahnen und Rolltreppen gedacht.

Aus einem Lagebericht der Staatspolizeistelle Berlin über Verbitterung in der Bevölkerung (6. März 1936)

Zu größeren Besorgnissen gibt die Stimmung in der Bevölkerung hinsichtlich der *innerpolitischen Zustände* Anlaß. [...] In weiten Kreisen herrscht eine ausgesprochene Verbitterung [...]

Die schlechte Stimmung ist zwar nicht immer ohne weiteres erkennbar, weil jeder sich überwacht fühlt. Im engen Kreis wird aber überall geschimpft. Bezeichnend ist, daß der deutsche Gruß «Heil Hitler!» nur noch von wenigen angewandt wird. Man kann sich tagelang in der Stadt aufhalten, ohne den deutschen Gruß zu hören, es sei denn von Beamten im Amte oder in Uniform oder von Leuten aus der Provinz. In persönlichen Gesprächen in allen Kreisen und Ständen fällt immer wieder der Satz «So kann es nicht lange weitergehen» [...]

Sozialausgaben in Deutschland (1933 bis 1937)

Jahr	in Mrd. RM
1933	2,3
1934	1,4
1935	1,3
1936	0,9
1937	0,4

Während eines Besuches in Hamburg (1934) begrüßt Hitler eine Abordnung von Kriegsblinden aus dem Ersten Weltkrieg.

Ein wahrheitsgetreuer Stimmungsbericht kann auch nicht an der Tatsache vorbeigehen, daß das Vertrauen der Bevölkerung zu der Persönlichkeit des Führers z. Zt. eine Krise durchmacht. Man sagt, dem Führer könne es doch nicht entgehen, wie sich die menschlichen Unzulänglichkeiten einer Reihe seiner Unterführer auswirkten; es könne ihm nicht entgehen, wie sich bald dieser, bald jener eine große Villa baue, wie einzelne seiner Mitarbeiter einen auf die Volksmasse geradezu aufreizend wirkenden Luxus treiben.

Aus dem Programm der Jugendabordnungen des «Reichsnährstandes» zu Hitlers 47. Geburtstag (20. April 1936)

Die Kinder, Jungbauern und Jungbäuerinnen erscheinen alle in Tracht. Die Mädels haben kleine Blumensträuße in der Hand.

Die kleine Sprecherin hat einen größeren Blumenstrauß, den sie dem Führer nach Beendigung ihres Spruches überreicht.

Text des Spruches:
Lieber Führer!
Wir Buben und Mädchen von deutschen Bauernhöfen sind heute zu Dir gekommen. Vater und Mutter und alle Nachbarn des Dorfes lassen Dich durch uns schön grüßen. Sie haben Dich alle herzlich lieb und wünschen Dir mit uns alles, alles Gute zum Geburtstag.

Vater sagte uns, Du hast einen großen Hof. Der ist so groß wie die Höfe aller Bauern zusammen. Und der Hof, den Vater hat, ist nur ein ganz kleiner Teil von Deinem großen Hof. Der große Hof, sagt Vater, ist unser Deutschland, und Du bist der Bauer in diesem großen Hof.

Und dieser große Hof, sagt Vater, ist sehr krank gewesen. Fremde Nachbarn haben ihn vor langer Zeit einmal überfallen und haben Deinem Hof die Pferde und Rinder und das Korn weggenommen. Du aber hast alles wieder gut gemacht.

Vater und Mutter und alle Nachbarn sind stolz auf Dich, Sie haben uns gesagt, wir müssen Dich recht, recht lieb haben, so lieb wie wir Vater und Mutter haben. Und wenn wir einmal so groß sind wie Du bist, sollen wir unseren Hof ebenso schön führen wie Du Deinen großen Hof – unser Deutschland – führst.

So, und jetzt mußt Du mit uns ein bißchen lustig sein. Kommt, wir wollen unserem Führer ein Liedchen singen.
Zeitdauer des Spruches: 2 Minuten.
Danach singen die Kinder alle das Liedchen:

Lieber guter Führer,
Wie haben wir Dich lieb,
Mit uns'ren kleinen Händen
Woll'n wir Dir Blumen schenken,
Hab Du auch uns dann lieb.
Lieber guter Führer,
Wie haben wir Dich lieb,
In unserm kleinen Herzchen
Hast Du das schönste Plätzchen,
Wie haben wir Dich lieb.

Zeitdauer des Liedes: 1,5 Minuten

Aus einer Stellungnahme der Reichsgruppe Industrie zum «vorläufigen Referentenentwurf zum Gesetz über Kinderarbeit usw.» (5. Mai 1936)

Grundsätzlich begrüßt die Reichsgruppe Industrie die im Vorspruch des Referentenentwurfs enthaltenen Grundgedanken. Es wird nicht verkannt, daß aus vielfachen Erwägungen heraus weitere Schutzbestimmungen für die noch in der Entwicklung begriffenen und deshalb noch nicht volleistungsfähigen Jahresklassen der Jugendlichen geboten sind [...]

Auf der anderen Seite muß jedoch die Gewähr gegeben sein, daß im Interesse der Jugendlichen geschaffene Bestimmungen sich nicht in ihrer letzten Auswirkung gegen die Jugendlichen wenden, und es muß weiter Bedacht genommen werden, jegliche durch eine Überspannung der Schutzbestimmungen eintretende übermäßige Behinderung der Betriebe zu vermeiden.

Die aus diesen Erwägungen gegen den Entwurf zu erhebenden Bedenken richten sich insbesondere gegen die Heraufsetzung des Schutzalters auf 18 Jahre, die Einrechnung der Berufsschulzeit in die tägliche bzw. Wochenarbeitszeit, die Höchstgrenze für Arbeitszeitverlängerung, die Ruhepausen, den Arbeitsschluß vor Sonn- und Feiertagen und die Sonntagsar[beitsruhe].

Kapitalkonzentration in Deutschland (1932 bis 1941)

(in Mill. RM)	1932	1935	1938	1941
Zahl der AG und GmbH	15990	27936	18999	17220
Summe der Roh-Gewinne	903	2528	5349	8732

Auszüge aus Tagesanweisungen der Reichspressekonferenz zur XI. Olympiade (18. bis 25. Juli 1936)

18. Juli: Über die Versorgung der Reichshauptstadt mit Lebensmitteln während der Olympischen Spiele soll [...] nicht mehr berichtet werden.

22. Juli: Während der Olympischen Spiele sollen Berichte über Rassenschande-Prozesse auf ein Mindestmaß beschränkt werden.

 25. Juli: Es wird noch einmal an die Pflicht der deutschen

Presse erinnert, während […] der Olympischen Spiele keine Angriffe gegen ausländische Sitten und Gebräuche zu richten. Die Chinesen haben sich in Berlin schon zweimal beschwert.

Aus einem Bericht des Bilderalbums «Die Olympischen Spiele 1936» über die Eröffnungsfeier der Spiele der XI. Olympiade in Berlin (1. August 1936)

Der Uhrzeiger am Marathontor rückt auf die vierte Nachmittagsstunde. Nach und nach versinken die Geräusche wie das Wasser im Wüstensand, der Flügelschlag einer großen historischen Stunde schwingt in der Luft.

Fanfarenstöße zerreißen die Stille, Adolf Hitler, Führer des Reiches, Schirmherr der Olympischen Spiele, schreitet über die Stufen der Treppe, die neben dem Marathontor in den Innenraum führt […] Deutschland und seine Gäste erheben sich, und ein unermeßlicher Jubelsturm braust als Gruß zum Himmel. Die Arme der Massen recken sich, als wollen sie in dieser Minute sagen: Du hast uns und der Welt ein neues Wunder geschenkt. Ein kleines Mädchen überreicht dem Führer einen Blumenstrauß als Gruß der Jugend. Unter den Klängen des Huldigungsmarsches von Wagner steigt der Führer die Treppe der Ehrentribüne empor. Auf seinem Platz angekommen, grüßt er sein Volk. Die deutschen Hymnen erklingen, und stehend singt das deutsche Volk seine Lieder.

Exzellenz Dr. Lewald, der Präsident des Olympischen Organisationskomitees, betritt die Rednertribüne. Sein erster Gruß und Dank gilt aus bewegtem Herzen dem Führer. Er spricht von der herrlichen Olympiaidee, die in der Flamme des Feuers so unvergleichlichen Ausdruck gefunden hat [gemeint ist der erstmals durchgeführte Olympische Fackellauf]. Er gedenkt der

Das Gefühl von deutscher Größe erhält einen Dämpfer, als die deutsche 4 x 100-m-Staffel der Frauen, in Führung liegend, beim letzten Wechsel den Stab verliert und ausscheidet.

3000 Sportler, die durch sieben Länder seine Glut von Olympia nach Berlin getragen haben [...], dann bittet er den Führer, die Spiele zu eröffnen. Adolf Hitler tritt ans Mikrofon. Fest und klar steht die Stimme im Raum: «Ich erkläre die Spiele in Berlin zur Feier der XI. Olympiade neuer Zeitrechnung als eröffnet.»

Die olympische Glocke ruft ihren ehernen Gruß in die Welt. Die Kanonen donnern den Salut. Durch das Stadion flattert der Schwarm unzähliger Tauben, um die Kunde auf ihren Fittichen in die Welt zu tragen [...] Langsam steigt am Hauptmast die olympische Fahne empor. Als letzter Läufer des größten Staffellaufes aller Zeiten trägt Schilgen sein heiliges Feuer zur Schale über dem Marathontor empor, und die olympische Hymne von Richard Strauss jubelt in neuen Festklängen zum Himmel.

Aus der Reihe der griechischen Kämpfer tritt Spyridon Louis, der Marathonsieger von 1896, und überreicht dem Führer einen Olivenzweig, den er in dem heiligen Hain von Olympia gepflückt hat. Vergangenheit und Gegenwart reichen sich die Hand, die großen Ideale der Menschen überbrücken die Jahrtausende.

Die Fahnenträger der Nationen schließen sich um die Rednertribüne zum Halbkreis zusammen. Rudolf Ismayr, der Olympiasieger [im Gewichtheben] von 1932, spricht für alle den Olympischen Eid. Händels «Hallelujah» breitet über das festliche Bild den feierlichen Ausklang. Langsam ziehen die Nationen, noch einmal vom Jubel der Massen [etwa 100000 Zuschauer] begrüßt, dem Marathontor zu und entschwinden den Blicken.

Um 18 Uhr ist die größte sportliche Feier der Neuzeit beendet. Der Führer harrt, bis der letzte Mann die Kampfstätte verlassen hat. Ein herrlicher Tag neigt sich seinem Ende zu.

Aus einem deutsch- und englischsprachigen Berliner Flugblatt der illegalen Deutschen Volksfront an die «Olympia-Gäste» (August 1936)

Die Anwesenheit vieler tausender Gäste aus dem Auslande gelegentlich der Olympiade gibt uns heute Veranlassung, einige Worte an Sie zu richten: Was sehen die Sportler und Gäste der ganzen Welt in Deutschland?

Ein von Adolf Hitler gewünschtes Prachtstadion, die herrlichsten Sportanlagen, das olympische Dorf, Prachtbauten und Prachtstraßen in und um Berlin, kurz gesagt, eine Umgebung, die bei dem flüchtigen Beobachter den Eindruck erwecken muß, daß Deutschland das Land des Wohlstandes, das Land des inneren und äußeren Friedens und der Freiheit sei.

Was sollen die Sportler und Gäste der ganzen Welt hier nicht sehen? Sie sollen nicht das armselige Dasein der werktätigen Massen in Deutschland kennenlernen [...]

Es gibt in Deutschland: Keine Pressefreiheit. Keine Organisationsfreiheit. Keine Meinungsfreiheit!

Wer wagen sollte, sich offen gegen irgendeine Maßnahme der faschistisch-reaktionären Hitler-Regierung auszusprechen, ist bedroht mit Konzentrationslager, Zuchthaus und Tod [...] Der Sport wird in Deutschland besonders zur Militarisierung der Jugend verwendet, und die Sportvereine stehen unter Aufsicht der Regierung oder der des Reichssportführers [...]

Gewiß hat die Arbeitslosigkeit abgenommen, aber das war nur möglich durch eine fieberhafte Aufrüstung, wie sie die Welt noch nie sah. Diese Aufrüstung bedroht den Frieden Europas und der Welt.

Aus einem Tagebucheintrag des Romanisten Victor Klemperer über die XI. Olympiade (13. August 1936)

Die Olympiade, die nun zu Ende geht, ist mir doppelt zuwider. 1. Als irrsinnige Überschätzung des Sports; die Ehre eines Volkes hängt davon ab, ob ein Volksgenosse zehn Zentimeter höher springt als alle anderen. Übrigens ist ein Neger aus USA am allerhöchsten gesprungen, und die silberne Fechtmedaille für Deutschland hat die Jüdin Helene Meyer gewonnen (ich weiß nicht, wo die größere Schamlosigkeit liegt, in ihrem Auftreten als Deutsche des Dritten Reichs oder darin, daß ihre Leistung für das Dritte Reich in Anspruch genommen wird) [...] Und 2. ist mir die Olympiade so verhaßt, weil sie nicht eine Sache des Sports ist – bei uns meine ich –, sondern ganz und gar ein politisches Unternehmen. «Deutsche Renaissance durch Hitler» las ich neulich. Immerfort wird dem Volk und den Fremden eingetrichtert, daß man hier den Aufschwung, die Blüte, den neuen Geist, die Einigkeit, Festigkeit und Herrlichkeit, natürlich auch den friedlichen, die ganze Welt liebevoll umfassenden Geist des Dritten Reiches sehe. Die Sprechchöre sind (für die Dauer der Olympiade) verboten, Judenhetze, kriegerische Töne, alles Anrüchige ist aus den Zeitungen verschwunden,

Bei der Olympiade 1936 erringen die deutschen Ruderer in fünf von sieben Bootsklassen die Goldmedaille, hier der Vierer ohne Steuermann.

bis zum 16. August, und ebensolange hängen überall Tag und Nacht die Hakenkreuzfahnen. In englisch geschriebenen Artikeln werden «Unsere Gäste» immer wieder darauf hingewiesen, wie friedlich und freudig es bei uns zugehe, während in Spanien [gemeint ist der gerade ausgebrochene Bürgerkrieg] «kommunistische Horden» Raub und Totschlag begingen. Und alles haben wir in Hülle und Fülle. Aber der Schlächter hier und der Gemüsehändler klagen über Warennot und Teuerung, weil alles nach Berlin gesandt werden müsse. Und die «Hunderttausende» in Berlin sind durch «Kraft durch Freude» herangeschafft; die Ausländer, vor denen «Deutschland wie ein offenes Buch» aufgeschlagen liegen soll – aber wer hat denn die aufgeschlagenen Stellen ausgewählt und vorbereitet? –, sind nicht mehr zahlreich, und die Berliner Zimmervermieter klagen.

Aus einem Artikel der Zeitschrift «Volk und Rasse» über «rassekundliche Beobachtungen an den Olympiakämpfern» (September 1936)

Die große Heerschau sporttreibender Nationen, die sich anläßlich der XI. Olympiade in Berlin versammelt hatte, bot [...] auch dem Rassenforscher die Gelegenheit zu einer Unzahl wertvoller Feststellungen [...] Als Rassenforscher mußte man es nur bedauern, daß diese selten günstige Gelegenheit, so viele Vertreter fremder Rassen beisammen zu sehen, nicht auch durch eine gründliche wissenschaftliche Untersuchung ausgenützt werden konnte. Das dank jüdischer Hetze im Auslande verbreitete Mißtrauen gegenüber allen rassenkundlichen und rassenpflegerischen Bestrebungen des deutschen Volkes zwang hier zu größter Zurückhaltung und Rücksichtnahme auf unsere ausländischen Gäste. Außerdem war die zur Verfügung stehende Zeit recht kurz.

Aus einer Rede Görings über den Vierjahresplan (28. Oktober 1936)

Es ist selbstverständlich, daß man gewisse Einschränkungen auf sich nehmen muß, wenn man Großes erreichen will. Und darum wende ich mich an die deutschen Hausfrauen. Eine große Verantwortung liegt auf ihren Schultern. Sie müssen in erster Linie immer die Speisen auf den Speisezettel setzen, die jahreszeitlich bedingt sind, die vorhanden sind, die die eigene nationale Produktion in dem Augenblick hervorbringt! Es ist eine Sünde, wenn man immer gerade das kaufen und haben will, was in dem Augenblick nicht durch die Natur hervorgebracht wird. Mögen sich auch vor allen Dingen die vermögenden Haushalte dessen besinnen! Es hat früher einmal so eine Art gegeben, da war es besonders fein, im Winter besonders zarte Gemüse aus dem Ausland usw. aufzutischen, immer das, was es gerade «nicht gab».

Die Werftarbeiter in Wilhelmshaven, dem wichtigsten deutschen Kriegshafen an der Nordsee, haben Arbeit, sie profitieren vom *Vierjahresplan* (1936) und dem *Flottenbauprogramm*, das *Deutschland in vier Jahren kriegsfähig* machen soll.

Wir halten uns in erster Linie an das, was der deutsche Boden uns schenkt. Weiter aber werden wir durch eine rechtzeitige Aufklärung über die jeweilige Versorgungslage dazu beitragen, daß die Hausfrauen von vornherein Bescheid wissen, daß sie wissen, um welche Lebensmittel es jetzt geht, dann werden sie auch nicht notwendig haben, stundenlang draußen anzustehen [...]

Ohne den geschlossenen und leidenschaftlichen Einsatz unserer deutschen Arbeiter, unserer deutschen Arbeiterschaft, wäre jedoch das ganze Werk von vornherein unmöglich. Heute müssen wir uns bereits den Kopf darüber zerbrechen, wie der Arbeitermangel zu beseitigen ist. Dann zeigt sich, wie die Nationen verschiedene Sorgen haben. Wir haben Sorge, genügend Arbeiter zu bekommen. Die anderen haben die Sorge, wie sie ihre Arbeitslosen unterbringen. Ich glaube aber, daß unsere Sorge wohl die schönere ist. Die Frage ist heute: Wie schaffe ich die notwendigen Arbeiter heran? Das geht nur, wenn der deutsche Arbeiter einsieht, daß er nur dann helfen kann, nur dann den Plan des Führers unterstützt, wenn er arbeitet, arbeitet und immer wieder arbeitet, wenn nicht Uneinigkeit herrscht und gestritten wird, sondern Ruhe in den Betrieben ist, und wenn geschafft wird vom Morgen bis zum Abend, bis wir das Werk vollendet haben. Jeder hat deshalb zu begreifen, daß es heute darauf ankommt, die notwendige Arbeitsruhe zu halten und den Arbeitsfrieden. In den Betrieben muß Freude und Schaffenslust herrschen. Alles Denunziantentum, alle Verleumdung muß hinaus! Das hat in Deutschland keinen Platz!

Aus einer Rede Görings über Versorgungslücken (29. Oktober 1936)

Wir hören, es gibt hier und da Fleischknappheit. Gewiß wird es hier und da eine Spannung geben, aber auch hier wird alles geschehen. Wir werden versuchen, weitere Grundlagen für die Züchtung von mehr Vieh zu schaffen. Vor allem aber, meine lieben Volksgenossen, gibt es außer Fleisch noch etwas sehr Gutes. Es gibt Fische!

Und doch wissen wir, daß nun einmal die größte Spannung auf dem Gebiete des Fettes besteht. Hier ist der größte Auslandsbezug notwendig, und so wird auch hier die stärkste Einschränkung aller notwendig sein. Trotzdem werden wir auch hier die Erzeugung stärken. Wenn alle Volksgenossen mithelfen und wenn jeder

Unter der Parole *Kampf dem Verderb* werden Küchenabfälle als Futtermittel gesammelt.

versteht, daß nun einmal heute Deutschland nicht reich genug ist, Abfälle beiseite zu werfen, sondern daß diese Abfälle gesammelt werden müssen, um sie den großen Mästereien der Städte usw. zuzuführen, dann werdet ihr dafür auch sehen, daß die Fettlage sich bessern wird. Wir sind nun einmal in einer Festung. Da heißt es: Alles und das Letzte einzusetzen.

Aus einer vor dem Reichskultursenat gehaltenen Rede von Ministerialrat Alfred Ingemar Berndt über Kunstkritik (29. November 1936)

Instinktlosigkeit und Haltlosigkeit sind auch heute noch vielfach Merkmale der Kunstkritik. Am schlimmsten sieht es bei der Filmkritik aus, die nicht selten vom Lokalberichterstatter, dafür um so seltener vom Fachmann geschrieben wird. Wir haben es auch jetzt noch oft erlebt, daß Filme, denen von der Staatsführung lobende Prädikate verliehen worden sind, von der Kritik in geradezu bodenloser Weise verrissen wurden, während man Machwerke emporlobte, die deutlich den Stempel jüdischer Filmmache an der Stirn trugen [...]

An die Stelle der Kunstkritik soll nun die Kunstbetrachtung treten [...] Sie soll alles enthalten, was zu sagen ist, aber sie soll nicht richten. Für die Beurteilung eines Kunstwerkes kann im nationalsozialistischen Staat auch nur die nationalsozialistische Kulturauffassung maßgebend sein. Nur Partei und Staat sind in der Lage, aus dieser nationalsozialistischen Kunstauffassung heraus Werte zu bestimmen.

Aus dem «Gesetz über die Hitlerjugend» (1. Dezember 1936)

§ 1 Die gesamte deutsche Jugend innerhalb des Reichsgebietes ist in der Hitlerjugend zusammengefaßt.

§ 2 Die gesamte deutsche Jugend ist außer in Elternhaus und Schule in der Hitlerjugend körperlich, geistig und sittlich im Geiste des Nationalsozialismus zum Dienst am Volk und zur Volksgemeinschaft zu erziehen.

§ 3 Die Aufgabe der Erziehung der gesamten deutschen Jugend in der Hitlerjugend wird dem Reichsjugendführer der NSDAP übertragen. Er ist damit «Jugendführer des Deutschen Reiches». Er hat die Stellung einer Obersten Reichsbehörde mit dem Sitz in Berlin und ist dem Führer und Reichskanzler unmittelbar unterstellt.

Mitgliedszahlen der Hitlerjugend (1933 bis 1938)

Jahr	HJ-Mitglieder	davon Mädchen
1933	2300000	593000
1934	3577000	1334000
1935	3900000	1616000
1936	5400000	2485000
1937	5800000	2759000
1938	8700000	3426000

Aus einer Bekanntmachung im «Völkischen Beobachter» über Kundenlisten (4. Dezember 1936)

Um dem Kleinhändler und Fleischer eine gerechte Verteilung der Fette an den Verbraucher zu ermöglichen, werden der Einzelhandel und das Fleischerhandwerk das bereits im letzten Winter auf privater Grundlage angewandte Verfahren der Kundenliste in erweitertem Umfange und auf zuverlässigen Unterlagen ab Januar 1937 wieder aufnehmen. Um bei der Kundenliste die Personenzahl des einzelnen Haushalts zu berücksichtigen, werden die Eintragungen in die Kundenliste nur auf Grund von Haushaltsnachweisen durchgeführt werden. Noch im Dezember wird den Haushaltungen ein Haushaltungsnachweis zugehen, der als Un-

Für den *Fahnenkult* der Nazis – sie haben das Lied mit der Zeile *Die Fahne hoch* zur Quasi-Nationalhymne gemacht – wird bereits in der *HJ* Grund gelegt. In einem ihrer Lieder singen die *Pimpfe*: *Die Fahne ist mehr als der Tod.*

terlage für die Eintragung in die Kundenliste bei dem vom Verbraucher selbst gewählten Geschäft dient. Die Ausgabe der Haushaltsnachweise wird in gleicher Weise durchgeführt wie die Personenstandsaufnahme vom 10. Oktober jeden Jahres.

Aus dem Hirtenbrief der deutschen katholischen Bischöfe (24. Dezember 1936)

Der Führer und Reichskanzler Adolf Hitler hat den Anmarsch des Bolschewismus von weitem gesichtet und sein Sinnen und Sorgen darauf gerichtet, diese ungeheure Gefahr von unserem deutschen Volk und dem gesamten Abendland abzuwehren. Die deutschen Bischöfe halten es für ihre Pflicht, das Oberhaupt des deutschen Reiches in diesem Abwehrkampf mit allen Mitteln zu unterstützen, die ihnen aus dem Heiligtum zur Verfügung stehen.

Aus dem Buch «Deutsche Physik» von Philipp Lenard (1936)

«Deutsche Physik?» wird man fragen. – Ich hätte auch arische Physik oder Physik der nordisch gearteten Menschen sagen können, Physik der Wirklichkeits-Ergründer, der Wahrheit-Suchen-

Das Reichskonkordat (20.7.1933) zwischen dem Deutschen Reich und dem Vatikan sichert der katholischen Kirche einige Privilegien, vor allem den Schutz von deren Eigentum und die Beibehaltung von Bekenntnisschulen, dafür mußten neu eingesetzte Bischöfe den Treueid auf die Regierung leisten. 1937 wirft Papst Pius XI. in seiner Enzyklika *Mit brennender Sorge* der NS-Regierung den Bruch des Konkordats vor. Sein Nachfolger schweigt zum Völkermord an den Juden.

den, Physik derjenigen, die die Naturforschung begründet haben. – «Die Wissenschaft ist und bleibt international!» wird man mir einreden wollen. Dem liegt aber immer ein Irrtum zugrunde. In Wirklichkeit ist die Wissenschaft, wie alles, was Menschen hervorbringen, rassisch, blutmäßig bedingt [...]

Es ist wichtig, die «Physik» des jüdischen Volkes hier ein wenig zu betrachten [...] Wie alles Jüdische ist auch die jüdische Physik erst seit kurzem überhaupt einer unbefangenen öffentlichen Betrachtung zugänglich geworden. Sie hatte sich lange versteckt und zögernd entwickelt. Mit Kriegsende, als die Juden in Deutschland herrschend und tonangebend wurden, ist sie in ihrer ganzen Eigenart plötzlich überschwemmungsartig hervorgetreten [...] Um sie kurz zu charakterisieren, kann am gerechtesten und besten an die Tätigkeit ihres wohl hervorragendsten Vertreters, des wohl reinblütigen Juden A. Einstein, erinnert werden. Seine «Relativitäts-Theorien» wollten die ganze Physik umgestalten und beherrschen; gegenüber der Wirklichkeit haben sie aber nun schon vollständig ausgespielt. Sie wollten wohl auch gar nie wahr sein [...]

Die jüdische «Physik» ist somit nur ein Trugbild und eine Entartungserscheinung der grundlegenden arischen Physik.

Aus einer Meldung der «Frankfurter Zeitung» über die Darstellung der Familie in der bildenden Kunst (6. Januar 1937)

Wie die Reichskammer der bildenden Künste mitteilt, hat das Rassenpolitische Amt der NSDAP die Bemerkung gemacht, daß in der Öffentlichkeit vielfach Darstellungen aus unserer Zeit auftauchen, die bildlich oder sinnbildlich die deutsche Familie bedauerlicherweise noch mit einem oder zwei Kindern zeigten. Der Nationalsozialismus bekämpfe mit Nachdruck das Zwei-Kinder-System, da es das deutsche Volk unrettbar dem Untergang zuführe. Er vertrete die Forderung nach mindestens vier Kindern in jeder Familie, um die heutige Bevölkerungszahl wenigstens zu

Diese mecklenburgische Landarbeiterfamilie entspricht ganz dem nationalsozialistischen Ideal vom *Nähr- und Gebärstand.*

halten. Wo immer die künstlerischen Notwendigkeiten es erlauben – und das werde in der Mehrzahl der Fälle möglich sein –, solle auch der bildende Künstler, besonders der Maler und Gebrauchsgraphiker, sich das Ziel setzen, im Rahmen der künstlerischen Gestaltungsmöglichkeiten wenigstens vier deutsche Kinder zu zeigen, wenn eine «Familie» dargestellt werde.

Aus dem deutschen Beamten-Gesetz (26. Januar 1937)

Ein im deutschen Volk wurzelndes, nationalsozialistischer Weltanschauung durchdrungenes Berufsbeamtentum, das dem Führer des Deutschen Reichs und Volks, Adolf Hitler, in Treue verbunden ist, bildet einen Grundpfeiler des nationalsozialistischen Staates. Daher hat die Reichsregierung das folgende Gesetz beschlossen, das hiermit verkündet wird [...]

§ 1 Der deutsche Beamte steht zum Führer und zum Reich in einem öffentlich-rechtlichen Dienst- und Treueverhältnis (Beamtenverhältnis).

Er ist der Vollstrecker des Willens des von der Nationalsozialistischen Deutschen Arbeiterpartei getragenen Staates.

Der Staat fordert von dem Beamten unbedingten Gehorsam und äußerste Pflichterfüllung; er sichert ihm dafür seine Lebensstellung.

Aus einem Spitzelbericht über einen Gottesdienst von Pastor Martin Niemöller in der Annenkirche zu Berlin-Dahlem (30. Januar 1937)

Pastor Niemöller ging am Anfang seiner Predigt mit einer beispiellosen Frechheit auf die letzten 4 Jahre ein. Den Besuchern des Gottesdienstes wurden unter Fortlassung der wirklichen Gründe allgemeine Vorgänge aufgezählt, die auf den nicht unterrichteten Besucher aufhetzerisch im höchsten Grade wirken mußten.

Es war eine Schande, daß am Tag der nationalen Erhebung, da, wo jeder Deutsche mit Genugtuung und Stolz die Rede des Führers gehört hatte, dieser Pastor N. sich erlaubte, Gifte der Zersetzung und Gemeinheiten um sich zu spritzen. Niemöller äußerte sich zuerst im folgenden Sinne: Heute am 30. Januar, wenn wir einen Rückblick auf die letzten 4 Jahre tun, so haben wir keine Freude gehabt, sondern nur Trübsal. Haben diese 4 Jahre nicht nur zur Folge gehabt, das Tausende von Männern, die sonst nie etwas mit der Polizei zu tun hatten, von ihr festgenommen wurden und Hunderte ins Konzentrationslager kamen? Ist es ein Erfolg? Die evangelische Kirche liegt gefesselt am Boden.

Aus dem Elf-Punkte-Programm Leys zur Eingliederung des Handwerks in die Deutsche Arbeitsfront (19. Februar 1937)

1. Die Deutsche Arbeitsfront will, daß sich Unternehmer und Arbeitnehmer nicht länger in getrennten Organisationen gegenüberstehen, sie will die schaffenden Menschen eines Betriebes – ob Unternehmer oder Arbeiter – in der lebendigen Betriebsgemeinschaft zusammenfassen. Deshalb gründet das deutsche Handwerk in der DAF, nach Berufen geordnet, in den Grenzen der politischen Kreise «Gewerke», in denen Lehrlinge, Gesellen und Meister zusammengefaßt werden. Das Gemeinschaftshaus gibt den kulturellen und gesellschaftlichen Mittelpunkt des Gewerkes, und die Werkschar des Gewerkes stellt den weltanschaulichen Stoßtrupp desselben. Die Meisterschulen, in denen

Auch außerhalb der Großbetriebe ist das Arbeitsleben straff durchorganisiert. Das *Reichswirtschaftsministerium* gründet im März 1935 die *Reichsgruppe Handwerk*, der auch die Ausrichtung des *Reichshandwerkertages*, hier 1936 in Frankfurt am Main, obliegt.

Handwerksbetriebe in Deutschland (1936/37)			
Jahr	**Zugang**	**Abgang**	**Rückgang**
1936	104234	132109	27875
1937	75153	137726	62573

sich die Meister dauernd auf der Höhe ihres handwerklichen Könnens halten, sind dem Gewerkhaus angeschlossen. Das Gewerk ist die lebendige Zelle des Handwerks. In den einzelnen Ortschaften – Grenzen der politischen Ortsgruppe – sind alle Handwerker der Deutschen Arbeitsfront in der Ortshandwerkerschaft zusammengeschlossen, der ein Ortshandwerkswalter vorsteht [...]

Alle Jugend, die einen Beruf erlernt, geht durch die Werkstatt des Handwerks. Das Handwerk ist der Hort des schöpferischen deutschen Geistes. Höchste Qualitätsleistung kann allein das Handwerk retten. Wer sich der Berufserziehung der Deutschen Arbeitsfront unterwirft – praktische Berufsberatung – Handwerkslehrzeit – Lehrwerkstätten – Gesellenschule und -erziehung –, wird alsdann von den Selbsthilfeeinrichtungen der Deutschen Arbeitsfront einen Personalkredit erhalten, um eine Existenz zu gründen [...]

3. Die Deutsche Arbeitsfront hat das Gesellenwandern wieder eingeführt und baut es tatkräftig aus [...]
4. Die Deutsche Arbeitsfront prüft das Können und die Leistungen des Handwerkers durch die ständige Teilnahme am Reichsberufswettkampf, den die Deutsche Arbeitsfront auch auf das Gesellentum übertragen wird [...]
6. Das Handwerk hat neue Fahnen, Fahnen des neuen Deutschland, von der Partei verliehen bekommen. Die alten Innungsfahnen als Symbole äußerster Zerrissenheit im Handwerk sind verschwunden, das Handwerk des neuen Deutschland marschiert unter der Fahne der völkischen Einheit.

Aus einer Rede des Staatssekretärs Reinhard auf der Tagung des Reichsbundes der Kinderreichen (5. Juni 1937)

Es muß besonders von einem Volksgenossen, der für die Beamtenlaufbahn zugelassen worden ist, verlangt werden, daß er frühzeitig heiratet. Jeder Beamtenanwärter ist nach nationalsozialistischer Auffassung verpflichtet, allen anderen Volksgenossen auch in der Frage der frühzeitigen Familiengründung Vorbild zu sein.

Es wird demnächst bestimmt werden, daß ohne Rücksicht auf das Dienstalter die Bezüge der höchsten Stufe gewährt werden, sobald der Beamte heiratet [...]

Zu der Verbesserung der Anfangsbezüge kommt das Weniger an Lohnsteuer. Ein junger Beamter, der unter solchen Umständen nicht bald nach bestandener Prüfung heiratet, ist nicht wert, in die Beamtenlaufbahn des nationalsozialistischen Staates endgültig übernommen zu werden. Es muß erstrebt werden, die Übertragung einer Planstelle an den jungen Beamten davon abhängig zu machen, daß er verheiratet ist.

Aus der Rede Hitlers zur Eröffnung des «Hauses der Deutschen Kunst» in München (18. Juli 1937)

Niemals war die Menschheit in Aussehen und in ihrer Empfindung der Antike näher als heute [...] Ein leuchtend schöner Menschentyp wächst heran [...] Dieser Menschentyp, den wir erst im vergangenen Jahre in den Olympischen Spielen in seiner strahlenden, stolzen, körperlichen Kraft und Gesundheit vor der ganzen Welt in Erscheinung treten sahen, dieser Menschentyp, meine Herren prähistorischer Kunststotterer, ist der Typ der neuen Zeit, und was fabrizieren Sie? Mißgestaltete Krüppel und Kretins, Frauen, die nur abscheuerregend wirken können. Männer, die Tieren näher sind als Menschen. Kinder, die, wenn sie so leben würden, geradezu als Fluch Gottes empfunden werden müßten! Und das wagen diese grausamsten Dilettanten unserer heutigen Mitwelt als die Kunst unserer Zeit vorzustellen, d. h. als den Ausdruck dessen, was die heutige Zeit gestaltet und ihr den Stempel aufträgt [...]

Nein, hier gibt es nur zwei Möglichkeiten: Entweder diese sogenannten «Künstler» sehen die Dinge wirklich so und glauben daher an das, was sie darstellen, dann wäre nur zu untersuchen, ob ihre Augenfehler entweder auf mechanische Weise oder durch Vererbung zustande gekommen sind. In einem Falle tief bedauerlich für diese Unglücklichen, im zweiten wichtig für das Reichsinnenministerium, das sich dann mit der Frage zu beschäftigen hätte, wenigstens eine weitere Vererbung derartig grauenhafter Sehstörungen zu unterbinden. Oder aber sie glauben selbst nicht an die Wirklichkeit solcher Eindrücke, sondern sie bemühen sich aus anderen Gründen, die Nation mit diesem Humbug zu belästigen, dann fällt so ein Vorgehen in das Gebiet der Strafrechtspflege.

Aus einem Schreiben Eickes an Himmler über die Namensgebung des künftigen KZ Buchenwald (24. Juli 1937)

Die angeordnete Bezeichnung «KL Ettersberg» kann nicht angewendet werden, da die NS-Kulturgemeinde in Weimar hiergegen Einspruch erhebt, weil Ettersberg mit dem Leben des Dichters Goethe im Zusammenhang steht. Auch Gauleiter Sauckel hat mich gebeten, dem Lager eine andere Benennung zu geben. Das Lager nach dem Dorf Hottelstedt zu bezeichnen, ist nicht angängig, weil die SS-Angehörigen des 3. SS-TV [Totenkopfverbandes] «Thüringen» finanziell Schaden erleiden würden, da die Bestimmung besteht, daß dann der Wohnungsgeldzuschuß nach dem Dorf Hottelstedt bemessen werden müßte. Die Lebenshaltung der SS-Angehörigen entspricht aber derjenigen der teuren Stadt Weimar.

Ich schlage Reichsführer vor, dem Lager den Namen «KL Hochwald, Post Weimar» zu geben. Es darf um rasche Entscheidung gebeten werden, da die Behörden von der neuen Bezeichnung des Lagers baldigst Kenntnis haben müssen [Himmler ordnete schließlich die Benennung «Buchenwald» an].

Aus einer Rede Himmlers vor SS-Gruppenführern über «entsetzliche Pantoffelhelden» (8. November 1937)

Ich habe […] für etwas kein Verständnis, nämlich wenn dieser oder jener Führer […] so ein entsetzlicher Pantoffelheld ist. Ich sprach es schon oft aus. Führer, die nicht fähig sind, eine Rotte zu führen, nämlich sich und ihre Frau, die sind auch nicht fähig zu größeren Dingen. Ich bitte Sie, dafür zu sorgen […], daß Sie solche Kameraden zu sich holen und in ganz taktvoller und klarer Form einmal sagen: Mein Guter, das geht nicht, daß du in der Öffentlichkeit von deiner Frau blamiert wirst. Es geht nicht, daß man überall merkt, du darfst eigentlich nicht, deine Frau erlaubt dir das nicht. Das erleben Sie sehr oft auch im Volk. Nur wünsche ich nicht, daß das in der SS vorkommt, wenn es sonst ist, geht mich das nichts an. Machen Sie den Betreffenden in aller Ruhe darauf aufmerksam; auch die Frau gehört mit zur SS, sie ist ein Teil der SS, da wir nicht nur ein soldatischer Verband, sondern eine Gemeinschaft, ein Orden sind. Auch die Frau hat hier zu gehorchen.

Aus einer Geheimrede Hitlers über «unsere Demokratie» (23. November 1937)

Unsere Demokratie baut sich dann auf dem Gedanken auf, daß

1. an jeder Stelle ein nicht von unten Gewählter, sondern ein von oben Auserlesener eine Verantwortung zu übernehmen hat, bis zur letzten Stelle hin;
2. daß er unbedingte Autorität nach unten und absolute Verantwortung nach oben hat, zum Unterschied von sonstigen Demokratien, die jeden von unten aussuchen, nach unten verantwortlich sein und nach oben mit Autorität ausgestattet sein lassen – eine vollkommen wahnsinnige Verkehrung jeder menschlichen Organisation [...]

Wenn überhaupt irgendwo das Talent zu der ihm gebührenden Rolle kommen kann, dann nur in solch einem autoritären Regime, da jeder in ihm weiß, daß er – wenn er einen talentierten Mann fördert – nicht selbst durch eine Abstimmung der Mehrheit aus dem Sattel gehoben wird. Die Demokratie im üblichen Sinne dagegen ist der Todfeind aller Talente, da die Mehrheit stets untalentiert ist und daher stets Angst vor dem Talent hat. In ihr läuft der Ortsgruppenführer, der ein Talent heranholt, Gefahr, daß dies Talent die Ortsgruppe mobilisiert und eines Tages die sogenannte Generalmitgliederversammlung einberuft, die den alten Ortsgruppenführer im Wege der Abstimmung heraussetzt. Ähnlich haben wir ja die Demokratie mit der Demokratie besiegt.

Wenn Führung und Volk geschlossen sind, spielt ein Irrtum keine Rolle, da es immer nur einen Weg gibt und damit selbst der Irrtum tausendmal besser ist als zwei Erkenntnisse, nach denen jeder tun kann, was er will, also besser als die Zügellosigkeit aller [...]

Noch eine besondere Aufgabe haben wir: die Beseitigung all jener Minderwertigkeitsempfindungen, die in unserem Volk waren, ihm künstlich angezüchtet wurden, da die früheren Regierungen sie notwendig benötigten und brauchten. Wir sind Todfeinde der sogenannten halben, weil falschen Bescheidenheit, die da sagt, wir wollen uns etwas zurückhalten, man braucht doch nicht immer so in den Vordergrund zu treten, wir wollen nicht immer von uns reden und alles übertrumpfen, wir wollen bieder bleiben und nicht übel auffallen, man soll uns mehr lieben, die anderen sollen uns nicht mit schiefen Augen ansehen. Im Gegenteil: Wir wollen unser Volk ganz nach vorne führen! Ob sie uns lieben, das ist uns einerlei! Wenn sie uns nur respektieren! Ob sie uns hassen, ist uns einerlei, wenn sie uns nur fürchten!

Aus dem Buch «Die Wende in der Mädchenerziehung» von Franz Kade (1937)

Der Nationalsozialismus hat uns zum Bewußtsein gebracht, daß im Schoße des Weibes die Zukunft des Volkes ruht, daß der Volkstod unser unabwendbares Schicksal ist, wenn das Weib dem Volke die Fruchtbarkeit seines Schoßes verweigert. Die völkisch wertvollen Kräfte, die der Schöpfer in Schoß und Herz der deutschen Frau gelegt hat, werden im Existenzkampf unseres Volkes hoch gewertet und restlos eingesetzt. Der Nationalsozialismus hat uns gelehrt, daß das Weib als Hüterin der Reinheit des deutschen Blutes eine große Verantwortung trägt.

Aus diesen Erkenntnissen hat die Familien- und Bevölkerungspolitik des Dritten Reiches die Folgerungen gezogen, sie hat die Voraussetzungen dafür geschaffen, daß die Frau die ihr von unserem völkischen Schicksal gestellte Aufgabe erfüllen kann. Die Frau steht auf einer neuen Lebensgrundlage und in einem reichen Wirkungskreise. Sie muß nun zeigen, daß sie sich ihrer völkischen Verantwortung bewußt und bereit ist, daraus zu handeln. Sie muß den Schicksalsruf der Volkheit hören und den Auftrag des Volkes erfüllen [...]

Das «Schönheitsideal» der jüngsten Vergangenheit, welches das schmalhüftige und engbrüstige Püppchen auf den Thron hob, ist im Wanken. Man beginnt wieder aufzuschauen zu kraftvollen, blühenden Frauengestalten voll gesunder Natürlichkeit, zu dem deutschen Frauentypus, der in stolzer leiblicher und seelischer Schönheit eine heilige Fruchtbarkeit und den Lebenswillen des deutschen Volkes verkörpert.

Zehn Gebote der Gattenwahl vom Reichsausschuß für Volksgesundheitsdienst

1. Gedenke, daß du ein Deutscher bist
   Alles, was Du bist, bist Du nicht aus eigenem Verdienst, sondern durch Dein Volk. Darum denke bei allem, was Du tust, ob es Deinem Volk förderlich ist.
   Gemeinnutz geht vor Eigennutz.

Der *Bund Deutscher Mädel (BDM)* erzieht in seiner Gruppierung *Glaube und Schönheit* die siebzehn- bis einundzwanzigjährigen jungen Frauen im nationalsozialistischen Sinne zu *Hüterinnen des Hauses.*

2. Du sollst nicht ehelos bleiben
   Alle Eigenschaften Deines Körpers und Geistes sind vergänglich. Sie sind ein Erbe, ein Geschenk Deiner Vorfahren. Sie leben in Dir in ununterbrochener Kette weiter. Wer ohne zwingenden Grund ehelos oder kinderlos bleibt, unterbricht diese Kette der Geschlechter. Dein Leben ist nur eine vorübergehende Erscheinung, Sippe und Volk sind ewig. Geistiges und körperliches Erbgut feiert in den Kindern Auferstehung.
3. Halte Deinen Körper rein
   Du bist, was Du bist, nur einmal vorhanden. Was Dir an Gesundheit, von reinen Eltern geboren, verliehen, erhalte es, um Deinem Volk dienen zu können.
4. Du sollst Geist und Seele rein halten
   Halte Geist und Seele rein von allem, was Dir innerlich fremd ist, was Deiner Art zuwider ist, was Dein Gewissen Dir verbietet. Aussicht auf Geld und Gut, Aussicht auf schnelleres Fortkommen, Aussicht auf Genuß verleiten gar oft dazu, dies zu vergessen.
5. Wähle als Deutscher nur einen Gatten gleichen oder nordisches Blutes
   Wo Eigenschaft zu Eigenschaft paßt, herrscht Gleichklang.

Wo ungleiche Rassen sich mischen, gibt es einen Mißklang. Mischungen nicht zueinander passender Rassen führen im Leben der Menschen und Völker zu Entartung und Untergang. Desto schneller, je weniger die Rasseneigenschaften zueinander passen. Hüte Dich vorm Niedergang, halte Dich vom Minderwertigen fern! Glück ist nur bei Gleichartigen möglich.

Was bedeutet nordisches Blut?

Die Geschichte lehrt, daß unsere germanischen Vorfahren dem Wunschbild des nordischen Menschen in hohem Maße entsprachen. Die nordische Rasse ist nach allen Forschungen die für die Menschheit und ihre Entwicklung wertvollste Rasse. Das deutsche Volk enthält noch einen sehr erheblichen Bestandteil nordischen Blutes. Jeder Deutsche hat daran mehr oder weniger Teil. Diesen Anteil zu erhalten und zu vermehren ist heilige Pflicht. Wer sein Blut mit Minderrassigen mischt, wird zum Verbrecher an seinem Volk.

6. Bei der Wahl Deines Gatten frage nach seinen Vorfahren
   Du heiratest nicht Deinen Gatten allein, sondern mit ihm gewissermaßen seine Vorfahren. Wertvolle Menschen sind nur zu erwarten, wenn wertvolle Vorfahren vorhanden sind. Gaben des Verstandes und der Seele sind ebenso ein Erbteil wie die Farbe der Augen und der Haare.
7. Gesundheit ist wichtiger als äußere Schönheit
   Schönheit des Körpers ist vergänglich. Sie schützt nicht vor Krankheit. Gesundheit bietet die beste Gewähr für dauerndes Glück. Verlange von Deinem zukünftigen Lebensgefährten, daß er sich ärztlich auf Ehetauglichkeit untersuchen läßt, wie Du es selber auch tun mußt.
8. Heirate nur aus Liebe
   Geld ist vergänglich Gut und macht nicht dauernd glücklich. Wo der göttliche Funke der Liebe fehlt, kann kein Glück gedeihen. Reichtum des Herzens und Gemütes ist die beste Gewähr für dauerndes Glück.
9. Such dir keinen Gespielen, sondern einen Gefährten für die Ehe
   Der Sinn der Ehe ist die Aufzucht der Nachkommenschaft. Nur bei in seelischer, körperlicher und rassischer Beziehung gleichgearteten Menschen kann dieses Hochziel gelingen zum Segen ihrer selbst und ihres Volkes. Denn jede Rasse

hat ihre eigene Seele. Nur gleiche Seelen werden einander verstehen.

10. Du sollst Dir möglichst viele Kinder wünschen
Viele wertvolle Kinder erhöhen den Wert eines Volkes und sind die beste Waffe im Kampf ums Dasein der Völker. Du vergehst; was Du Deinen Nachkommen gibst, bleibt. In ihnen feierst Du Auferstehung. Dein Volk lebt ewig!

Aus einem Schreiben Bormanns an Ley über den touristischen Ausbau Berchtesgadens als «Wallfahrtsort» (2. Januar 1938)

Der Ort Berchtesgaden gehört heute zu den besuchtesten im ganzen Reich, und es ist selbstverständlich, daß der Obersalzberg und damit auch Berchtesgaden in aller Zukunft die Wallfahrtsorte des deutschen Volkes sein und bleiben werden. Dieser Tatsache trage ich [bei] meinen hiesigen Arbeiten in vollem Umfange Rechnung und es ist selbstverständlich, daß auch die Berchtesgadener Verhältnisse auf dieser Entwicklung abgestellt sein müssen.

Der Führer selbst nimmt an den Berchtesgadener Verhältnissen den größten Anteil, und alle wesentlichen Maßnahmen im Kreise Berchtesgaden werden ihm zur Entscheidung unterbreitet.

Der Führer hat bereits seit längerer Zeit bestimmt, daß Berchtesgaden eine große Versammlungshalle, ein neues Krankenhaus – das jetzige ist völlig veraltet und viel zu klein –, eine weitere Ju-

Auf dem Obersalzberg bei Berchtesgaden hat Hitler, dank großzügiger Spenden, ein Anwesen gekauft, das er in den dreißiger Jahren zu seiner Privatresidenz ausbauen läßt. Der etwa zehn Quadratkilometer große *Berghof* ist für die Öffentlichkeit gesperrt, die NS-Propaganda organisierte aber regelrechte Wallfahrten dorthin, um den *Führer* vor der eindrucksvollen Alpenkulisse als heimatverbundenen Staatsmann darzustellen.

gendherberge, ein Kreisleitungs-Haus und eine große Sportanlage mit Hallenbad und offenem Schwimmbad erhalten soll [...]

Der Führer wünscht, daß die Berchtesgadener Anlage die Musteranlage für alle deutschen Städte wird.

Aus dem Gesetz «über die Einziehung von Erzeugnissen entarteter Kunst» (31. März 1938)

§ 1 Die Erzeugnisse entarteter Kunst, die vor dem Inkrafttreten dieses Gesetzes in Museen oder der Öffentlichkeit zugänglichen Sammlungen sichergestellt und von einer vom Führer und Reichskanzler bestimmten Stelle als Erzeugnisse entarteter Kunst festgestellt sind, können ohne Entschädigung zugunsten des Reiches eingezogen werden, soweit sie bei der Sicherstellung im Eigentum von Reichsangehörigen oder inländischen juristischen Personen standen.

Aus der Verordnung über die Einführung der allgemeinen Arbeitspflicht (22. Juni 1938)

§ 1 Deutsche Staatsangehörige können vom Präsidenten der Reichsanstalt für Arbeitsvermittlung und Arbeitslosenversicherung für eine begrenzte Zeit verpflichtet werden, auf einem ihnen zugewiesenen Arbeitsplatz Dienste zu leisten oder sich einer bestimmten beruflichen Ausbildung zu unterziehen.

§ 2 Für das neue Dienst- oder Ausbildungsverhältnis gelten die allgemeinen dienst- und sozialversicherungsrechtlichen Vorschriften. Das Dienst- oder Ausbildungsverhältnis darf jedoch nur mit Zustimmung des Präsidenten der Reichsanstalt für Arbeitsvermittlung und Arbeitslosenversicherung gelöst werden.

§ 3 Die Dienst- und Ausbildungsverpflichteten, die bei ihrer Einberufung in einem Beschäftigungsverhältnis stehen, sind aus diesem für die Dauer der Verpflichtung zu beurlauben. Während der Beurlaubung darf das bisherige Beschäftigungsverhältnis nicht gekündigt werden. Der Dienstverpflichtete hat während der Dauer der Beurlaubung keinen Anspruch auf Gewährung von Arbeitsentgelt und sonstigen Bezügen aus seinem bisherigen Beschäftigungsverhältnis. Im übrigen gilt die Zeit der auf Grund dieser Verordnung erfüllten Dienstverpflichtung als Beschäftigungszeit in der bisherigen Arbeitsstelle.

Aus einem Bericht der Baseler «Rundschau» über die «bäuerliche Marktordnung» (30. Juni 1938)

Der Zweck der «Marktordnung» ist die uneingeschränkte Kontrolle und «Lenkung» der Erzeugung und des Verbrauchs landwirtschaftlicher Produkte [...] Das Selbstschlachten und das Selbstbuttern wurden verboten, die Zentrifugen der Bauern zum großen Teil plombiert [...] Man zwang die Bauern zur Einschränkung des Anbaus von Weizen und Gemüse [...] Dafür verordnete man den Anbau von Flachs, der sich für den deutschen Bauern nicht lohnt, der aber im Interesse der Kriegsvorbereitungen liegt [...]

Die Zwangsmaßnahmen im Rahmen der nationalsozialistischen Marktordnung stießen alsbald auf den heftigen Widerstand der Bauern. Ganze Dörfer verweigerten die Abgabe der Milch, die Ablieferung von Getreide und anderen Erzeugnissen [...]

Die Antwort der nationalsozialistischen Behörden war der Übergang von der bloßen Strafandrohung zur unmittelbaren Gewaltanwendung. Zahlreiche Bauern wurden verhaftet. Es wurden

Große Höfe können sich Erntemaschinen leisten, zusätzlich kommt ihnen staatliche Hilfe zugute, sie bekommen Fremdarbeiter oder Kriegsgefangene als billige Arbeitskräfte zugewiesen. Bei den Kleinbauern dominiert zu dieser Zeit noch die Handarbeit.

die Stallkontrollen, die Milchprüfungs- und Zentrifugenkontrollen eingeführt. Beauftragte des Nährstandes – häufig in Begleitung der Ortspolizei – durchsuchen regelmäßig die Scheunen und sonstigen Räume des Hofes, um etwa versteckte Produkte zu beschlagnahmen. Die letzte Getreideernte wurde in vielen Gegenden des Reiches unter Bewachung von SS- und SA-Leuten direkt vom Felde weggeholt und in die Mühlen oder Kasernen gebracht.

Aus einer Mitteilung Leys zum Beginn der Volkswagen-Sparaktien (1. August 1938)

1. Jeder Deutsche ohne Unterschied der Klassen, des Standes und des Besitzes kann Käufer des Volkswagens werden.
2. Die niedrigste Sparrate einschließlich Versicherung beträgt pro Woche 5 RM. Die regelmäßige Einhaltung dieser Sparrate garantiert nach einer noch festzusetzenden Zeit den Erwerb eines Volkswagens. Diese Zeitspanne wird bei Beginn der Produktion festgesetzt.

Aus dem Gedicht «Antlitz des Führers»
von Albrecht Schmidt aus Frankfurt am Main
(8. September 1938)

Antlitz des Führers! In Sorgen vergrübelt,
trägst heilige Runen der Liebe der Deutschen,
Narben des glühenden Hasses der Feinde,
gefurcht von den Stacheln verlogenster Lüge,
Du reinstes Antlitz der Wahrheit und Ehre.
Du gütiges Antlitz, vom Genius geadelt,
Du mutiges Antlitz mannhafter Stärke,
trotzdem dem Grauen drohenden Schicksal.
Einsamer Du im Flug der Gedanken,
hochragend wie Deiner Berge Firn,
Sinnbild Du deutscher Größe und Art,
Du von der Vorsehung geheiligtes Antlitz,
Deinem Volk leuchte auf ewig!

[Der Verfasser wurde im darauffolgenden Jahr mit der Goethe-Medaille für Kunst und Wissenschaft geehrt!]

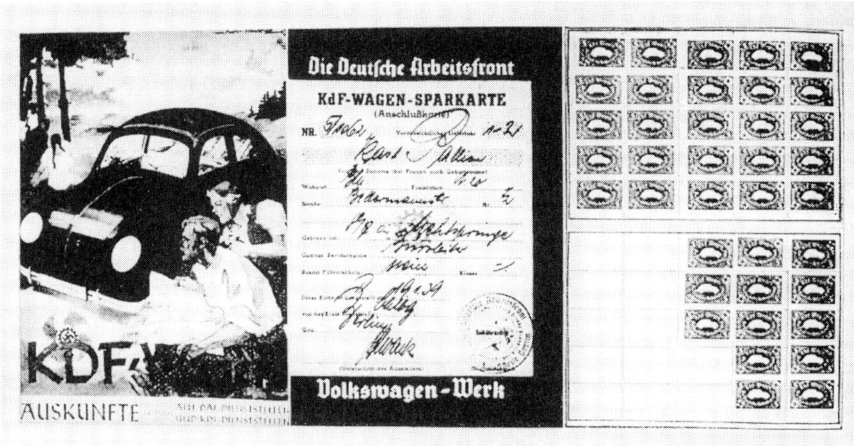

Die Organisation *Kraft durch Freude (KdF)* kassiert ab 1938 Raten (5 *Mark die Woche mußt du sparen, willst du im eignen Wagen fahren!*), um den Kauf des 1000 RM teuren *KdF-Autos*, auch *Volkswagen* genannt, erschwinglich zu machen. Bis zum Beginn der Serienfertigung im Oktober 1939 liegen 336000 Bestellungen vor, etwa 60000 Interessenten haben zu diesem Zeitpunkt alle Raten vorab bezahlt. Die Produktion wird wegen des Kriegsbeginns jedoch gestoppt, ab 1940 wird der VW ausschließlich in der Version als *Kübelwagen* an die *Wehrmacht* geliefert.

Aus einer Mitteilung des Präsidenten der Reichsschrifttumskammer, Hans Friedrich Blunck, über das unerwünschte antiquarische Angebot von Hitlers «Mein Kampf» (11. Oktober 1938)

Ich habe festgestellt, daß das Werk Adolf Hitler: Mein Kampf in den Auslagen von Buchhandlungen antiquarisch angeboten wird. Dieses Angebot ist in seiner kaufmännischen Grundlage in Ordnung. Dagegen berührt es jeden nationalsozialistisch denkenden Deutschen äußerst empfindlich, das Werk unseres Führers in unseren Tagen als «antiquarisch» bezeichnet zu sehen.

Es wäre erfreulich, wenn dieser Hinweis genügen würde, jeden Sortimenter zu veranlassen, daß die antiquarisch angebotenen Exemplare aus den Auslagen verschwinden. So politisch antiquiert dürfte wohl kein Sortimenter mehr sein, um diesem Hinweis nicht innerlich zuzustimmen.

Aus einer geheimen Weisung der Gestapo-Zentrale zur Organisation der «Kristallnacht» (9. November 1938)

1. Es werden in kürzester Frist in ganz Deutschland Aktionen gegen Juden, insbesondere gegen deren Synagogen stattfinden.

Sie sind nicht zu stören. Jedoch ist im Benehmen mit der Ordnungspolizei sicherzustellen, daß Plünderungen und sonstige besondere Ausschreitungen unterbunden werden können.

2. Sofern sich in Synagogen wichtiges Archivmaterial befindet, ist dieses durch eine sofortige Maßnahme sicherzustellen.
3. Es ist vorzubereiten die Festnahme von etwa 20–30000 Juden im Reiche. Es sind auszuwählen vor allem vermögende Juden. Nähere Anordnungen ergehen noch im Laufe dieser Nacht.
4. Sollten bei den kommenden Aktionen Juden im Besitz von Waffen angetroffen werden, so sind die schärfsten Maßnahmen durchzuführen. Zu den Gesamtaktionen können herangezogen werden Verfügungstruppen der SS sowie Allgemeine SS. Durch entsprechende Maßnahmen ist die Führung durch die Stapo auf jeden Fall sicherzustellen.

Aus einem Bericht des Chefs der Sicherheitspolizei und des SS-Sicherheitsdienstes (SD), Reinhard Heydrich, über die «Kristallnacht» (11. November 1938)

In zahlreichen Städten haben sich Plünderungen jüdischer Läden und Geschäftshäuser ereignet [...]

Der Umfang der Zerstörungen jüdischer Geschäfte und Wohnungen läßt sich bisher ziffernmäßig noch nicht belegen. Die in den Berichten aufgeführten Ziffern: 815 zerstörte Geschäfte, 29 in Brand gesteckte oder sonst zerstörte Warenhäuser, 171 in Brand gesetzte oder zerstörte Wohnhäuser, geben, soweit es sich nicht um Brandlegungen handelt, nur einen Teil der wirklich vorliegenden Zerstörungen wieder [...] Die angegebenen Ziffern dürften daher um ein Vielfaches überstiegen werden.

An Synagogen wurden 191 in Brand gesteckt, weitere 76 vollständig demoliert. Ferner wurden 11 Gemeindehäuser, Friedhofskapellen und dergleichen in Brand gesetzt und weitere 3 völlig zerstört.

Festgenommen wurden rund 20000 Juden, ferner 7 Arier und 3 Ausländer. Letztere wurden zur eigenen Sicherheit in Haft genommen.

An Todesfällen wurden 36, an Schwerverletzten ebenfalls 36 gemeldet. Die Getöteten bzw. Verletzten sind Juden.

Aus antijüdischen Verordnungen Görings (12. November 1938)

Aus der Verordnung zur Ausschaltung der Juden aus dem deutschen Wirtschaftsleben:

§ 1.

(1) Juden […] ist vom 1. Januar 1939 ab der Betrieb von Einzelhandelsverkaufsstellen, Versandgeschäften oder Bestellkontoren sowie der selbständige Betrieb eines Handwerks untersagt.

(2) Ferner ist ihnen mit Wirkung vom gleichen Tag verboten, auf Märkten aller Art, Messen oder Ausstellungen Waren oder gewerbliche Leistungen anzubieten, dafür zu werben oder Bestellungen darauf anzunehmen.

(3) Jüdische Gewerbebetriebe […], die entgegen diesem Verbot geführt werden, sind polizeilich zu schließen […]

Aus der Verordnung zur Wiederherstellung des Straßenbildes bei jüdischen Gewerbebetrieben:

§ 1.

Alle Schäden, welche durch die Empörung des Volkes über die Hetze des internationalen Judentums gegen das nationalsozialistische Deutschland am 8., 9. und 10. November 1938 an jüdischen Gewerbebetrieben und Wohnungen entstanden sind, sind von dem jüdischen Inhaber oder jüdischen Gewerbetreibenden sofort zu beseitigen.

§ 2.

(1) Die Kosten der Wiederherstellung trägt der Inhaber der betroffenen jüdischen Gewerbebetriebe und Wohnungen.

(2) Versicherungsansprüche von Juden deutscher Staatsangehörigkeit werden zugunsten des Reichs beschlagnahmt.

Aus einer Rede Hitlers über die Erziehung der Jugend (2. Dezember 1938)

Diese Jugend, die lernt ja nichts anderes, als deutsch denken, deutsch handeln, und wenn diese Knaben mit zehn Jahren in unsere Organisation hineinkommen und dort oft zum ersten Male überhaupt eine frische Luft bekommen und fühlen, dann kommen sie vier Jahre später vom Jungvolk in die Hitlerjugend, und dort behalten wir sie wieder vier Jahre, und dann geben wir sie erst recht nicht zurück in die Hände unserer alten Klassen- und Standeserzeuger, sondern dann nehmen wir sie sofort in die Partei, in die Arbeitsfront, in die SA oder in die SS, in das NSKK [Nationalsozialistische Kraftfahrerkorps] und so weiter. Und wenn sie dort zwei Jahre oder anderthalb Jahre sind und noch nicht ganze Nationalsozialisten geworden sein sollten, dann kommen sie in den Arbeitsdienst und werden dort wieder sechs und sieben Monate geschliffen, alles mit einem Symbol, dem deutschen Spaten. Und was dann nach sechs ode sieben Monaten noch an Klassenbewußtsein oder Standesdünkel da oder da noch verhanden sein sollte, das übernimmt dann die Wehrmacht zur weiteren Behand-

Am *Tag der Wehrmacht* wird die Technikbegeisterung vieler Jungen genutzt, um sie in Kriegsbegeisterung zu wandeln.

lung auf zwei Jahre, und wenn sie nach zwei, drei oder vier Jahren zurückkehren, dann nehmen wir sie, damit sie auf keinen Fall rückfällig werden, sofort wieder in die SA, SS und so weiter, und sie werden nicht mehr frei ihr ganzes Leben!

Aus einem Bericht des «Völkischen Beobachters» über das «Ehrenkreuz der Deutschen Mutter» (25. Dezember 1938)

«Die deutsche kinderreiche Mutter soll den gleichen Ehrenplatz in der deutschen Volksgemeinschaft erhalten wie der Frontsoldat, denn ihr Einsatz von Leib und Leben für Volk und Vaterland war der gleiche wie der des Frontsoldaten im Donner der Schlachten.» Mit diesen Worten hat der Hauptdienstleiter für Volksgesundheit in der Reichsleitung der Partei, Reichsärzteführer Dr. Wagner, bereits auf dem Parteitag der Arbeit [6. bis 13. September 1937] im Auftrage des Führers die Schaffung eines Ehrenzeichens für die kinderreiche deutsche Mutter angekündigt.

Den Muttertag, der in Deutschland seit 1922 begangen wird, hat die NS-Propaganda 1934 zu einem Datum im *Nationalsozialistischen Feierjahr* erhoben. Im Anschluß an reglementierte *Morgenfeiern* wurde das 1938 von Hitler gestiftete *Ehrenkreuz der deutschen Mutter* verliehen. Das *Mutterkreuz* konnte wegen *rasseideologischer Mängel* versagt oder auch wieder entzogen werden.

3 Millionen deutscher Mütter werden nunmehr am Tage der deutschen Mutter 1939 erstmalig in feierlicher Weise die neuen Ehrenzeichen durch die Hoheitsträger der Partei verliehen bekommen. Jahr für Jahr werden diese Feiern sich dann am Muttertag, am Ordenstag der kinderreichen Mütter [zweiter Mai-Sonntag], wiederholen.

[Die Auszeichnung wurde in drei Klassen verliehen: in Bronze ab dem vierten, in Silber ab dem sechsten und in Gold ab dem achten Kind.]

Die Jugend vor allem, sie soll zur Ehrfurcht vor den Müttern des Volkes angehalten werden. So wird sich die Ehrung der kinderreichen deutschen Mutter nicht nur auf den Muttertag und auf die Ordensverleihung beschränken. Auch im öffentlichen Leben wird die kinderreiche Mutter in Zukunft den Platz einnehmen, der ihr zukommt [...]

Darüber hinaus aber werden die Trägerinnen des Mütter-Ehrenkreuzes in Zukunft alle jene Bevorzugung genießen, die uns gegenüber den verdienten Volksgenossen, gegenüber Kriegsbeschädigten und Opfern der nationalsozialistischen Erhebung bereits Selbstverständlichkeit geworden sind, als da sind Ehrenplätze bei Veranstaltungen der Partei und des Staates, Vortrittsrecht an Behördenschaltern, Verpflichtung der Schaffner zu bevorzugter Platzanweisung in Eisen- und Straßenbahn. Dazu kommt eine Altersversorgung, bevorzugte Aufnahme in Altersheimen für alleinstehende Altmütter, eventuell in eigens in Großstädten zu errichtenden Altersheimen oder in besonderen Abteilungen der schon bestehenden Heime.

Aus einem Schreiben Bormanns an Ley über die Abschaffung der Kellner (8. Februar 1939)

Zu Ihrer Unterrichtung teile ich Ihnen mit, daß der Führer, soweit irgend möglich, *die Bedienung durch Kellner in allen Gaststätten abgeschafft* wissen will. Die Tätigkeit eines Kellners ist nach der Auffassung des Führers nicht die richtige Arbeit für einen Mann, sondern vielmehr die gegebene Arbeit für Frauen und Mädchen.

Aus einem Brief von Franz Günter Tegge aus Wiesbaden an Hitler (29. Juli 1939)

Vor kurzem hörte ich von 2 Schweizer Damen, die eben in Zürich waren, daß der Duce Mussolini bei dem Schweizer Augenarzt Professor Vogt in Zürich Heilung gegen seine drohende Erblindung suchte, daß der Arzt ihm aber wenig Hoffnung geben konnte.

Ich habe viel darüber nachgedacht und glaube, daß der Augenarzt vielleicht deshalb nicht helfen kann, weil er eine neue Netzhaut braucht, die von einem gesunden lebenden Auge übertragen werden muß auf das kranke Auge, und dies lebende Auge nicht hat.

Ich bitte Sie, mein Führer, mir zu erlauben, daß ich dem Duce eines von meinen Augen gebe, so daß ihm vielleicht damit geholfen werden kann. Und daß der Schweizer Professor mir dann ein gutes Glasauge einsetzt. Würde ich es durch Unfall oder Krieg verlieren, muß ich das auch hinnehmen, und niemand wäre damit gedient [...]

Wenn der Duce erblindet, kann er nicht mehr Staatsmann sein. Der Führer verliert damit einen verläßlichen Freund. Auf das italienische Volk allein ist vielleicht nicht so viel Verlaß, denn es war auch im Krieg 1914 Feind. Dem Duce muß also geholfen werden, damit dem Führer der Freund erhalten bleibt.

Aus einer Pressemeldung zur Verordnung des Ministerrates für die Reichsverteidigung «über außerordentliche Rundfundmaßnahmen» (1. September 1939)

Im modernen Krieg kämpft der Gegner nicht nur mit militärischen Waffen, sondern auch mit Mitteln, die das Volk seelisch beeinflussen und zermürben sollen. Eines dieser Mittel ist der Rundfunk.

Jedes Wort, das der Gegner herübersendet, ist selbstverständlich verlogen und dazu bestimmt, dem deutschen Volke Schaden zuzufügen.

Die Reichsregierung weiß, daß das deutsche Volk diese Gefahr kennt, und erwartet daher, daß jeder Deutsche aus Verantwortungsbewußtsein heraus es zur Anstandspflicht erhebt, grundsätzlich das Abhören ausländischer Sender zu unterlassen.

Für diejenigen Volksgenossen, denen dieses Verantwortungsbewußtsein fehlt, hat der Ministerrat für die Reichsverteidigung eine Verordnung erlassen, die das Abhören von politischen Nachrichten und Übertragungen ausländischer Sender verbietet und unter Strafe stellt […]

Gefährlicher als das Abhören ausländischer Sender ist die Verbreitung von Nachrichten dieser Sender. Hierfür tritt eine Zuchthausstrafe ein und in besonders schweren Fällen die Todesstrafe. Schon diese Strafmittel beweisen den Ernst und unabänderlichen Entschluß der Reichsregierung, jede Volkszersetzung und Volksvergiftung, die vom ausländischen Rundfunk ausgeht, im Keime zu ersticken. Denn für das deutsche Volk gilt es nicht, irgendeinem Tendenzbericht des Auslandes Glauben zu schenken, sondern für jeden einzelnen von uns gilt nur ein Wille und ein Gesetz: das Wort des Führers!

Am 27. August 1939 bietet das Strandbad am Wannsee ein friedliches Bild. Niemand ahnt, daß nach Hitlers Willen eigentlich schon Krieg herrschen sollte, aber der Verbündete Italien hat einen Aufschub bewirkt, also – noch vier Tage Frieden.

BLITZKRIEGSJAHRE

September 1939 bis Juni 1941

Die langfristig vorbereitete Militarisierung aller Bereiche des zivilen Lebens in Deutschland erreicht mit dem Einmarsch der Wehrmacht in Polen eine neue Qualität. Bedingungslose Opferbereitschaft wird nun auch an der «Heimatfront» zur Devise; zugleich aber ist das Bemühen erkennbar, der «Volksgemeinschaft» nur die notwendigsten Belastungen zuzumuten – aus Furcht, die «Dolchstoßlegende» des Ersten Weltkriegs könne wiederbelebt werden. Löhne und Sozialleistungen bleiben weitgehend stabil, Soldatenfrauen erhalten reichlich bemessene Unterstützungszahlungen, die sogar dazu führen, daß der Anteil weiblicher Arbeitskräfte in den ersten Kriegsjahren stetig zurückgeht.

Dagegen veranlassen Einfuhrabhängigkeiten vor allem bei Rohstoffen sowie Fett und Futtermitteln unverzügliche Maßnahmen zur «Sicherstellung des lebenswichtigen Bedarfs des deutschen Volkes». Noch im September 1939 verpflichten Bezugscheinsystem und stufenweise Zwangsrationierung von Lebensmitteln die «Normalverbraucher» auf etwa die Hälfte ihres bisherigen Konsums; ausreichend vorhanden bleiben Brot, Mehl und Zucker sowie Kartoffeln und Hülsenfrüchte. Auch andere Versorgungslücken werden spürbar, beispielsweise durch die vor allem einberufungsbedingte Stillegung von rund 100 000 Handwerksbetrieben allein in den ersten beiden Kriegsmonaten.

Ungleich bedrückender aber ist die Sorge um die in den Kampf geschickter Söhne, Männer und Väter. Sie sind nicht im Manöver oder bei umjubelter Truppenparade, sondern stehen erstmals einem bewaffneten Gegner gegenüber, der – wenngleich der Großteil der Bevölkerung vom Sieg überzeugt ist – zurückschießt. Erste britische Bombenangriffe auf Deutschland werden in dieser Phase weitestgehend verdrängt, das Interesse der Nation konzentriert sich auf den militärischen Verlauf im Osten.

Die Kunst verkommt in jener Zeit mehr und mehr zu einem Teil der Kriegspropaganda nach innen und der Truppenbetreuung nach außen. Der Rundfunk sendet Wunschkonzerte als «Bindeglied zwischen Front und Heimat». Vor Ort sind mobile Theater- und Varietégruppen, Kapellen und Kinowagen eingesetzt, die den Landser vor dem nächsten Kampf entspannen sollen, welchen Hitler mit «größter Härte» zu führen befohlen hat.

Polens Lage ist ohne die ausbleibende Hilfe seiner Verbündeten Frankreich und England von vornherein aussichtslos. In nur zwei Wochen wird die Masse der zahlenmäßig und technisch weit unterlegenen Armee eingekesselt und gefangengenommen, nachfolgend der Staat zerstückelt und ein Territorium mit fast acht Millionen Einwohnern von Deutschland annektiert.

Dem Modell dieses ersten «Blitzkriegs» folgen weitere Überfälle. Im April 1940 werden Dänemark und Norwegen, im Mai / Juni Frankreich, Belgien, die Niederlande und Luxemburg, im April 1941 Jugoslawien und Griechenland überrannt.

Der Jubel im Reich ist unbeschreiblich und reißt – weil nun auch Frieden erwartet wird – viele derjenigen mit, die bisher im stillen an Hitler und seinem Regime gezweifelt, es innerlich abgelehnt haben. Jetzt dominiert der von einer allumfassenden Propagandamaschinerie beförderte Stolz auf die heimkehrenden Truppen. Sie haben binnen Monaten halb Europa erobert und damit etwas erreicht, was den Vätern im Ersten Weltkrieg versagt geblieben war. Genugtuung breitet sich aus, die «Schmach» von 1918 ist getilgt.

Hinzu kommt, daß sich mit der gnadenlosen Ausbeutung der besetzten Gebiete die allgemeine Versorgungslage in Deutschland spürbar verbessert hat. Auch das läßt die vermehrten Bombenangriffe vergessen, zumal seit Kriegsbeginn eine Fülle gesetzlicher Terrorbestimmungen jeglichen «Defätismus» und die geringste Kritik am Regime mit härtesten Strafen bedroht; 1940 werden beispielsweise 870 Hörer von «Feindsendern» meist zu todbringender KZ-Haft verurteilt.

Hitler ist auf dem Höhepunkt seiner Macht, genießt das Bad in der begeisterten Menge und läßt sich fortan als «größter Feldherr aller Zeiten» feiern (später vom Volksmund zum ironisierenden «Gröfaz» verkürzt!). Mehr größenwahnsinnig als groß, schreiten er und seine Generalität nun zur Realisierung des von langer Hand vorbereiteten Unternehmens «Barbarossa», des Raubzugs auf den beanspruchten «Lebensraum im Osten». Am 22. Juni 1941 beginnt mit dem Überfall auf die Sowjetunion die blutigste Schlacht der Menschheitsgeschichte.

Stichwörter zum Alltag

1939: Erster britischer Luftangriff *(4. 9.)*; Kfz-Haftpflichtversicherung *(7. 9.)*; Lebensmittelrationen *(25. 9.)*; erstes Front-Wunschkonzert *(1. 10.)*; Reichskleiderkarte *(14. 10.)*; «Zeugungsbefehl» *(28. 10.)*; «Euthanasie»-Erlaß *(um 31. 10.)*; Hitler-Attentat *(8. 11.)*. **1940:** Tod der Tänzerin La Jana *(13. 3.)*; Bronzeglocken als «Metallreserven» *(19. 3.)*; Bild-Funk-Verbindung Deutschland-Japan *(19. 3.)*; Doppelstock-Omnibusse *(28. 4.)*; Fritz Walter in der Fußball-Nationalmannschaft *(14. 7.)*; erste Bomben auf Berlin *(28./29. 8.)*; HJ-Luftschutzdienst *(17. 9.)*; Propagandafilm «Jud Süß» *(24. 9.)*; Paul Linckes letzte Operette «Ein Liebestraum» *(15. 10.)*. **1941:** Kriegerfriedhöfe *(16. 3.)*; Hauptschule *(28. 4.)*; Luftangriffe auf Hamburg und Bremen *(8./9. 5.)*; erster programmgesteuerter Rechenautomat *(12. 5.)*; 1000-Meter-Weltrekord durch Rudolf Harbig *(24. 5.)*; Bombardierung des Ruhrgebiets *(12. 6.)*.

Chronik

1939

4. September: Cuxhaven und Wilhelmshaven sind die Ziele des ersten britischen Luftangriffs.

7. September: Kraftfahrzeughaltern wird eine Haftpflichtversicherung für Personen- und Sachschäden vorgeschrieben (ab 1. Juli 1940).

20. September: Juden müssen ihre Rundfunkgeräte abliefern.

25. September: Lebensmittelrationen werden festgelegt: Der «Normalverbraucher» erhält wöchentlich 2400 Gramm Brot, 500 Gramm Fleisch und 270 Gramm Fett.

26. September: Uraufführung des Spielfilms «Robert Koch, der Bekämpfer des Todes» mit Jannings in der Titelrolle.

Fronturlauberzüge bringen in der ersten Kriegszeit noch weitgehend geordnet Soldaten zum Urlaub in die Heimat und wieder zurück an die Front. Die Aussicht auf ein Wiedersehen verringert sich mit zunehmender Kriegsdauer.

1. Oktober: Als «Bindeglied zwischen Front und Heimat» wird im Rundfunk das erste Wunschkonzert gesendet.

14. Oktober: Einführung der Reichskleiderkarte.

27. Oktober: Dichtertreffen in Weimar.

28. Oktober: «Zeugungsbefehl» Himmlers an SS und Polizei: Vor dem Einrücken ins Feld soll jeder auch unverheiratete Mann eine Frau schwängern.

Ende Oktober: Auf den 1. September zurückdatierter «Euthanasie»-Erlaß Hitlers zur Vernichtung «lebensunwerten Lebens»; etwa 70000 Geisteskranke und körperlich Mißgebildete werden mit Kohlenmonoxyd ermordet.

Punktwerte der Kleiderkarte
für Frauen

		Punkte
1	Badeanzug	18
1	Bademantel	30
1	Beinkleid (Schlüpfer aus Wolle)	16
1	Beinkleid (Schlüpfer aus anderen Stoffen)	8
1	Bettjäckchen	12
1	Bluse	15
1	Büstenhalter	4
1	Gummi- oder Staubmantel	25
1	Paar Handschuhe (aus Spinnstoff)	5
1	Hemdchen oder Höschen aus Wollstoffen	10
1	Hemdchen oder Höschen aus anderen Stoffen	6
1	Hüfthalter	8
1	Jacke	25
1	Kittelschürze	25
1	sonstiges Kleid	30
1	Korselett	15
1	Kostüm	45
1	Lodenmantel	35
1	Mantel aus kunstseidenem Pelzstoff	35
1	Morgenrock	25
1	Nachthemd	18
1	Nachtjacke	12

In den beiden ersten Kriegsmonaten sind rund 100000 Handwerksbetriebe stillgelegt worden, vor allem Schneider, Schuhmacher, Tischler, Friseure, Bäcker und Fleischer.

8. November: Im Münchner Bürgerbräukeller scheitert das Attentat von Johann Georg Elser auf Hitler.

15. November: Verbot aller «nicht kriegswichtigen» Bauten.

27. November: Im Berliner Olympia-Stadion besiegt Deutschland den Fußballweltmeister Italien mit 5:2.

22. Dezember: Uraufführung des Spielfilms «Opernball» mit Heli Finkenzeller und Hans Moser.

31. Dezember: Die Statistik registriert für das Jahr 1939 in Deutschland 774000 Eheschließungen, 62000 Scheidungen und 1407000 Lebendgeburten.

Nachdem Hitler am 8. November 1938 auch das Bombenattentat im Münchner Kellerrestaurant Bürgerbräu überlebt hat, wie schon mehrere minder professionell ausgeführte Anschläge zuvor, festigt sich der Glaube daran, er sei dem deutschen Volk von der *Vorsehung* gesandt.

1940

23. Januar: Juden erhalten keine Reichskleiderkarte.

19. Februar: Der schwedische Asienforscher Sven Hedin wird von Hitler zum 75. Geburtstag mit dem Großkreuz des Ordens vom Deutschen Adler ausgezeichnet.

Februar: Beginn der Juden-Deportationen aus Deutschland in polnische Ghettos.

Manfred Baron von Ardenne schließt die Konstruktion eines Elektronenmikroskops mit 500000facher Vergrößerung ab.

9. März: Jugendlichen unter 18 Jahren wird der abendliche Besuch von Gaststätten und Kinos gesetzlich verboten.

13. März: Noch vor der Premiere ihres Films «Der Stern von Rio» stirbt die Tänzerin La Jana an einer Lungenentzündung.

19. März: Bronzeglocken sind als «Metallreserven» für eine «Kriegführung auf lange Sicht» anzumelden; «Ausbau und Abtransport [...] erfolgen auf Kosten des Reiches.»

Für die *Metallspende* kommen auch kleinste Mengen in Betracht. An den Sperren der U-Bahnen sind Kästen angebracht zum Sammeln leerer Zahnpastatuben aus Zinn, ein wertvoller Rohstoff für die Rüstungsindustrie.

Es wird eine mehr als 10000 Kilometer überbrückende Bild-Funk-Verbindung zwischen Deutschland und Japan geschaltet.

25. April: Uraufführung des Ufa-Films «Der Postmeister» mit Heinrich George in der Titelrolle.

28. April: Doppelstock-Omnibusse mit Platz für 90 Fahrgäste werden in München eingesetzt.

9. Mai: In Berlin wird unter der Regie von Gründgens das von Benito Mussolini und Giavachino Forzano verfaßte Drama «Cavour» uraufgeführt.

10. Mai: Drei deutsche Kampfflugzeuge bombardieren irrtümlich Freiburg im Breisgau; 57 Menschen sterben, darunter 22 Kinder, über 100 werden verletzt; unter dem von Goebbels geprägten Schlagwort «Kindermord in Freiburg» wird der britischen Luftwaffe die Schuld zugeschoben.

18. Mai: Das Reichspropagandaministerium ordnet eine starke Einschränkung der Kunst- und Filmrezensionen in der Presse an; «gefühlvoll-lyrische» Feuilletons haben künftig zu entfallen.

Ende Mai: Konzentration der Presse zugunsten des NSDAP-Trusts (Franz-Eher-Verlag mit rund 300 Zeitungen und 13 Millionen Exemplaren Auflage); 540 Tageszeitungen sowie 200 Zeitschriften stellen ihr Erscheinen ein.

25. Juni: Hitler befiehlt die bauliche Neugestaltung der Reichshauptstadt als den ihr «durch die Größe unseres Sieges zukommenden Ausdruck».

14. Juli: Erstmals kommt Fritz Walter in der Fußball-Nationalmannschaft zum Einsatz; Rumänien wird mit 9:3 geschlagen.

21. Juli: Mit einem 1:0-Sieg über den Dresdner SC erkämpft sich der FC Schalke 04 seinen fünften Titel als deutscher Fußballmeister.

27. Juli: 752 Künstler beteiligen sich an der IV. Großen Deutschen Kunstausstellung in München.

29. Juli: Die Telefonanschlüsse für Juden werden gekündigt.

22. August: Das Reichspropagandaministerium verbietet der Presse die Berichterstattung über die inneren und sozialen Verhältnisse in der Sowjetunion.

24. August: Der Erfinder des Fernsehens, Paul Nipkow, erhält ein Staatsbegräbnis.

28./29. August: Ein britischer Luftangriff auf Berlin fordert die ersten acht Toten und 28 Verletzten.

31. August: Seit 1. September 1939 sind 88353 Wehrmachtsangehörige gefallen und 5420 vermißt bzw. in Kriegsgefangenschaft geraten.

1. September: In einem Fußball-Länderspiel wird Finnland in Leipzig mit 13:0 besiegt.

16. September: Uraufführung der unter der Regie von Helmut Käutner gedrehten Filmkomödie «Kleider machen Leute» mit Rühmann in der Hauptrolle.

17. September: Die 14- bis 18jährigen HJ-Mitglieder müssen künftig an allen Sonntagvormittagen Luftschutzdienst leisten.

Der *Sieg im Westen* wird nach Rückkehr der Truppenteile im September und Oktober 1940 in den deutschen Garnisonstädten, hier in Berlin, mit Paraden und der Ausstellung von erbeutetem Kriegsmaterial gefeiert. Die organisierten Freudenfeiern sollen die eigenen Verluste vergessen machen.

24. September: Der antisemitische Propagandafilm «Jud Süß» von Veit Harlan wird in Berlin aufgeführt.

15. Oktober: In Hamburg erhält Paul Linckes letzte Operette «Ein Liebestraum» stürmischen Premierenapplaus.

November: Fünf verschiedene Wochenschauen werden zur «Deutschen Wochenschau» des Ufa-Konzerns zusammengelegt, die mit jeweils 1900 Kopien rund 20 Millionen Kinobesucher erreicht.

31. Dezember: Auf das Reich sind in diesem Jahr rund 10000 Tonnen Bomben abgeworfen worden.

1941

2. Februar: Deutschland belegt bei den Ski-Weltmeisterschaften in Cortina d'Ampezzo den ersten Platz in der Nationenwertung.

1./2. März: Über 100 britische Bomber greifen Köln an.

16. März: Hitler verfügt die Einrichtung von Kriegerfriedhöfen.

2. April: Als erstes Jagdflugzeug der Welt mit Strahltriebwerken wird die He 280 vorgestellt.

4. April: Uraufführung des Propagandafilms «Ohm Krüger» mit Jannings in der Titelrolle.

28. April: Die Hauptschule wird in Deutschland als neuer Bildungstyp eingeführt.

8./9. Mai: Im bisher massivsten Luftangriff bombardieren 359 britische Maschinen Hamburg und Bremen.

12. Mai: Konrad Zuse präsentiert den von ihm entwickelten weltweit ersten Rechenautomaten mit Programmsteuerung.

24. Mai: Im heute nach ihm benannten Stadion in Dresden läuft Rudolf Harbig Weltrekord über 1000 Meter in 2:21,3 Minuten.

3. Juni: Hitler ordnet an, daß Schillers «Wilhelm Tell» nicht mehr aufgeführt und in der Schule nicht mehr behandelt wird; der Titelheld sei ein «hinterlistiger Heckenschütze».

12. Juni: Schwerer Luftangriff auf das Ruhrgebiet.

22. Juni: Vor 100000 Zuschauern im ausverkauften Berliner Olympia-Stadion wird Rapid Wien mit 4:3-Sieg über den Titelverteidiger FC Schalke 04 neuer deutscher Fußballmeister.

Dokumente

Aus den von Heydrich erlassenen «Grundsätzen der inneren Staatssicherung während des Krieges» (3. September 1939)

1. Jeder Versuch, die Geschlossenheit und den Kampfwillen des deutschen Volkes zu zerstören, ist rücksichtslos zu unterdrücken. Insbesondere ist gegen jede Person sofort durch Festnahme einzuschreiten, die in ihren Äußerungen am Sieg des deutschen Volkes zweifelt oder das Recht des Krieges in Frage stellt.

Zum Prinzip der NS-Propaganda gehört es, ein Gefühl des permanenten Umzingeltseins von Feinden zu erzeugen, um so die Abwehrbereitschaft der *Volksgenossen* zu trainieren. Indem der einzelne scheinbar Geheimnisse zu wahren hat, soll er ein Überlegenheitsgefühl gegenüber *Volksschädlingen* empfinden.

2. Dagegen sind mit psychologischem Verständnis und mit erzieherisch bestärkendem Bemühen diejenigen Volksgenossen zu behandeln, die aus äußerer oder innerer Not oder in Augenblicken der Schwäche sich Entgleisungen irgendwelcher Art zuschulden kommen lassen.

Aus dem Flugblatt des Kommunistischen Jugendverbandes Deutschlands «Ich rufe die Jugend der Welt» (8. / 9. September 1939)

Es ist noch gar nicht so lange her, daß diese sechs Worte aus dem Olympia-Stadion verklungen sind. Junge Berliner und junge Berlinerinnen, gedenkt ihr noch des ehrlichen und sportlichen Wettkampfes mit jungen Engländern, Franzosen, Polen und vielen anderen? Wieviel hat sich nun mit einem Mal an diesem friedlichen Streben geändert. Diese unsere jungen, lachenden Sportsfreunde, Arbeiter, Angestellte und Lehrlinge sollen plötzlich allesamt unsere verhaßtesten Feinde sein? Wir sollen jetzt, anstatt mir Speer, Fußball, Diskus usw. diesen jungen Menschen mit den grausamsten und fürchterlichsten Mordmaschinen gegenübertreten? All jene, die uns gar nichts getan haben, sollen wir grundlos ermorden? Jawohl, grundlos! Es gibt nichts in der Welt, was dieses neue wahnwitzige Verbrechen irgendwie rechtfertigen könnte.

Aus einer geheimen Presseanweisung des Reichsministeriums für Volksaufklärung und Propaganda über verstärkte Kriegsbereitschaft (22. September 1939)

Die Regierung Deutschlands hat den Eindruck, daß im Volke der Glaube herrsche, daß nach der Eroberung Polens der Krieg zu Ende sei. Es muß unbedingt dafür gesorgt werden, daß die langsam gewonnene Bereitschaft des Volkes zu kämpfen nicht nachläßt.

Aus einem Brief des kleinen Ralph Müller aus Jena an den «lieben, lieben Führer» (12. November 1939)

Mein lieber, lieber Führer!

Ich sende Dir meine allerherzlichsten Glückwünsche zu Deiner wunderbaren Errettung [gemeint ist das mißglückte Attentat von Johann Georg Elser am 8. November 1939 im Münchner Bürger-

Die NS-Propaganda stellte Hitler gern als den Vollstrecker einer Mission dar, so wird er zumeist in einer inszenierten Pose abgebildet.

bräukeller]. Ich habe mich bei dem lieben Gott bedankt, daß Du lebst.

An Deinem Geburtstag schenkte ich Dir ein Hufeisen und am 3. September den goldenen Anhänger mit dem Spruch, sie haben Dir Glück gebracht [...]

Als wir von dem furchtbaren Attentat hörten, hat sich Mutti mit mir und meinen Brüdern Benno und Henning unter Dein Bild gesetzt, das ganz groß in Muttis Zimmer hängt, und Mutti hat uns von Dir lange erzählt. Ich werde es nie vergessen, und Mutti sagte: «Unserem lieben Führer wird nie etwas passieren, er ist in Gottes Hand.»

Aus einem Aufsatz von Ernst Rudolf Huber über Verfassungsgrundsätze (1939)

Der Grundzug der neuen Verfassung ist, daß die parlamentarische Demokratie durch das völkische Reich ersetzt worden ist. Die parlamentarische Demokratie ging von der Ideologie aus, daß in ihr der Wille des Volkes, der sich in Wahlen und Abstimmungen manifestierte, maßgebend sei. Das völkische Führerreich beruht auf der Erkenntnis, daß der wahre Wille des Volkes nicht durch parlamentarische Wahlen und Abstimmungen gefunden werden kann, sondern daß der Wille des Volkes nur durch den Führer rein und unverfälscht hervorgehoben wird.

Daß sich der Volkswille im Führer verkörpert, schließt nicht aus, daß der Führer die lebenden Volksangehörigen zur Abstimmung über eine bestimmte Frage aufruft. Durch diese «Volksbefragung» gibt der Führer die Entscheidung allerdings nicht an das abstimmende Volk ab. Der Sinn der Abstimmung ist nicht, daß das Volk von sich aus an Stelle des Führers handelt und daß das

Ergebnis der Abstimmung an die Stelle des Führerwillens tritt. Die Abstimmung hat vielmehr den Sinn, das gesamte lebende Volk für ein vom Führer aufgestelltes politisches Ziel aufzurufen und einzusetzen.

Die Volksbefragung hat den Sinn, den Willen des Führers nach außen zu kräftigen und deutlich als Willen der völkischen Einheit in die Erscheinung treten zu lassen. Der eigentliche Willensträger des Volkes aber bleibt der Führer selbst.

Aus einem Aufruf Görings zur Metallsammlung (14. März 1940)

Nach allen ihren Fehlschlägen hoffen die Feinde jetzt, daß uns einzelne kriegswichtige Metalle ausgehen werden, die, wie sie annehmen, in Deutschland nicht in ausreichender Menge gewonnen werden können. Wir werden ihnen darauf die rechte Antwort erteilen und uns vorsorglich eine jederzeit verfügbare Reserve an diesen Metallen schaffen [...] Ich rufe euch deshalb heute auf zu einer großen Sammelaktion. Wir wollen der Reichsverteidigung alle entbehrlichen Gegenstände aus Kupfer, Bronze, Messing, Zinn, Blei und Nickel in nationalsozialistischer Opferbereitschaft zur Verfügung stellen.

Aus einer Meldung des Deutschen Nachrichtenbüros über die Anordnung zur Ablieferung von Bronzeglocken (19. März 1940)

In einer Anordnung des Beauftragten für den Vierjahresplan, Hermann Göring, [...] heißt es u. a.: «Um die für eine Kriegführung auf lange Sicht erforderlichen Metallreserven zu schaffen, sind die Glocken aus Bronze anzumelden und abzuliefern. Gebäudeteile aus Kupfer sind zunächst nur anzumelden. Die Festsetzung des Zeitpunktes der Ablieferung bleibt vorbehalten. Ausbau und Abtransport der Glocken erfolgen auf Kosten des Reiches.»

Aus einer Mitteilung der Führeradjutantur an die SS-Leibstandarte «Adolf Hitler», IV. Bataillon, über Meldungsvorschriften (7. August 1940)

Bei seiner Rückkehr in die Reichskanzlei am 7.8. wurde vom Führer vom Dienst eine Meldung gemacht, die eher der Wochenmeldung eines Sanitätsgefreiten als der eines Offiziers glich.

Hitlers Geburtstag bietet Jahr für Jahr Anlaß zu Kampagnen. Die *Altmaterialsammlungen* dienen nicht nur der Mobilisierung innerer Reserven, sie stärken zugleich das Gemeinschaftsgefühl.

Der Führer hat daraufhin angeordnet, daß Meldungen in Zukunft nur noch in folgendem Text zu erstatten sind: «Mein Führer! Ich melde gehorsamst: SS-Obersturmführer Meyer, Führer vom Dienst».

Der Gruß des Führers wird laut und vernehmlich mit «Heil! Mein Führer!» beantwortet. Der Kommandeur des Regiments, Obergruppenführer Dietrich, der Zeuge dieser Meldung war, hat befohlen, daß in Zukunft nur die intelligentesten und besten Offiziere des Regiments als Führer vom Dienst aufzuziehen haben.

Aus einem Schreiben Bormanns an Reichskanzleichef Hans Heinrich Lammers über den Gebrauch von Fremdwörtern (25. Oktober 1940)

Dem Führer ist in letzter Zeit mehrfach aufgefallen, daß – auch von amtlichen Stellen – seit langem in die deutsche Sprache übernommene Fremdwörter durch meist im Wege der Übersetzung des Ursprungswortes gefundene und daher in der Regel unschöne Ausdrücke ersetzt werden. Beispielsweise erwähnte der Führer, daß amtlich jetzt anstelle von Souffleuse die Bezeichnung «Einsagerin» gebraucht werde.

In den meisten Fällen können die als Ersatz für das eingebürgerte Fremdwort gewählten Ausdrücke dessen Sinn nur unvollkommen wiedergeben; auf alle Fälle sind die neuen Bezeichnungen nicht eingebürgert und daher den meisten Volksgenossen unverständlich.

Der Führer hat deswegen angeordnet, die zuständigen Stellen sollten davon unterrichtet werden, er verbiete ein für alle Mal die Bestrebungen, längst ins Deutsche eingebürgerte Fremdwörter jetzt zu verdeutschen.

Aus einem Bericht der «Frankfurter Zeitung» über das spätere Rückkaufrecht der von der Wehrmacht eingezogenen Hunde (24. Dezember 1940)

Die Wehrmacht hatte zu Beginn des Krieges zahlreiche Hunde zur Verwendung im Heer, in der Polizei und beim Zolldienst eingezogen. Die ehemaligen Besitzer haben nach dem Ende des Krieges ein Rückkaufrecht auf diese Hunde.

Um für die Rückgabe der Hunde einheitliche Regeln aufzustellen, ist mit dem Oberkommando des Heeres schon jetzt eine Vereinbarung getroffen worden, über die der Reichsführer SS und Chef der Deutschen Polizei in einem Erlaß Mitteilung macht. Danach werden die Hunde, die von Privatpersonen für die Dauer des Krieges an die Wehrmacht verkauft worden sind, nach dem Kriege an die früheren Besitzer zurückverkauft, sowie nicht dringende dienstliche Interessen der Rückgabe zu diesem Zeitpunkt entgegenstehen.

Aus dem Jahresbericht der Arbeitswissenschaftlichen Instituts der Deutschen Arbeitsfront über Wohnungsdefizite (1940)

Bei der Volkszählung 1939 waren für 19,3 Millionen Haushaltungen nur 17,8 Millionen Wohnungen vorhanden. Es fehlten also 1,5 Millionen Wohnungen. Dazu kommen 1,3 Millionen abbruchreifer

Rüstungsproduktion in Deutschland (1940 bis 1944)

Waffenart	1940	1941	1942	1943	1944
Karabiner	1351700	1358500	1370180	2244100	2586600
autom. Inf. Waffen	171880	324800	316690	435400	787000
Granatwerfer	4380	4230	9780	22570	30860
Geschütze ab 7,5 cm	5499	7092	11988	26904	40684
Panzer (und Sturmgeschütze)	2154	5188	9287	19824	27340
LKW	29600	62400	78200	82000	89200
Flugzeuge	10250	11050	14700	25220	37950

Für den *Einzelkämpfer* ist die *Panzerfaust* entwickelt worden. Die in Handwerksarbeit hergestellte Waffe wird später vor allem vom *Volkssturm* eingesetzt.

Wohnungen, ein Neubedarf von 1,5 Millionen Wohnungen und zur Bekämpfung der Überfüllung 1,7 Millionen. Insgesamt also 6 Millionen.

Aus einem Rundschreiben Bormanns gegen die Verwendung der «Schwabacher Judenlettern» (3. Januar 1941)

Zur allgemeinen Beachtung teile ich im Auftrag des Führers mit:

Die sogenannte gotische Schrift als eine deutsche anzusehen oder zu bezeichnen ist falsch. In Wirklichkeit besteht die sogenannte gotische Schrift aus Schwabacher Judenlettern. Genau wie sie sich später in den Besitz der Zeitungen setzten, setzten sich die in Deutschland ansässigen Juden bei Einführung des Buchdrucks in den Besitz der Buchdruckereien, und dadurch kam es in Deutschland zu der starken Einführung der Schwabacher Judenlettern.

Am heutigen Tage hat der Führer in einer Besprechung [...] entschieden, daß die Antiqua-Schrift künftig als Normal-Schrift

Zeitungssterben
(1939 bis 1944)

Jahr	Zeitungen insgesamt	NSDAP	Auflage (Mill. Exemplare) insgesamt	NSDAP	Zeit-schriften
1939	2288	200	16,0	6,1	4800
1944	977	352	26,1	21,5	458

zu bezeichnen sei. Nach und nach sollen sämtliche Druckerzeugnisse auf diese Normal-Schrift umgestellt werden. Sobald dies schulbuchmäßig möglich ist, wird in den Dorfschulen und Volksschulen nur mehr die Normal-Schrift gelehrt werden.

Die Verwendung der Schwabacher Judenlettern durch Behörden wird künftig unterbleiben; Ernennungsurkunden für Beamte, Straßenschilder und dergl. werden künftig nur mehr in Normal-Schrift gefertigt werden.

Im Auftrage des Führers wird Herr Reichsleiter Amann zunächst jene Zeitungen und Zeitschriften, die bereits eine Auslandsverbreitung haben oder deren Auslandsverbreitung erwünscht ist, auf Normal-Schrift umstellen.

Aus einem Schreiben Bormanns an Lammers über die Absetzung von Schillers «Wilhelm Tell» (3. Juni 1941)

Der Führer wünscht, daß Schillers Schauspiel «Wilhelm Tell» nicht mehr aufgeführt wird und in der Schule nicht mehr behandelt wird.

[Dazu gleichdatierter Aktenvermerk Bormanns:
Die Entscheidung des Führers hat zwei Gründe: einmal die unverschämte Hetze, die seit langen Jahren fast alle Schweizer Zeitungen gegen uns betreiben; wir haben wirklich keinen Grund, die Schweizer Fremdenpropaganda zu unterstützen.

Zweitens hat Wilhelm Tell bekanntlich nie gelebt; er ist im Grund auch kein Held, sondern ein hinterlistiger Heckenschütze.

Schon vor einigen Jahren sind die Bezeichnungen «Sächsische Schweiz», «Holsteinische Schweiz» usw. verboten worden. Leider werden noch eine Unzahl von Holzhäusern als «Schweizer Haus» bezeichnet, obwohl diese Häuser genausogut «Steyrer Haus» oder dergl. heißen könnten.]

Aus einem Schreiben Lammers' an Reichswirtschaftsminister Walther Funke über die Haltung zum Tabakmißbrauch (10. Juni 1941)

Ich habe die von verschiedenen Stellen im Gau Thüringen gegen den Tabakmißbrauch betriebene Propaganda beim Führer zur Sprache gebracht. Der Führer hat sich dahin geäußert, daß diese Propaganda nicht gehemmt werden soll. Der Führer hat sich den Argumenten wirtschaftlicher und finanzieller, namentlich aber handelspolitischer Art, die für ein behutsames Vorgehen in dieser Frage ins Feld geführt werden, nicht unbedingt verschlossen. Der Führer steht jedoch auf dem Standpunkt, daß die Volksgesundheit über derartigen Erwägungen steht, und hat in diesem Zusammenhang auch bemerkt, daß die in der Tabakindustrie und im Tabakhandel tätigen Personen grundsätzlich an kriegswichtigeren Stellen besser auf ihrem Platze wären.

WELTKRIEGSJAHRE

Juni 1941 bis Februar 1943

Mit gemischten Gefühlen, die vorherige Begeisterung ist inzwischen der Nachdenklichkeit gewichen, reagiert die Bevölkerung auf die Fortsetzung und Ausweitung des Krieges. Zwar bleibt die Versorgungslage vor allem durch die verstärkte Ausplünderung der okkupierten Länder weitgehend stabil, doch mehren sich die Stimmen, die im geheimen an das Schicksal Napoleons in den eisigen Weiten Rußlands erinnern.

Rasche militärische Anfangserfolge scheinen diese Bedenken auszuräumen. Tief dringen die drei deutschen Heeresgruppen in das sowjetische Territorium ein, behaupten sich in erbitterten Kesselschlachten. Aber der Preis ist hoch. Allein in den ersten vier Kriegswochen sind mehr Tote und Verwundete zu beklagen als während des gesamten Frankreichfeldzugs. Nachschub fehlt, sowohl an Menschen als auch an Material. Der Vormarsch verlangsamt sich, die Verluste wachsen von Tag zu Tag. Wöchentlich verliert das Ostheer fast 40000 Mann.

Fieberhaft versucht die «Führung» im Reich, die Planungsdefizite des nur auf Monate angelegten Raubzugs auszugleichen und die Lücken durch Mobilisierung zusätzlicher Reserven zu schließen.

Dazu werden auch ausländische Arbeitskräfte meist zwangsverpflichtet; rund drei Millionen sind schon 1941 in Deutschland tätig, setzen militärischen Ersatz für die Front frei. Bemühungen, mehr Frauen in die Produktion einzubeziehen, scheitern weitestgehend.

Die «Volksgemeinschaft» ist aufgeschreckt. In den Zeitungen vervielfachen sich die schwarzumränderten Gefallenenanzeigen. Doch auch die Zahl der Opfer an der «Heimatfront» wächst mit der Ausweitung der britischen Bombardements.

Im Dezember 1941 kommt die deutsche Offensive vor Moskau zum Stehen, die Rote Armee geht zum Gegenangriff über. Die Front zerreißt, Panik greift um sich. Mit der ersten schweren Niederlage der Wehrmacht schwindet der Mythos ihrer Unbesiegbarkeit. Zugleich ist die «Blitzkriegs»-Strategie endgültig gescheitert, droht ein kräftezehrender Stellungskampf.

Das Jahr 1942 bringt dem Reich ernste Versorgungsprobleme. Erstmals seit 1939 werden die Lebensmittelrationen erheblich gekürzt und auch Kartoffeln zuteilungspflichtig. Hinzu kommen die lähmenden Opfermeldungen von der Front und die sich dramatisch verstärkenden Bombenangriffe. Durch die enormen Verluste im Osten weiter geschwächt, muß die deutsche Luftwaffe den Himmel über dem Reich mehr und mehr den anglo-amerikanischen Kampfflugzeugen überlassen. Deren anfängliches Ziel, die Rüstungsbetriebe zu zerstören, wird nun durch die Absicht ersetzt, mit rigorosen Flächenbombardements der Wohnviertel die Moral der Bevölkerung zu brechen. Wachsende Sorge und Zweifel breiten sich aus.

Die Angst vor inneren Unruhen sitzt beim NS-Regime tief. Rund 50000 «Vertrauensleute» versorgen den SS-Sicherheitsdienst mit regelmäßigen Stimmungsberichten, die als «Meldungen aus dem Reich» zusammengefaßt und an die «Führung» weitergeleitet werden. Auch die Gestapo unterhält ein vielverzweigtes Spitzel- und Informantennetz. Gnadenlos wird jeder «Defätismus» verfolgt. Noch brutaler ist das Vorgehen gegen die jüdischen Mitbürger, die allein schon durch die Pflicht, an der Kleidung einen handtellergroßen gelben Stern zu tragen, stigmatisiert sind. Ihre Anfang 1942 beschlossene «Endlösung» – sprich Ausrottung von elf Millionen Menschen in Europa – wird in der fortschreitenden Entrechtung öffentlich zumindest vermutbar und löst vorsichtige Betroffenheit aus.

Bei all dieser Bedrückung wird aus heutiger Sicht jener Umstand zum Phänomen, daß von der Kriegsrealität abgegrenzte Alltagsnormalität besteht. Da werden Filme wie «Frau Luna» (mit Theo Lingen), «Frauen sind doch bessere Diplomaten» (mit Marika Rökk, erstmals in Farbe) und «Quax, der Bruchpilot» (mit Heinz Rühmann in der Titelrolle) uraufgeführt, umjubelt wie die «Faust»-Premiere in der Regie von Gustaf Gründgens; aus dem Volksempfänger dudeln «Lili Marleen» und «Es geht alles vorüber, es geht alles vorbei» – und nebenan fallen die Bomben! Doch dieser vermeintliche Widerspruch entlarvt sich bei näherer Betrachtung als gezielte Methode, abzulenken vor allem vom Drama an der Ostfront.

Im November 1942 werden die 6. deutsche Armee und weitere Verbände mit insgesamt etwa 250000 Mann bei Stalingrad eingekesselt. Im Februar 1943 erfolgt gegen den ausdrücklichen Befehl Hitlers, «bis zum letzten Soldaten» zu kämpfen, deren endgültige Kapitulation – die Wende des Krieges ist vollzogen.

Stichwörter zum Alltag

1941: Operettenfilm «Frau Luna» *(22.7.)*; 82 Tonnen Bomben auf Berlin *(12./13.8.)*; Antiqua statt Frakturschrift *(1.9.)*; erste Todesurteile für Abhören von «Feindsendern» *(17.9.)*; «Judenstern» auf Kleidung *(19.9.)*; 1000-Stundenkilometer-Raketenflugzeug *(2.10.)*; Verordnung über «Eisernes Sparen» *(30.10.)*; erster Farbspielfilm «Frauen sind doch bessere Diplomaten» mit Marika Rökk *(31.10.)*; 400-Bomber-Angriff auf Berlin, Köln, Mannheim und das Ruhrgebiet *(7./8.11.)*; Reichssammlungen «Flaschen für unsere Wehrmacht» *(8.11.)* und «Wintersachen für Ostfront» *(20.12.)*. **1942:** KZ-Menschenversuche in Buchenwald *(6.1.)*; «Feldküchengericht» *(12.1.)*; «Landwacht» *(17.1.)*; Beschluß zur «Endlösung der europäischen Judenfrage» *(20.1.)*; SS-Freiwillige ab 17 Jahren auch ohne elterliche Zustimmung *(18.2.)*; Ernte-Zwangsverpflichtungen *(7.3.)*; Schulfach Religion ohne Benotung *(9.3.)*; erstes Flächenbomardement Lübecks *(28./29.3.)*; Kürzung der Lebensmittelrationen *(6.4.)*; Hitler «Oberster Gerichtsherr» *(26.4.)*; erster 1000-Bomber-Angriff auf Köln *(30./31.5.)*; nur noch «kriegswichtige» Bücher *(1.6.)*; Toten-Ehrenhallen für «verdiente Deutsche» *(19.6.)*; FC Schalke 04 zum sechsten Mal deutscher Fußballmeister *(5.7.)*; welterster serienreifer Düsenjäger *(18.7.)*; schwere Luftangriffe auf Hamburg *(26./27.7.)* und Düsseldorf *(10./11.9.)*; Deportation aller Juden aus deutschen KZ nach Auschwitz *(5.10.)*. **1943:** Friseurverbot für Frauen mit mehr als 15 Zentimeter Haarlänge *(1.1.)*; Schüler als Flak- und Marinehelfer *(26.1.)*; Stillegung von «nicht lebenswichtigen» Geschäften, Gaststätten und Handwerksbetrieben *(30.1.)*.

Chronik

1941

26. Juni: In einem Hirtenbrief begrüßen die deutschen katholischen Bischöfe den Überfall auf die Sowjetunion (22. Juni) als «Dienst am Vaterland»; auch der Vertrauensrat der deutschen evangelischen Kirche befürwortet in einem Telegramm an Hitler den Kampf «gegen den Todfeind aller Ordnung und abendländisch-christlichen Kultur» (30. Juni).

22. Juli: Der unter der Regie von Theo Lingen gedrehte Operettenfilm «Frau Luna» wird uraufgeführt.

12. / 13. August: Britische Flugzeuge werfen auf Berlin 82 Tonnen Sprengbomben ab.

16. August: Uraufführung des Spielfilms «Friedemann Bach» mit Gründgens in Berlin.

22. August: Zur Verbesserung der Arbeitsdisziplin in den Betrieben wird ein dreistufiges Strafsystem eingeführt, das bis zur Einweisung in Sonderkommandos reicht.

31. August: Seit 1. September 1940 sind 160 171 Wehrmachtsangehörige gefallen und 14 228 vermißt bzw. in Kriegsgefangenschaft geraten.

August: Der Belgrader Soldatensender beginnt mit der allabendlichen Ausstrahlung des von Lale Andersen gesungenen berühmtesten Kriegsschlagers «Lili Marleen».

1. September: An den Schulen wird anstelle der bisherigen Frakturschrift die lateinische Antiqua eingeführt.

12. / 13. September: Britischer Luftangriff auf Frankfurt am Main; 135 Tonnen Bomben werden abgeworfen.

17. September: Erste Todesurteile für das verbotene Abhören von «Feindsendern».

18. September: Jüdische Bürger dürfen öffentliche Verkehrsmittel nur mit einer Sondergenehmigung benutzen.

19. September: Juden im Alter ab sechs Jahren müssen fortan «sichtbar auf der linken Brustseite der Kleidung» und «fest angenäht» einen handtellergroßen sechszackigen gelben Stern mit der Aufschrift «Jude» tragen; die Stigmatisierung leitet die kommende Deportation ein.

1. Oktober: Jüdischen Staatsbürgern wird die Auswanderung aus dem Deutschen Reich verboten.

2. Oktober: Das Raketenflugzeug Me 163 überschreitet erstmals die 1000-Stundenkilometer-Geschwindigkeitsgrenze und steigt innerhalb einer Minute auf 3500 Meter; die Maschine, die beim Start ihr Fahrwerk zurückläßt, kann trotz eines schon nach wenigen Minuten verbrannten Spezialtreibsatzes eine Höhe von 15 Kilometern erreichen, muß dann aber im Gleitflug auf einer Kufe landen.

4. Oktober: Für Eheschließungen wird die amtliche Bestätigung der «Erbgesundheit» zur Voraussetzung.

11. Oktober: Premiere von Goethes «Faust I» im Berliner Schauspielhaus; Gründgens führt Regie und spielt den Mephisto.

17. Oktober: Erste Versuche zum Einsatz von Strahltriebwerken für Automobile.

18. Oktober: Hitler-Weisung zur Beibehaltung des «ß» in der Normalschrift.

30. Oktober: Verordnung über das «Eiserne Sparen»: Zehn Prozent des Lohns sollen zum Abbau des Geldüberhangs einbehalten werden (1943 reichsweit eingeführt).

31. Oktober: Als erster deutscher Farbspielfilm wird der Streifen «Frauen sind doch bessere Diplomaten» mit Marika Rökk uraufgeführt.

7./8. November: 400 britische Maschinen bombardieren Berlin, Köln, Mannheim und das Ruhrgebiet.

8. November: Reichssammlung «Flaschen für unsere Wehrmacht»; rund 500 000 ehrenamtliche Helfer werden eingesetzt.

12. Dezember: Juden wird die Benutzung öffentlicher Fernsprecher untersagt.

16. Dezember: Uraufführung des Lustspielfilms «Quax, der Bruchpilot» in der Regie von Kurt Hoffmann mit Rühmann in der Titelrolle.

Nachdem der deutsche Soldatensender Belgrad das Chanson *Lili Marleen* am 18. August 1941 zum erstenmal spielt, wird es, zusammen mit seiner Interpretin Lale Andersen, schnell international bekannt. Soldaten auf beiden Seiten der Front und Menschen in der Heimat sind davon angerührt. Schon bald wird es als *unheroisch* verboten, aber dieses Verbot läßt sich schon nicht mehr durchsetzen und wird 1943 wieder aufgehoben.

Nach Kriegsbeginn führt die Wehrmacht die Möglichkeit der Ferntrauung ein. Dazu muß der Soldat vor dem Bataillonskommandeur eine Willenserklärung abgeben, der die Braut in der Heimat vor einem Standesbeamten binnen sechs Monaten zustimmen muß. Der Bräutigam wird bei der Eheschließung durch einen Stahlhelm vertreten. Die Ehe ist auch gültig, wenn der Mann inzwischen gefallen ist oder als vermißt gilt. Vielfach wird dieser makabre Akt vollzogen, um den Versorgungsanspruch, der nur verheirateten Frauen zustand, zu sichern.

20. Dezember: Goebbels verliest den Aufruf Hitlers zur Sammlung von Wintersachen für die Ostfront.

31. Dezember: Auf Deutschland sind in diesem Jahr rund 30 000 Tonnen Bomben abgeworfen worden.

1942

3. Januar: Hitler wünscht, daß Fremdwörter genau so geschrieben wie gesprochen werden, also «Schi» statt «Ski».

6. Januar: Im KZ Buchenwald beginnen erste Menschenversuche mit Fleckfieber.

12. Januar: Reichsweit wird in allen Gaststätten ein «Feldküchengericht» angeboten, das künftig als Eintopf oder Tellergericht «einfachster Art» jeden Montag und Donnerstag ausgegeben wird.

17. Januar: Aufstellung der «Landwacht» aus Angehörigen der SA, SS und anderer NS-Organisationen sowie Teilnehmern des Ersten Weltkriegs; die Bürgerkriegstruppe ist militärisch gegliedert und der Gendarmerie unterstellt.

20. Januar: Die sogenannte Wannsee-Konferenz beschließt die «Endlösung der europäischen Judenfrage»; dafür «kommen rund 11 Millionen Juden in Betracht»; nachfolgend schreitet in Deutschland die weitere Entrechtung rasch voran: Jüdische Bürger dürfen keine Haustiere halten (15. Februar), weder Zeitungen noch Zeitschriften abonnieren (17. Februar), müssen ihre Wohnungen markieren (13. März), «arische» Friseure meiden (12. Mai), sämtliche elektrischen und optischen Geräte sowie Schreibmaschinen und Fahrräder abliefern (12. Juni), auf Fleisch- und Milchmarken verzichten (19. September) usw.

Januar: Beginn zusätzlicher Sonderschichten in der Rüstungsindustrie und im Kohlebergbau.

18. Februar: Die SS erhält die Genehmigung Hitlers, Freiwillige mit vollendetem 17. Lebensjahr auch ohne elterliche Zustimmung einzuberufen.

3. März: Harlans Propagandafilm «Der Große König» wird uraufgeführt.

 7. März: Verordnung zum «Einsatz zusätzlicher Arbeitskräfte

Die Aufrechterhaltung kleiner Landwirtschaftsbetriebe ohne männliche Arbeitskräfte und ohne zusätzliche *Fremdarbeiter* fordert die Frauen auf eine Weise, die in deutlichem Widerspruch zum Frauenbild der ersten Jahre im NS-Staat steht.

für die Ernährungssicherung des deutschen Volkes»: Ortsbauernführer können Frauen, Alte und Jugendliche aus Landgemeinden und -städten zwangsverpflichten lassen; schon bei der Ernte dieses Jahres werden rund 800000 Zusatzkräfte eingesetzt.

8. März: Eröffnung der nachfolgend auch in anderen Städten gezeigten Hetzausstellung «Das Sowjet-Paradies» in Berlin.

9. März: In Schulzeugnissen wird das Fach Religion nicht mehr benotet.

28. / 29. März: Lübeck ist Ziel des ersten britischen Flächenbombardements.

6. April: Kürzung der Rationen für Fleisch, Fett, Zucker und Brot, letzteres auf 2000 Gramm wöchentlich.

13. April: Himmler spricht sich im Auftrag Hitlers gegen die Pflege der Dialekte aus.

24. / 25. April: Flächenbombardement auf Rostock.

26. April: Der Reichstag bestätigt Hitler als «Obersten Gerichtsherrn», der an keine Rechtsnormen gebunden ist.

30. April: Gründung der Zentralstelle für Generatoren; sie soll den verstärkten Einsatz von Holzgas für den Kraftfahrzeugbetrieb bewirken.

30./31. Mai: Erster britischer 1000-Bomber-Angriff auf Köln; im Hagel von 1500 Tonnen Bomben sterben 460 Einwohner, 45 000 werden obdachlos.

1. Juni: Goebbels-Erlaß über die Buchprodukion: Infolge der Kürzung der Papierkontingente auf ein Drittel des Vorkriegsstandes werden nur noch «kriegswichtige» Editionen zugelassen; Hitlers «Mein Kampf» beispielsweise erreicht 1943 eine Gesamtauflage von fast zehn Millionen, Alfred Rosenbergs «Der Mythus des XX. Jahrhunderts» knapp eine Million.

19. Juni: Hitler verfügt die Beisetzung «verdienter Deutscher» in Ehrenhallen.

22. Juni: Goethes «Faust II» in der Regie von Gründgens feiert im Berliner Schauspielhaus Premiere.

30. Juni: Schließung aller jüdischen Schulen.

Juni: Kartoffeln werden streng rationiert.

5. Juli: Im Endspiel um die deutsche Fußballmeisterschaft sichert sich der FC Schalke 04 mit einem 2:0-Sieg über Vienna Wien zum sechsten Mal den Titel.

Fußball ist in den dreißiger Jahren ein Ereignis von hohem emotionalen Wert. Mit sechs Meistertiteln ist FC Schalke 04 die erfolgreichste Mannschaft, hier bei der Siegerehrung von 1942.

18. Juli: Jungfernflug der Me 262 als erster serienreifer Düsenjäger der Welt.

26./27. Juli: Auf Hamburg werden 724 Tonnen britische Bomben abgeworfen.

1. August: In den KZ befinden sich 115000 Häftlinge; über zehn Prozent davon sterben noch im selben Monat.

31. August: Seit 1. September 1941 sind 485000 Wehrmachtsangehörige gefallen und 65844 vermißt bzw. in Gefangenschaft geraten.

10./11. September: 760 Tonnen Bomben fallen auf Düsseldorf.

27. September: Über den britischen Rundfunksender BBC enthüllt der emigrierte Schriftsteller Thomas Mann den deutschen Hörern erschütternde Einzelheiten vom Massenmord an jüdischen Mitbürgern.

3. Oktober: Nach mehreren Fehlstarts glückt in Peenemünde ein 120-Kilometer-Probeflug der weltweit ersten Fernrakete A-4, die jedoch erst ab September 1944 als «Wunderwaffe» V 2 («V» für «Vergeltung») militärisch eingesetzt werden kann; sie wird technisch zum Ursprung aller späteren Weltraumraketen.

5. Oktober: Himmler befiehlt die Deportation aller Juden aus deutschen KZ nach Auschwitz.

7. bis 9. Oktober: Verordnungen über die Wiederbeschäftigung von Beamten im Ruhestand und von nach 1933 entlassenen weiblichen Beamten.

11. Oktober: Offiziersbewerber müssen keine Abschlußzeugnisse höherer Lehranstalten vorweisen.

Oktober: Agfa stellt ein Verfahren für farbige Papierfotos vor.

2. November: Eheschließungen von Wehrmachtsangehörigen mit Frauen, die vordem mit einem Juden verheiratet waren, werden «ohne jede Ausnahme» verboten.

8. November: Hitler verkündet die angebliche Einnahme Stalingrads.

10. November: 75jähriges Jubiläum von «Reclams Universalbibliothek», der mit 7600 Titeln weltgrößten Buchreihe.

19. November: Uraufführung des Propagandafilms «Andreas Schlüter» mit Paul Dahlke und Heinrich George in den Hauptrollen.

18. Dezember: Ein Rundschreiben Bormanns registriert die allgemeine Stimmungsverschlechterung bei der Bevölkerung und

Die NS-Propaganda hatte versucht, mit der Parole von der *Festung Europa* ein Überlegenheits- und Sicherheitsgefühl gegenüber feindlichen Angriffen zu suggerieren. Als die Bombenschäden unübersehbar sind, spottet der Volksmund über *das fehlende Dach* der Festung. Die Propaganda setzt *Durchhalteparolen* dagegen.

verlangt, jeden Zweifel am Sieg «mit massiven Mitteln zum Schweigen» zu bringen.

31. Dezember: Auf Deutschland sind in diesem Jahr rund 40000 Tonnen Bomben abgeworfen worden.

1943

1. Januar: Friseuren wird aus Zeitgründen verboten, Frauen mit einer Haarlänge von mehr als 15 Zentimetern zu bedienen.

13. Januar: In seiner Festrede anläßlich des 470jährigen Bestehens der Universität München fordert Gauleiter Paul Giesler die Studentinnen auf, dem «Führer» alljährlich ein Kind zu schenken.

26. Januar: Verordnung «zur Heranziehung von Schülern zum Kriegshilfseinsatz der deutschen Jugend in der Luftwaffe»: Siebzehnjährige werden klassenweise als Flak- und Marinehelfer eingesetzt.

30. Januar: Stillegung von Geschäften, Gaststätten, Handwerksbetrieben sowie ganzen «nicht lebenswichtigen Branchen».

Dokumente

Aus dem SD-Geheimbericht «Meldungen aus dem Reich» über Reaktionen auf hohe Truppenverluste an der Ostfront (4. August 1941)

Das Warten auf Sondermeldungen von neuen, größeren Erfolgen an der Ostfront, die bisher noch in keinem Feldzug so lange ausgeblieben sind, bewirkt allmählich ein Absinken der erwartungsvollen Stimmung der Bevölkerung.

Dabei sind in erster Linie die Gerüchte über angeblich sehr hohe Verluste unserer Truppen, die alle Kreise der Bevölkerung anhaltend beschäftigen. So heißt es beispielsweise schon seit einiger Zeit, daß bei den Postanstalten zahlreiche Todesnachrichten zurückgehalten würden und daß Zeitungen jeweils nur eine bestimmte Anzahl von Anzeigen veröffentlichen dürften, ferner daß die Lazarette in den Ostgebieten schon seit einiger Zeit überfüllt wären. Fast in allen Gegenden des Reiches sind Gerüchte im Umlauf, daß gerade jene Truppen, die in den betreffenden Gegenden zur Aufstellung gekommen sind, besonders starke Verluste erlitten hätten oder ganz aufgerieben worden seien. Stark verbreitet sind die Gerüchte, daß es der Roten Armee gelungen sei, den deutschen Vormarsch weitestgehend zum Stehen zu bringen.

Aus einer Aktennotiz der Reichspropagandaleitung über den «Verkauf von Führerbildern auf Jahrmärkten, in Antiquariaten und im Altwarenhandel» (5. August 1941)

Zur Frage des Verkaufs von Führerbildern auf Jahrmärkten, in Antiquariaten und im Altwarenhandel werden folgende Einzelfälle mitgeteilt:

[...]

2. Aus Düsseldorf wird im Mai 1941 berichtet, daß auf dem Wochenmarkt regelmäßig Führerbilder verkauft werden. Es liegen immer gleich 3 x 3 Bilder nebeneinander. Ein schlechter Bunt-

druck unter Zellophan, der anscheinend auf eine Metallfolie geklebt ist, wird vom Verkäufer unentwegt in marktschreierischer Weise als «unzerbrechlich» angepriesen. Der Stand dieses Verkäufers befindet sich unmittelbar neben der unterirdischen Bedürfnisanstalt. Nicht nur die schlechte Wiedergabe des Führers, sondern auch die Art und Weise, wie die betreffenden Bilder angeboten werden, sei zu beanstanden.

3. Auf dem regelmäßigen Wochenmarkt am Königsplatz in Kassel befindet sich ein sogenannter Kunststand. Hier werden Nippessachen und Porzellanfiguren verkauft, die jeden Anspruch auf künstlerischen Wert vermissen lassen. Zwischen diesem Kitsch werden auch Büsten des Führers aus Porzellan oder sonstigem Material feilgeboten. In der Bevölkerung hat diese Tatsache großen Unwillen erregt. Man sieht darin eine Beleidigung der Person des Führers [...]
4. Aus Klagenfurt wird im September 1940 berichtet, daß Volksgenossen in der letzten Zeit mit großer Verwunderung feststellten, daß in Spielwarengeschäften in Klagenfurt und Villach der Führer und Reichsmarschall Göring in schlechtester Wiedergabe mitten unter anderem Spielkram zur Schau aufgestellt oder zum Verkauf angeboten werden. Man könnte sich nicht vorstellen, daß der Führer oder Reichsmarschall Göring auf irgendeiner Pappschachtel von ungezogenen Kindern in eine Ecke geworfen und zerrissen werde.

Aus der Polizeiverordnung «über die Kennzeichnung der Juden» (1. September 1941)

§ 1 (1) Juden [...], die das sechste Lebensjahr vollendet haben, ist es verboten, sich in der Öffentlichkeit ohne einen Judenstern zu zeigen.

(2) Der Judenstern besteht aus einem handtellergroßen, schwarz ausgezogenen Sechsstern aus gelbem Stoff mit der schwarzen Aufschrift «Jude». Er ist sichtbar auf der linken Brustseite des Kleidungsstücks fest aufgenäht zu tragen.

§ 2 Juden ist verboten,

a) den Bereich ihrer Wohngemeinde zu verlassen, ohne eine schriftliche Erlaubnis der Ortspolizeibehörde bei sich zu führen.

b) Orden, Ehrenzeichen und sonstige Abzeichen zu tragen.

Aus einem Schreiben der Reichspropagandaleitung an das «Haus der Deutschen Kunst» in München über die Katalogabfolge ausgestellter Bildnisse (4. September 1941)

In dem offiziellen Ausstellungskatalog der Großen Kunstausstellung 1941 wird unter «Abbildungen» auf Seite 3 das «Bildnis des Führers», danach auf Seite 4 «Das Ende» gezeigt, auf dem ein Schiff, das ein hanseatisches sein kann, strandet.

Es wird darauf hingewiesen, daß es nach dem Führerbild bestimmt ein geeigneteres Bild gegeben hätte als ausgerechnet die Versinnbildlichung des Endes.

Aus einem Bericht der «Frankfurter Zeitung» über die Zuteilung von Bohnenkaffee (16. Oktober 1941)

Eine Anordnung des Reichsernährungsministers bestimmt, daß auch im dritten Kriegswinter Bohnenkaffee an die Zivilbevölkerung abgegeben wird. Vorgesehen sind zwei Zuteilungen, und zwar kurz vor Weihnachten und im Februar 1942.

Seit dem 6. Dezember 1938 ist es den Juden in Berlin untersagt, das Stadtzentrum und die öffentlichen Parkanlagen zu betreten, sie sind ab sofort von der Benutzung der Sport- und Kultureinrichtungen ausgeschlossen. Dieser Judenbann wird auf das gesamte Reichsgebiet ausgedehnt.

Bilanz der NS-Justiz (1939 bis 1943)

	1939	1940	1941	1942	1943 (1. Hj.)
Verurteilte insgesamt	298851	266223	320766	307653	159970
davon wegen					
Hochverrat	1128	1112	1917	1124	658
Landesverrat	663	697	782	600	324
Widerstand gegen die Staatsgewalt	4343	2674	2617	1563	–
Wehrmittelbeschädig.	20	14	27	74	–
Verrat militärischer Geheimnisse	46	71	116	122	31
Verstoß gegen die Arbeitsdisziplin	36	2808	3504	14384	14185
Kriegswirtschafts-verordnung	9	743	3063	7621	6384
Verstoß gegen Volks-schädlingsverordnung	170	2943	3108	4410	3182
Verstoß gegen die Rundfunkverordnung	36	830	721	922	456
Wehrkraftzersetzung	3	2014	4597	8112	4612
davon					
verbotener Umgang mit Kriegsgefangenen	3	1909	4345	7974	4530

Alle Versorgungsberechtigten, die bis zum 16. November 1941 das 18. Lebensjahr vollendet haben und die bei der für die 31. Zuteilungsperiode vorgesehenen Verteilung vor Weihnachten Bohnenkaffee anstelle von Kaffee-Ersatzmitteln beziehen wollen, haben dies bei den Verteilern bis zum 25. Oktober 1941 anzumelden. Die frühzeitige Anmeldung ist erforderlich, um die richtige Verteilung des Kaffees von den Vorratslagern auf die Stellen des Bedarfs zu sichern.

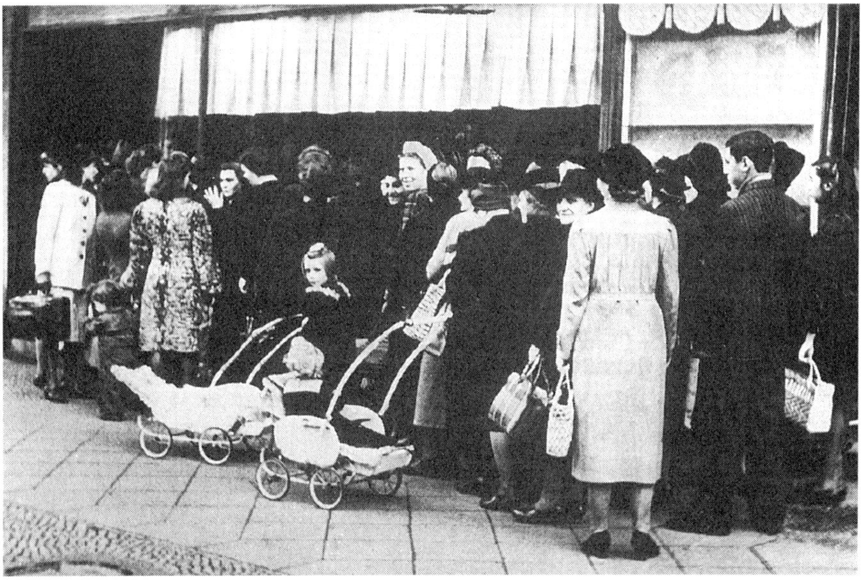

Bereits seit 1936 wird der Krieg politisch und wirtschaftlich vorbereitet. Als im September 1939 die Rationierung von Lebensmitteln, Bekleidung und Brennstoffen in Kraft tritt, häufen sich die Versorgungsengpässe. Die Bevölkerung reagiert darauf mit geduldigem Schlangestehen.

Aus einer Weisung des Reichspropagandaministeriums an die Reichspropagandaämter zur Beibehaltung des «ß» (18. Oktober 1941)

Der Führer hat die Beibehaltung des «ß» in der Normalschrift angeordnet. Bei der Verwendung großer Buchstaben soll das «ß» jedoch als «SS» geschrieben werden.

Aus dem Befehl des Chefs der Ordnungspolizei, Kurt Daluege, über die Deportation deutscher Juden (24. Oktober 1941)

In der Zeit vom 1. November – 4. Dezember 1941 werden durch die Sicherheitspolizei aus dem Altreich, der Ostmark und dem Protektorat Böhmen und Mähren 50000 Juden nach dem Osten in die Gegend um Riga und Minsk abgeschoben. Die Aussiedelungen erfolgen in Transportzügen der Reichsbahn zu je 1000 Personen. Die Transportzüge werden in Berlin, Hamburg, Hannover, Dortmund, Münster, Düsseldorf, Köln, Frankfurt/M., Kassel, Stuttgart, Nürnberg, München, Wien, Breslau, Prag und Brünn zusammengestellt.

Aus rassischen Gründen Verfolgte und politische Gegner des NS-Regimes werden in Güterzügen quer durch Deutschland *Auf Transport* geschickt. Viele Menschen sterben bereits während dieser Tortur, auf die Überlebenden warten Konzentrationslager und oft genug die Gaskammer.

Aus dem SD-Geheimbericht «Meldungen aus dem Reich» über Reaktionen auf hohe Gefallenen- und Verwundetenzahlen (15. Dezember 1941)

Das Ansteigen der Gefallenenzahlen in letzter Zeit hat um so größeres Erstaunen ausgelöst, als nach der seinerzeitigen Eröffnung durch den Reichspressechef allgemein angenommen worden war, daß der Bolschewismus entscheidend geschlagen sei und Kampfhandlungen größeren Ausmaßes kaum noch zu erwarten seien. Einen breiten Raum nahmen in den Erörterungen ebenfalls die bekanntgegebenen Verwundetenzahlen ein, die vielfach als sehr hoch bezeichnet werden.

Aus einem Bericht des «Völkischen Beobachters» über eine reichsweite Anweisung zur Versorgung der Gaststättenbesucher (31. Dezember 1941)

Am Montag und Donnerstag jeder Woche haben künftig die Speisekarten in allen Gaststätten während des ganzen Tages das Feldküchengericht anzubieten – einen Eintopf oder ein Tellergericht einfachster Art [...] Die Heimat wird an diesen Tagen gewissermaßen aus dem gleichen Topf essen wie der Soldat an der Front.

Für das Feldküchengericht darf höchstens eine 50-g-Fleischmarke genommen werden, erforderlichenfalls ferner Fettmarken bis zu 10 g oder Nährmittel- und Brotmarken.

Ausnahmen von diesen Bestimmungen sind auch für Veranstaltungen aller Art, Hochzeiten usw. nicht zugelassen.

Aus einem Schreiben Bormanns an Lammers über die Schreibweise von Fremdwörtern (3. Januar 1942)

Damit wir nicht zu ähnlichen Verhältnissen kommen, wie sie im Englischen herrschen, wünscht der Führer, daß ins Deutsche übernommene Fremdwörter genau so geschrieben werden, wie sie ausgesprochen werden. Daher wünscht der Führer, daß Schi mit Sch und nicht mit Sk geschrieben wird.

Als die kriegsbedingten Entbehrungen im Alltag zunehmen, wächst auch das Bedürfnis, ein Gegengewicht zu schaffen. In Betrieben und von NS-Organisationen wird Geselligkeit als *gemütliches Beisammensein* oder *Bunter Abend* organisiert. Hatte doch Goebbels schon 1933 erklärt: «Das Schaffen des kleinen Amüsements (...) wollen wir ebenfalls nicht unterdrücken. Man soll nicht von früh bis spät Gesinnung machen.»

Aus dem Protokoll der sogenannten Wannsee-Konferenz über die «Endlösung der Judenfrage» (20. Januar 1942)

Die Federführung bei der Bearbeitung der Endlösung der Judenfrage liegt ohne Rücksicht auf geographische Grenzen zentral beim Reichsführer SS und Chef der Deutschen Polizei (Chef der Sicherheitspolizei und des SD) [...]

III. An Stelle der Auswanderung ist nunmehr als weitere Lösungsmöglichkeit nach entsprechender vorheriger Genehmigung durch den Führer die Evakuierung der Juden nach dem Osten getreten.

Diese Aktionen sind jedoch lediglich als Ausweichmöglichkeiten anzusprechen, doch werden hier bereits jene praktischen Erfahrungen gesammelt, die im Hinblick auf die kommende Endlösung der Judenfrage von wichtiger Bedeutung sind.

Im Zuge dieser Endlösung der europäischen Judenfrage kommen rund 11 Millionen Juden in Betracht [...]

Unter entsprechender Leitung sollen im Zuge der Endlösung die Juden in geeigneter Weise im Osten zum Arbeitseinsatz kommen. In großen Arbeitskolonnen, unter Trennung der Geschlechter, werden die arbeitsfähigen Juden straßenbauend in diese Gebiete geführt, wobei zweifellos ein Großteil durch natürliche Verminderung ausfallen wird.

Der allfällig endlich verbleibende Restbestand wird, da es sich bei diesen zweifellos um den widerstandsfähigsten Teil handelt, entsprechend behandelt werden müssen, da dieser, eine natürliche Auslese darstellend, bei Freilassung als Keimzelle eines neuen jüdischen Aufbaus anzusprechen ist. (Siehe die Erfahrung der Geschichte.)

Im Zuge der praktischen Durchführung der Endlösung wird Europa von Westen nach Osten durchkämmt. Das Reichsgebiet einschließlich Protektorat Böhmen und Mähren wird, allein schon aus Gründen der Wohnungsfrage und sonstiger sozialpolitischen Notwendigkeiten, vorweggenommen werden müssen.

Aus einem Anti-Hitler-Aufruf von 60 deutschen Politikern, Gewerkschaftsfunktionären und Schriftstellern (25. Januar 1942)

Die Schlacht vor Moskau war die entscheidende Schlacht, die Hitler verloren hat. Die Zeit seiner Erfolge ist vorbei. Die Zeit der Niederlagen dieses Abenteurers und Falschspielers hat begonnen.

Wo und wie immer Meinungen gegen den Krieg und den *Führer* geäußert werden, wie hier im Wolfswinkel in Markkleeberg bei Leipzig, sind eifrige *Parteigenossen* zur Stelle, um diese zu tilgen, die Kritiker zu ermitteln und zu denunzieren.

Mit jedem Erfolg der Roten Armee werden unsere Zwingherren und Unterdrücker schwächer. Die Hitler-Tyrannei hat schon und wird weiter vernichtende Schläge von außen erhalten. Jetzt muß das deutsche Volk sein entscheidendes Wort sprechen. Es ist Zeit, zu handeln. Schließt euch alle zusammen gegen Hitler und seine blutige Leibgarde, gegen SS und Gestapo, gegen das ganze verbrecherische Naziregime. Zögert nicht, verliert keine Zeit, euren Beitrag zu leisten zum Freiheitskrieg der Völker gegen die Hitlerbande! Tretet mit aller Kraft den Untaten Hitlers entgegen! Schädigt mit allen Mitteln die barbarische Kriegsmaschine Hitlers, die Europa verwüstet und Deutschland in den Abgrund schleift!

Aus einem Bericht der «Norddeutschen Nachrichten» über die Zuteilung von Äpfeln (13. Februar 1942)

In der Zeit vom 13. bis 28. Februar werden [...] für alle Versorgungsberechtigten je 1/2 Kilogramm Äpfel gegen Vorlegung der Reichskarte für Marmelade der 33. Zuteilungsperiode ausgegeben und außerdem für Kinder und Jugendliche bis zu 18 Jahren je 1 Kilogramm Äpfel gegen Vorlegung der rosa Nährmittelkarte 33 sowie für werdende und stillende Mütter und Wöchnerinnen während der 33. Zuteilungsperiode wöchentlich 1/4 Kilogramm Äpfel auf den Berechtigungsschein A, sobald die Einzelhändler damit ausreichend beliefert worden sind.

Aus einem Schreiben Bormanns an Lammers über «blödsinnige Umbenennungen» (4. März 1942)

In den gestrigen Zeitungen las der Führer eine Notiz über die Umbenennungen, die von der Gesellschaft für Säugetierkunde anläßlich ihrer 15. Hauptversammlung beschlossen wurden. Daraufhin beauftragte mich der Führer, den Verantwortlichen mit wünschenswerter Deutlichkeit mitzuteilen, die Umbenennungen seien umgehend rückgängig zu machen. Wenn die Mitglieder der Gesellschaft für Säugetierkunde nichts Kriegswichtigeres und Klügeres zu tun hätten, dann könne man sie vielleicht einmal längere Zeit in Baubataillonen an der russischen Front verwenden. Wenn derartig blödsinnige Umbenennungen noch einmal erfolgten, würde der Führer unbedingt zu entsprechenden Maßnahmen greifen; keinesfalls sollte man Bezeichnungen, die sich im Laufe vieler Jahre eingebürgert hätten, in dieser Weise abändern.

Dazu als Anlage ein Ausschnitt aus der «Berliner Morgenpost» vom 3. März 1942: Nicht mehr Fledermaus! Die Deutsche Gesellschaft für Säugetierkunde hat bei ihrer 15. Hauptversammlung beschlossen, die zoologisch irreführenden Namen «Spitzmaus» und «Fledermaus» abzuändern in «Spitzer» und «Fleder». (Fleder ist eine alte Form für Flatterer.) Die Spitzmaus führte übrigens eine Vielfalt von Namen: Spitzer, Spitzlein, Spitzwicht, Spitzling.

Aus dem SD-Geheimbericht «Meldungen aus dem Reich» über Reaktionen auf die Herabsetzung der Lebensmittelzuteilungen (23. März 1942)

Nach übereinstimmenden Meldungen aus allen Teilen des Reiches hat die Bekanntgabe der Herabsetzung der Lebensmittelzuteilungen [um 20 bis 25 Prozent] große Enttäuschung ausgelöst und insbesondere in Arbeiterkreisen zu einer nicht unbeträchtlichen Beunruhigung geführt [...]

In mehreren Meldungen wurde zum Ausdruck gebracht, daß die Bekanntgabe der «einschneidenden» Lebensmittelkürzungen auf einen großen Teil der Bevölkerung geradezu «niederschmetternd» gewirkt habe, und zwar [...] wie kaum ein anderes Ereignis während des Krieges [...]

Wöchentliche Lebensmittelrationen eines «Normalverbrauchers»*
(1939 bis 1945)

Zeitpunkt / in g	Brot	Fleisch	Fett
Ende September 1939	2400	500	270
Mitte April 1942	2000	300	206
Anfang Juni 1943	2325	250	218
Mitte Oktober 1944	2225	250	218
Mitte März 1945	1778	222	109

* «Unproduktive» wie Angestellte, Hausfrauen

Insbesondere nehme die Arbeiterschaft der Großstädte und Industriegebiete, die häufig schon die seitherige Versorgung als reichlich knapp ansah, nach den bisherigen Feststellungen vielfach eine Stellungnahme ein, die jegliches Verständnis für die Notwendigkeit der neuen Maßnahme vermissen lasse. Die Stimmung in diesen Bevölkerungskreisen sei auf einem im Verlauf des Krieges bisher noch nicht festgestellten Tiefstand angelangt. Zahlreiche Volksgenossen hätten ihrer Enttäuschung in ironisierenden Äußerungen über die angeblich sichergestellte deutsche Versorgungslage und vereinzelt sogar in unverhohlenen Andeutungen über die Minderung ihrer zukünftigen Arbeitsleistungen Ausdruck gegeben. Besonders hart würden die neuen Einschränkungen von den Hausfrauen empfunden, denen es infolge des Mangels an Kartoffeln und Gemüse nahezu unmöglich sei, ihre Familien ausreichend zu ernähren.

Aus einer Vorlage für Goebbels über den Abbau der Dialekte (13. April 1942)

Anläßlich der Aktion «Mehr Höflichkeit» hat der Rundfunk verschiedene Dialektszenen gebracht. Der Reichsprogangandaleiter

Für viele Jahre werden die Schlangen zum gewohnten Bild deutscher Städte gehören, obwohl das einschlägige Papier so formuliert: *Verordnung zur vorläufigen Sicherstellung des lebenswichtigen Bedarfs des deutschen Volkes.*

hat erneut zum Ausdruck gebracht, daß der Führer auf keinen Fall eine Pflege der Dialekte wünscht. Wenn der Krieg nicht gekommen wäre, würden selbst die Dialektbühnen schon abgebaut worden sein. Durch den Krieg müsse man diese Maßnahme bis nach dem Kriege verschieben. Wie durch die lutherische Bibelübersetzung eine klare deutsche Schriftsprache und der Reichsgedanke sich durchgesetzt haben, so müsse jetzt der Großdeutsche Rundfunk die Aufgabe übernehmen, gewissermaßen das klassische Deutsch zu sprechen.

Aus einem Schreiben Bormanns an Lammers über die Rückbenennung der «Kurzschrift» in «Stenografie» (8. Juni 1942)
Durch den Reichsminister des Innern ist im Jahre 1933 statt der Bezeichnung «Stenografie» die Bezeichnung «Kurzschrift» amtlich eingeführt worden. Der Führer hat verfügt, daß diese Anordnung wieder aufgehoben wird, d. h., statt der Bezeichnung «Kurzschrift» soll wieder die Bezeichnung «Stenografie» Verwendung finden. Um Mißverständnisse zu vermeiden, darf ich betonen, daß eine Änderung des Systems vom Führer nicht gewünscht wird.

Aus der späteren eidlichen Erklärung des stellvertretenden Amtschefs im SS-Wirtschaftsverwaltungs-Hauptamt, Karl Sommer, über den Einsatz von KZ-Häftlingen in der deutschen Industrie (ab August 1942)
Der Einsatz von KZ-Häftlingen in der deutschen Industrie begann in den Monaten August bis September 1942. Er erfolgte auf Drängen des Rüstungsministeriums, das damit die industriellen Betriebe instand setzen wollte, die ihnen gegebenen Produktionsaufträge zu erfüllen. Meiner Erinnerung nach waren KZ-Häftlinge bei fast allen deutschen Industriefirmen, für die ein Masseneinsatz an KZ-Häftlingen in Betracht kam, eingesetzt. Die Zahl der bei den einzelnen Firmen eingesetzten KZ-Häftlinge war verschieden groß. Ein Einsatz erfolgte nicht, wenn nicht mindestens etwa 500 KZ-Insassen in einem Betrieb beschäftigt werden konnten. Die Höchstzahl der in einem Betrieb beschäftigten KZ-Häftlinge betrug zwischen 40000 und 50000. Insgesamt waren in der gesamten deutschen Industrie zur Zeit des Höhepunktes des Einsatzes etwa 500000 KZ-Insassen eingesetzt [...]

Eine Firma zahlte um diese Zeit (etwa seit Frühjahr 43) einen festgelegten Satz von RM 4 für Hilfsarbeiter und RM 6 für Facharbeiter pro Tag an die Reichskasse.

Aus einem Schreiben Bormanns an Reichsjustizminister Otto Georg Thierack über uneinheitliche Gerichtsurteile (2. September 1942)

Der Führer beauftragte mich, Ihnen folgendes mitzuteilen:

Der Arbeiter Martin *Brieg* wird wegen Tierquälerei zu einer Gefängnisstrafe von drei Monaten verurteilt, weil er ein Huhn totgeschlagen hat; der Gastwirt *Möhle* wird lediglich zu einer Gefängnisstrafe von 18 Monaten verurteilt, obwohl er in rohester Weise seine Hunde auf einen wehrlosen Knaben hetzte und obwohl er ruhig zusah, wie die Hunde den Knaben derart zerfleischten, daß er sein Leben lang ein Krüppel bleiben wird. Ganz offensichtlich, betonte der Führer, hätten jene Essener Richter, die das Urteil gegen den Gastwirt *Möhle* fällten, keine Kinder bzw. hätten sie sich nicht in die Lage der bedauernswerten Eltern versetzt. Ähnliche Fälle müsse der Führer leider immer wieder feststellen; insbesondere bei Sittlichkeitsverbrechen suchten viele Richter geradezu nach allen möglichen Entschuldigungsgründen für die Verbrecher, statt sich in die Rolle der bedauernswerten Opfer, deren Eltern oder Geschwister zu versetzen.

Früher hätten Richter sogar vielfach für Männer, die ihre schwangeren Geliebten umbrachten, alle möglichen Entschuldigungsgründe gefunden, daraufhin habe der Führer eingegriffen und angeordnet, Männer, die sich ihrer Geliebten entledigen und sie umbrächten, wenn ein Kind zu erwarten sei, seien mit dem Tode zu bestrafen.

Im Gegensatz zu vielen völlig unverständlich milden Urteilen ständen die außerordentlich krassen und scharfen Urteile gegen Wilderer: Wer einen Hasen wildere, könne dafür unter Umständen drei Jahre Gefängnis bekommen. Der Führer betonte, er werde Bauern, die sich gegen Wildschäden wehrten, künftig grundsätzlich die wegen Wilddieberei ausgesprochenen Strafen erlassen.

Andere Wilderer, die lediglich einer Jagdleidenschaft frönten, werde er in Partisanenjäger-Kompanien zusammenfassen und an den richtigen Stellen im Osten einsetzen.

Der Vergleich der oben angeführten Strafen zeigte, betonte der Führer weiter, wie uneinheitlich heute die Gerichtsurteile ausfielen. Die Ausrichtung der Richter sei wirklich dringendst notwendig.

Aus dem SD-Geheimbericht «Meldungen aus dem Reich» über Reaktionen auf den andauernden Kampf um Stalingrad (28. September 1942)

Das Ringen um Stalingrad wird nach wie vor von allen Volksgenossen als das entscheidende Ereignis der Ostfront betrachtet. Aufs tiefste besorgt harre das Volk in seiner Gesamtheit mit zunehmender, nervöser Ungeduld der Stunde, die die erlösende Nachricht von dem Fall dieser Stadt bringen werde. Die Volksgenossen vertrösten sich – den Berichten zufolge – von Stunde zu Stunde, von Tag zu Tag und von Wochenende zu Wochenende [...] Die Schlacht um Stalingrad dauere nun – so werde vielfach festgestellt – schon länger als der ganze Feldzug im Westen. Dieser Kampf sei wohl der erbittertste und blutigste, der je stattgefunden habe, und finde in der ganzen deutschen Geschichte kaum einen Vergleich. In den aufkommenden Befürchtungen äußere sich aber auch vermehrt der bedrückende Gedanke, die strategisch so wichtige Stadt könne vor Einbruch des Winters, zur Errichtung der notwendigen, günstigen Riegelstellung an der Wolga, nicht mehr eingenommen werden.

Aus der Rede Hitlers über die angebliche Einnahme Stalingrads (8. November 1942)

Ich wollte zur Wolga kommen, und zwar an einer bestimmten Stelle, an einer bestimmten Stadt. Zufälligerweise trägt sie den Namen von Stalin selber. Aber denken Sie nur nicht, daß ich aus diesem Grunde dorthin marschiert bin – sie könnte auch ganz anders heißen –, sondern weil dort ein ganz wichtiger Punkt ist.

Dort schneidet man nämlich 30 Millionen Tonnen Verkehr ab, darunter fast 9 Millionen Tonnen Ölverkehr. Dort floß der ganze Weizen aus diesen gewaltigen Gebieten der Ukraine, des Kubangebietes zusammen, um nach Norden transportiert zu werden. Dort ist das Manganerz befördert worden; dort war ein gigantischer Umschlagplatz. Den wollte ich nehmen und wissen Sie – wir sind bescheiden, wir haben ihn nämlich!

Aus einem Bericht der «Frankfurter Zeitung» über neue Richtlinien des Reichsinnungsverbandes der Friseure (1. Januar 1943)

Danach sollen grundsätzlich die Frauenhaare kurz getragen werden. Die Friseure sollen gehalten sein, Haare, die länger sind als fünfzehn Zentimeter im Durchschnitt, nicht mehr zu behandeln. Die Kundin soll also in Zukunft nicht mehr ein Recht auf Bedienung haben, wenn ihre Frisur durch die Länge des Haares eine übernormal lange Bedienungszeit beansprucht. Der Zwang, Zeit zu sparen, wirkt demnach modeschöpfend [...], die Damen werden die Haare kurz tragen [...]

Um die Wartezeiten zu verkürzen, sollen die Friseure soweit als möglich das System der Voranmeldung einführen [...] Grundsätzlich sind Verwundete und Fronturlauber bevorzugt zu bedienen [...] Weibliche Bedienungskräfte sollen für das Herrenfach umgeschult werden [...] Schließlich muß die Bestimmung, daß Männer und Jugendliche unter sechzehn Jahren keine Dauerwelle mehr machen lassen, von den Friseuren strikt eingehalten werden.

Aus einem Geheimerlaß Hitlers über die Mobilisierung zusätzlicher Frontreserven (13. Januar 1943)

Der Bedarf an Kräften für Aufgaben der Reichsverteidigung macht es notwendig, alle Männer und Frauen, deren Arbeitskraft für diese Zwecke nicht oder nicht voll ausgenutzt ist, zu erfassen und ihrer Leistungsfähigkeit entsprechend zum Einsatz zu bringen. Das Ziel ist, die wehrfähigen Männer für den Fronteinsatz frei zu machen.

Hierzu ist ein Austausch in der Weise vorzunehmen, daß für die Wehrmacht und die Rüstungsindustrie verwendbare Kräfte durch andere, bereits in der übrigen Wirtschaft verwendete oder noch nicht verwendete Kräfte ersetzt werden. Die Umschulung und Anlernung von Ersatzkräften ist vorsorglich auf lange Sicht und großzügig laufend zu betreiben.

Im übrigen bestimme ich:

I. Der Chef des Oberkommandos der Wehrmacht hat anzuordnen, daß alle Uk[Unabkömmlich]-Stellungen erneut schärfstens zu überprüfen und in allen Fällen aufzuheben sind, in denen dies ohne Gefährdung der anderen kriegswichtigen Aufgaben möglich ist.

Das *Infanterieregiment Großdeutschland* wirbt im Frühjahr 1943 *Kriegsfreiwillige* unter Oberschülern.

II. Zur Erreichung der gesteckten Ziele haben alle Dienststellen des Staates und der Partei in ihrem Bereich mitzuwirken [...] Es ist Pflicht der Obersten Reichsbehörden und Reichsverteidigungskommissare, alle nicht im Sinne dieses Auftrages liegenden Arbeiten in den einzelnen Zweigen der Verwaltung einstellen zu lassen und, soweit angängig, Dienststellen, Organisationen oder Einrichtungen stillzulegen [...]

III. Die folgenden, für den Einsatz von Arbeitskräften dringlichsten Maßnahmen sind sofort in Angriff zu nehmen und in kürzester Frist durchzuführen:

1. Der Generalbevollmächtigte für den Arbeitseinsatz wird anordnen, daß sich für den Arbeitseinsatz noch nicht erfaßte Personen, und zwar Männer im Alter vom vollendeten 16. bis zum vollendeten 65. Lebensjahre, Frauen vom vollendeten 17. bis zum vollendeten 50. Lebensjahre, zu melden haben. Er hat weiterhin Männer und Frauen aus Handel, Handwerk und Gewerbe sowie aus Beschäftigungsverhältnissen in freien Beru-

Wehrmachtsstärke (1939 bis 1944)

Jahr	Heer	Luftwaffe	Kriegsmarine	Insgesamt
1939	3100000	680000	140000	3900000
1940	4150000	980000	150000	5300000
1941	5650000	1400000	360000	7450000
1942	6500000	1900000	580000	9000000
1943	7500000	2050000	640000	10200000
1944	7850000	2120000	780000	10750000

fen, soweit sie noch nicht ein überwiegend kriegswichtige Tätigkeit ausüben, in eine solche zu überführen […]

2. Um Arbeitskräfte aus Handel, Handwerk und Gewerbe weitgehend für Aufgaben der Reichsverteidigung frei zu machen, haben der Reichswirtschaftsminister oder die sonst zuständigen Obersten Reichsbehörden im Benehmen mit dem Generalbevollmächtigten für den Arbeitseinsatz die Stillegung von Betrieben und Unternehmungen anzuordnen, die nicht ganz oder überwiegend Aufgaben der Kriegswirtschaft oder der Sicherung des lebenswichtigen Bedarfs erfüllen.

ENDKRIEGSJAHRE

Februar 1943 bis Mai 1945

Militärisch und innenpolitisch in aussichtsloser Position, bleibt dem Regime nur noch die Flucht in die selbstmörderische Totalität. Bisher geübte Rücksichtnahmen auf die Zivilbevölkerung weichen endgültig der nackten Gewalt.

In der Propaganda erfolgt ein völliger Stellungswechsel. Hat sie all die Jahre hindurch Sorglosigkeit genährt, so ist sie jetzt tagtäglich bemüht, durch eine beispiellose antibolschewistische Greuelhetze die blanke Angst zu schüren. Und wirklich zeigen sich trotz weitverbreiteter Kriegsmüdigkeit erhebliche Teile der «Volksgemeinschaft» von der Behauptung beeindruckt, ihr Schicksal sei unlösbar mit dem der «Führung» verbunden. Anderen Meinungen begegnet der nach den Katastrophen an der Ostfront voll der SS in Person Himmlers unterstellte Terrorapparat mit «unnachsichtiger Härte», wie sie beispielsweise im Sommer 1944 gegenüber den Beteiligten an Stauffenbergs Hitler-Attentat demonstriert wird.

Die totale Mobilisierung zur restlosen Erschließung der Reserven des Landes dominiert sämtliche Bereiche des Alltags. «Kriegsunwichtige» Betriebe und Behörden werden stillgelegt, Theater und andere kulturelle Einrichtungen geschlossen, die Listen der mehr als fünf Millionen «unabkömmlich» gestellten Männer wieder und wieder durchforstet, nicht erwerbstätige Frauen durch eine Meldepflichtaktion erfaßt. Ein riesiger Strom weiterer Zwangsarbeiter wird in das Reich gelenkt, der Einsatz von KZ-Häftlingen systematisch erweitert. So können bis Mitte 1944 über drei Millionen Zusatzkräfte für Rüstung und Wehrmacht freigesetzt werden. Zum gleichen Zeitpunkt erreicht der Produktionsausstoß sein Maximum: Durch drastische Arbeitszeitverlängerung, rigorose Rationalisierung und ein ausgefeiltes Akkordsystem ist es gelungen, die Fertigung gegenüber Anfang 1942 mehr als zu verdreifachen.

Doch selbst die enormen Steigerungsraten reichen nicht aus, den maßlosen Materialverlust an den Fronten zu ersetzen. Vor allem aber erschreckt das Ausmaß des sinnlosen Opferns von Menschen. Nicht nur das Inferno im Osten verschlingt Hunderttausende, auch die anderen Kriegsschauplätze fordern blutigen Tribut: in Nordafrika wie auf dem Atlantik, im Luftkampf über England wie an der Westfront, dort insbesondere nach Beginn der alliierten Invasion im Juni 1944. Überall geraten die deutschen Truppen in die Defensive, ihr Rückzug gleicht mehr und mehr einer Flucht; amerikanische und sowjetische Verbände nähern sich den Reichsgrenzen.

Schon lange vor dem Einmarsch der gegnerischen Armeen hat der Krieg dem Land seine schrecklichen Male eingebrannt. Fast schutzlos den alliierten Luftangriffen ausgeliefert, sinkt eine Stadt nach der anderen in Trümmer.

Erbarmungslos machen die Alliierten von ihrer Überlegenheit Gebrauch, wohlwissend, daß im Bombenhagel vorwiegend Zivilisten sterben – der Terror deutscher Flugzeuge und V-Waffen gegen die Völker Europas schlägt vielfach verstärkt auf das Reich zurück. Dennoch bleibt die erhoffte psychologische Wirkung aus. Die Moral der Bevölkerung wir nicht im erwarteten Maß gebrochen, vielmehr der Haß auf die Angreifer geschürt. Mitbürger solidarisieren sich mit den «Ausgebombten», in der Stunde größter Not wächst eine Art echter, unverordneter Gemeinschaft.

Die Lage wird immer chaotischer. Es fehlt an Lebensmitteln und den notwendigsten Gebrauchsgütern. Wasser, Strom und Gas sind oft tagelang abgeschaltet. Nach und nach brechen Nah- und Fernverkehr, Postbeförderung und Telefonnetze zusammen. Behelfsunterkünfte sind hoffnungslos überfüllt, Obdachlose bevölkern die Straßen. Zudem ziehen aus Ostpreußen und der Danziger Bucht endlose Trecks mit Evakuierten ins Restreich.

Die Stimmung in der Bevölkerung ist auf den absoluten Tiefpunkt gesunken. Gedanken an Mitschuld lassen sich nur noch mühsam verdrängen. Dennoch findet die übergroße Mehrheit nicht den Mut, konsequent vom Terrorsystem abzurücken, geschweige denn die Kraft, sich dagegen zu erheben. Man flüchtet sich in fatalistische Ergebenheit, aus der es nur vereinzelt zu verzweifeltem Aufbegehren kommt.

Mit einem «letzten Aufgebot» versucht das Regime, den längst verlorenen Krieg zu verlängern. Seite an Seite kämpfen Kinder und Greise, Frauen und Mädchen. Noch einmal werden vor allem im Kampf um Berlin Zehntausende Menschenleben hingeopfert. Erst nach dem Selbstmord Hitlers und der bedingungslosen Gesamtkapitulation im Mai 1945 verhallt der Geschützdonner, Friedhofsstille breitet sich über das geschundene Land.

Stichwörter zum Alltag

1943: Einziehung von 42000 Oberschülern zur Heimat-Flak *(15.2.)*; Verkündung des «totalen Kriegs» *(18.2.)*; Hinrichtung der Geschwister Scholl *(22.2.)*; Farbfilm «Münchhausen» mit Hans Albers *(5.3.)*; nur noch 250 Gramm Fleisch pro Person und Woche *(31.5.)*; 2000 Tonnen Bomben auf Düsseldorf *(11./12.6.)*; über 30000 Tote bei Luftangriffen auf Hamburg *(24.–30.7.)*; Wehrmacht-Freiwillige ab sechzehneinhalb Jahren ohne elterliche Zustimmung *(1.9.)*; Jugendstrafrecht schon ab zwölftem Lebensjahr *(6.11.)*; 27000 Tote und 250000 Obdachlose nach Bombardierungen Berlins *(18.11.–3.12.)*. **1944:** Rühmanns «Feuerzangenbowle» *(28.1.)*; Rauchverbot in Straßenbahnen *(3.3.)*; erste V 1 auf London *(12./13.6.)*; 700 «Fliegende Festungen» gegen Berlin *(21.6.)*; Stauffenbergs Hitler-Attentat *(20.7.)*; Hitlergruß in der Wehrmacht *(24.7.)*; Stuttgarts Innenstadt fast völlig zerbombt *(24.–29.7.)*; «Sippenhaftung» für abtrünnige Offiziere *(1.8.)*; alle Sport-Reichsmeisterschaften abgesetzt *(2.8.)*; keine Päckchen- und Drucksachenbeförderung *(14.8.)*; Ermordung Thälmanns *(18.8.)*; 60-Stunden-Arbeitswoche *(7.9.)*; erste V 2 *(8.9.)*; «Volkssturm» *(25.9.)*; US-Besetzung Aachens *(21.10.)*; Wehrmacht-Helferinnen-Korps *(29.11.)*. **1945:** Aktion «Volksopfer» *(5.1.)*; Evakuierung Ostpreußens *(23.1.)*; Durchhaltefilm «Kolberg» *(30.1.)*; bis zu 60000 Bombentote in Dresden *(13./14.2.)*; «fliegende» Standgerichte *(26.2.)*; Frauenbataillon *(26.2.)*; Jahrgang 1929 einberufen *(5.3.)*; «Nero-Befehl» *(19.3.)*; «Werwolf» *(1.4.)*; «Flaggen-Befehl» *(3.4.)*; KZ Buchenwald befreit *(11.4.)*; Berlin eingeschlossen *(25.4)*; Erstürmung des Reichstags, Selbstmord Hitlers *(30.4.)*; Kapitulation Berlins *(2.5.)*.

Chronik

1943

4. Februar: Ein Bericht des Sicherheitsdienstes der SS registriert die «allgemeine Auffassung» der Bevölkerung, Stalingrad sei der «Wendepunkt des Krieges» bzw. der «Anfang vom Ende».

15. Februar: Beginn der Einziehung von 42000 Oberschülern der Jahrgänge 1926/27 zur Heimat-Flak.

18. Februar: Im Berliner Sportpalast verkündet Goebbels unter dem Jubel der fanatisierten Massen den «totalen Krieg».

22. Februar: Als führende Köpfe der studentischen Widerstandsgruppe «Weiße Rose» werden die Geschwister Sophie und Hans Scholl sowie Christoph Probst hingerichtet; bis zum 13. Oktober 1944 finden insgesamt fünf Prozesse statt, in denen weitere Todesurteile und hohe Freiheitsstrafen verhängt werden.

5. März: Uraufführung des Farbfilms «Münchhausen» mit Hans Albers in der Titelrolle.

16. März: Anordnung zur «Auskämmung» sowie Stillegung weiterer Industriebetriebe; rund eine halbe Million Arbeitskräfte wird für die Rüstungsindustrie freigesetzt.

27. April: Hitler lehnt die Angleichung der Frauenlöhne mit der Begründung ab, daß «grundsätzlich nur der Mann verdient».

Zu den großen Filmen der Zeit gehört *Münchhausen*, mit Hans Albers in der Titelrolle. Das Drehbuch hat, unter Pseudonym, der als Kinderbuchautor beliebte Erich Kästner geschrieben, der mit *Berufsverbot* belegt ist.

30. April: Juden wird die deutsche Staatsbürgerschaft entzogen.

16. Mai: 137950 Frauen erhalten das «Ehrenkreuz der Deutschen Mutter».

31. Mai: Einschließlich der Kriegsgefangenen sind über zwölf Millionen ausländische Arbeitskräfte vor allem in die Rüstungsproduktion gezwungen.
Die wöchentliche Fleischration wird um 100 auf 250 Gramm gesenkt.

1. Juni: Das Reichspropagandaministerium gibt den Durchhaltefilm «Kolberg» in Auftrag.

10. Juni: Beginn einer westalliierten Luftoffensive gegen Deutschland; tags fliegen US-Maschinen ausgewählte Ziele an, nachts erfolgen britische Flächenbombardements.

11./12. Juni: Rund 2000 Tonnen Bomben fallen auf Düsseldorf; 120000 Einwohner werden obdachlos.

15. Juni: Jungfernflug der Ar 234 als erster Düsenbomber der Welt.

24. bis 30. Juli: Bei schweren Luftangriffen auf Hamburg sterben über 30000 Menschen, fast ausschließlich Zivilisten; insgesamt muß die Hansestadt während des Krieges 213 Angriffe mit zusammen rund 17000 Kampfflugzeugen über sich ergehen lassen, wobei 55000 Einwohner getötet und nahezu eine Million obdachlos werden.

30. Juli: Nach der Einäscherung Hamburgs meldet ein Bericht des SS-Sicherheitsdienstes, daß «die Masse der Kleingläubigen und der Pessimisten während der letzten 24 Stunden die Mehrheit erlangt» hat.

31. Juli: Die Belieferung der dritten und vierten Kleiderkarte wird ausgesetzt; verkauft werden nur noch Arbeits- und Berufsmonturen sowie Bekleidung für Ausgebombte, Kinder und Jugendliche.

1. August: Goebbels erläßt einen Panik verbreitenden Aufruf zur sofortigen Evakuierung der Berliner Zivilbevölkerung; Tausende fliehen in die Umgebung der Stadt.

17./18. August: 597 britische Maschinen bombardieren die Heeresversuchsanstalt für Raketenwaffen in Peenemünde.

31. August: Seit 1. September 1942 sind 464524 Wehrmachtsangehörige gefallen und 389967 vermißt bzw. in Kriegsgefangenschaft geraten.

Jedem *Volksgenossen* soll bewußt sein, daß seine Existenz ständig vom Feind bedroht ist. So wird er darauf getrimmt, die militärischen Aktionen als notwendig und gerecht zu empfinden.

1. September: Die Wehrmacht nimmt Freiwillige ab sechzehneinhalb Jahren auf; die Zustimmung der Eltern ist nicht mehr erforderlich.

10. September: Der Terra-Film «Zirkus Renz» mit René Deltgen und Paul Klinger kommt in die Kinos.

1. Oktober: Die Zahl der Zeitungen ist zugunsten der zentralen NSDAP-Presse um rund 200 auf weniger als 1000 gesunken, die der Zeitschriften seit Jahresbeginn um 1000 auf 1500; Städten bis 100000 Einwohnern wird nur noch eine Tageszeitung erlaubt.

4. Oktober: Vor SS-Führern in Posen betont Himmler die Notwendigkeit, die innere Front «brutal und gnadenlos» zu halten.

In Berlin wird der Spielfilm «Großstadtmelodie» mit Hilde Krahl uraufgeführt.

1. November: Die Betriebsdirektoren werden verpflichtet, bei unentschuldigtem Fehlen, Unpünktlichkeit und vorzeitigem Verlassen des Arbeitsplatzes Geldbußen bis zur Höhe eines Wochenlohns zu verhängen sowie Meldung an die Treuhänder, bei Ausländern an die Gestapo zu erstatten.

3. November: Der Chef des britischen Bomberkommandos, Arthur Travers Harris, bezeichnet 19 deutsche Städte als «praktisch zerstört», weitere 19 als «schwer beschädigt» und neun als «beschädigt».

6. November: Die Altersgrenze im Jugendstrafrecht wird vom vierzehnten auf das zwölfte Lebensjahr herabgesetzt; das Strafmaß reicht bis zu zehn Jahren oder unbefristetem Gefängnis, wobei die HJ-Führungen ein Mitspracherecht bei der Urteilsfindung haben.

18. November bis 3. Dezember: Eine Serie von fünf schweren Luftangriffen fordert in der Reichshauptstadt 27000 Opfer; 250000 Menschen werden obdachlos.

30. November: Uraufführung des Ufa-Films «Gefährlicher Frühling» mit Olga Tschechowa und Winnie Markus in Berlin.

31. Dezember: Auf Deutschland sind in diesem Jahr rund 120000 Tonnen Bomben abgeworfen worden.

Das Reich befindet sich mit insgesamt 43 Staaten im Kriegszustand.

Die Statistik registriert für 1943 mehr als eine Milliarde Kinobesucher.

Zu den schwersten Bombenangriffen auf Berlin gehört der vom 3. Februar 1945, bei dem etwa 22000 Menschen ums Leben kommen.

1944

27./28. Januar: Für die Zeit nach dem «Endsieg» regt Hitler zur «lebensnotwendigen Vermehrung der Geburten» u. a. die «Ehe zu dritt» an.

28. Januar: In Berlin wird der nach dem gleichnamigen Roman von Spoerl gedrehte Spielfilm «Die Feuerzangenbowle» mit Rühmann uraufgeführt.

3. März: Hitler fordert ein Rauchverbot in allen Straßenbahnen.

7. März: Beginn einer reichsweiten Kampagne zur Gewinnung nichtberufstätiger Frauen für den Einsatz vor allem in Rüstungsbetrieben.

21. April: Sämtliche allgemeinbildenden Schulen sind aus Berlin verlegt worden.

12./13. Juni: Erster Abschuß von Fernlenkgeschossen (V 1) auf London; am 8. September werden Fernraketen (V 2) gezündet.

18. Juni: Im Berliner Olympia-Stadion wird der Dresdner SC mit einem 4:0-Sieg über Hamburg neuer deutscher Fußballmeister.

21. Juni: 700 amerikanische Langstreckenbomber Boeing B-17 («Fliegende Festungen») greifen die Reichshauptstadt an.

28. Juni: Das Meldepflichtalter für den Arbeitsplatz nichtberufstätiger Frauen wird von 45 auf 50 Jahre heraufgesetzt.

20. Juli: Nach zwei vorherigen Attentatsversuchen bringt Claus Graf Schenk von Stauffenberg im Führerhauptquartier «Wolfsschanze» nahe dem ostpreußischen Rastenburg eine Bombe zur Explosion, die Hitler jedoch nur leicht verletzt; von Stauffenberg und drei Mitverschwörer werden schon am nächsten Tag standrechtlich erschossen, nachfolgend mehr als 7000 Verdächtige verhaftet und Hunderte hingerichtet.

24. Juli: Das Reichspropagandaministerium ruft zu «Treuekundgebungen» für den «Führer» auf.
In der Wehrmacht wird anstelle der militärischen Ehrenbezeugung der Deutsche Gruß (Hitlergruß) eingeführt.

24. bis 29. Juli: Drei britische Luftangriffe auf Stuttgart zerstören fast die gesamte Innenstadt; 898 Einwohner werden getötet, 1916 verletzt, mehr als 100 000 obdachlos.

25. Juli: Goebbels wird «Reisbevollmächtigter für den totalen Kriegseinsatz»; er läßt nachfolgend Theater, Orchester, Konservatorien, Kunstakademien und -hochschulen, Kabaretts und Varietés sowie andere kulturelle Einrichtungen schließen und die Künstler und das sonstige Personal zum Dienst an der Front oder in der Rüstungsindustrie verpflichten; zahlreiche Zeitungen werden zusammengelegt, die Umfänge auf vier Seiten reduziert.

28. Juli: Bormann verbietet NS-Funktionären «fröhliche, alkoholbeschwingte Sitzungen».

Juli: Seit Januar 1943 sind über drei Millionen Männer und Frauen zusätzlich für Rüstung und Wehrmacht mobilisiert worden.

1. August: Hitler befiehlt «Sippenhaftung» für deutsche Offiziere, die in Gefangenschaft gegen das nationalsozialistische Regime agitieren.

2. August: Im Sport werden ab sofort keine Reichsmeisterschaften ausgetragen.

14. August: Die Post stellt die Beförderung von Päckchen und Drucksachen ein.

18. August: Nach elfeinhalbjähriger Einzelhaft wird der ehemalige KPD-Vorsitzende Ernst Thälmann im KZ Buchenwald ermordet.

24. August: Himmler übernimmt zusätzlich das Amt des Reichsinnenministers.

31. August: Seit 1. September 1943 sind 573 238 Wehrmachtsangehörige gefallen und 974 249 vermißt bzw. in Kriegsgefangenschaft geraten.

August: Rund die Hälfte aller Arbeitskräfte in der Landwirtschaft und ein Drittel im Bergbau in metallverarbeitenden und Baubetrieben sind (größtenteils zwangsverpflichtete) Ausländer.

Ende August: In der Spielfilmproduktion werden 5300 Beschäftigte und damit über 50 Prozent der Gesamtbelegschaft für den Kriegseinsatz erfaßt.

 7. September: Die Mindestarbeitszeit wird auf wöchentlich 60

Um bei verdunkelten Häusern und ausgeschalteter Straßenbeleuchtung ein Minimum an Orientierung zu gewährleisten, werden Bordkanten mit einem selbstleuchtenden Phosphoranstrich markiert.

Je länger der Krieg dauert, um so stärker ist das Leben im Reich davon betroffen, so gehören Militärstreifen zum alltäglichen Bild. Besonders in Gaststätten und auf Bahnhöfen versuchen die Streifen, kriegsmüde Soldaten aufzuspüren.

Stunden festgelegt; für Jugendliche unter 16 Jahren beträgt sie ausschließlich des Berufsschulbesuchs 48 Stunden.

11. September: Amerikanische Einheiten erreichen bei Trier die Reichsgrenze; der Zweite Weltkrieg ist in sein Ursprungsland zurückgekehrt.

25. September: Erlaß Hitlers zur Bildung des «Deutschen Volkssturms»; sämtliche wehrfähigen Männer zwischen 16 und 60 Jahren sollen «den Heimatboden mit allen Mitteln» verteidigen.

26. September: In Berlin wird der Spielfilm «Musik in Salzburg» mit Lil Dagover und Willy Birgel uraufgeführt.

10. Oktober: Sowjetische Truppen überschreiten in Ostpreußen die Reichsgrenze.

21. Oktober: Als erste deutsche Großstadt wird Aachen von US-Verbänden besetzt.

2. November: Eine Anordnung verpflichtet die Zivilbevölkerung zur Behebung von Schäden an Reichsbahnanlagen und Wasserstraßen.

16. November: Der Ufa-Film «Ein fröhliches Haus» mit Georg Thomalla kommt in die Kinos.

29. November: Bildung eines Wehrmacht-Helferinnen-Korps; bisher sind rund 300000 Frauen und Mädchen als Nachrichten- und Stabshelferinnen tätig, nun werden bis Mitte Januar 1945 weitere 150000 ab 18 Jahren einberufen.

30. November: Seit 1. September sind 139713 Wehrmachtsangehörige gefallen und 264346 vermißt bzw. in Kriegsgefangenschaft geraten.

15. Dezember: Uraufführung des Seemannsfilms «Große Freiheit Nr. 7» mit Hans Albers, Ilse Werner und Hans Söhnker in den Hauptrollen.

24. Dezember: In einer Rundfunkansprache zur sechsten Kriegsweihnacht beschwört Goebbels: «Dieses Volk will in dieser feierlichen Stunde wie eine Mauer vor dem Führer stehen.»

31. Dezember: Auf Deutschland sind in diesem Jahr rund 650000 Tonnen Bomben abgeworfen worden.
Die Zahl der zwangsverpflichteten Fremdarbeiter im Reich ist auf etwa siebeneinhalb Millionen angewachsen.

1945

1. Januar: Über 600000 Häftlinge sind in Konzentrationslagern eingekerkert.

5. Januar: Die Aktion «Volksopfer» ruft zu Kleidersammlungen für Wehrmacht und «Volkssturm» auf; mehr als 60000 Annahmestellen werden eingerichtet.

12. Januar: Sowjetischer Vorstoß an der Weichsel.

23. Januar: Evakuierungsbeginn von Flüchtlingen, Soldaten und Verwundeten aus Ostpreußen und den Häfen der Danziger Bucht; insgesamt gehen bis Kriegsende rund zwei Millionen Menschen auf Transport.
Die Post stellt die Briefbeförderung außerhalb von Ortschaften ein.

24. Januar: Als erste deutsche Nachkriegszeitung erscheinen in US-Lizenz die «Aachener Nachrichten».

30. Januar: Das ehemalige KdF- und spätere Lazarettschiff

Wegen der ununterbrochen rollenden Truppentransporte kommt es bei der Deutschen Reichsbahn zu Verkehrseinschränkungen für die Zivilbevölkerung.

«Wilhelm Gustloff» sinkt nach sowjetischer Torpedierung vor der pommerschen Küste; im eisigen Wasser sterben 5348 Flüchtlinge und Besatzungsmitglieder.
Letzte Rundfunkansprache Hitlers.
Uraufführung des von Harlan gedrehten Durchhaltefilms «Kolberg» mit Heinrich George und Kristina Söderbaum in den Hauptrollen.

31. Januar: Einheiten der Roten Armee überqueren die Oder.

12. Februar: «Volkssturm»-Hilfsdienst für Frauen und Mädchen.

13./14. Februar: Luftangriffe vernichten die Dresdner Innenstadt; bis zu 60000 Menschen sterben im Feuersturm.

23./24. Februar: In Pforzheim töten britische Bomben 17000 Zivilisten und zerstören fast zwei Drittel aller Wohnungen; nachfolgend erleiden Würzburg, Freiburg im Breisgau, Bayreuth und Heilbronn sowie zahlreiche andere Städte ein ähnliches Schicksal.

24. Februar: In einer Botschaft verspricht Hitler «noch in diesem Jahre die geschichtliche Wende».

26. Februar: Einrichtung «fliegender» Standgerichte zum mobilen Einsatz an den Frontabschnitten.
Hitler genehmigt die probeweise Aufstellung eines Frauenbataillons; bei Bewährung sollen sofort weitere folgen.

5. März: Der Jahrgang 1929 wird zur Wehrmacht einberufen.

7. März: US-Verbände überschreiten den Rhein bei Remagen.

8. März: Androhung von «Sippenhaft» für jeden, der «in Gefangenschaft gerät, ohne verwundet zu sein oder nachweisbar bis zum Äußersten gekämpft zu haben».

19. März: Der Hitler-Befehl «Verbrannte Erde» («Nero-Befehl») ordnet die Zerstörung aller «Verkehrs-, Nachrichten-, Industrie- und Versorgungsanlagen sowie Sachwerte» in Rückzugsgebieten auch innerhalb Deutschlands an.

20. März: Im Garten der Berliner Reichskanzlei zeichnet Hitler 20 Jungen, darunter Zwölfjährige, für «Verdienste im Kampf» mit dem Eisernen Kreuz aus; in Berlin stehen 5000 HJ-Mitglieder offiziell unter Waffen.

21. März: Unter Auflagen der amerikanischen Besatzungstruppe wird in Aachen der Freie Deutsche Gewerkschaftsbund gegründet.

Besonders bitter ist es für Frontsoldaten, wenn sie beim Heimaturlaub ihre Wohnung zerstört und die Familie gar nicht finden.

27. März: Als letzter von insgesamt 59 Staaten erklärt Argentinien dem Deutschen Reich den Krieg.

28. März: Festlegung der Lebensmittelrationen für April: «Normalverbraucher» erhalten pro Woche 1700 Gramm Brot, 250 Gramm Fleisch, je 125 Gramm Fett und Zucker sowie 225 Gramm Nährmittel.

1. April: Goebbels verkündet die Bildung der NS-Partisanenorganisation «Werwolf», die in den besetzten deutschen Gebieten operieren soll.

3. April: «Flaggen-Befehl» Himmlers: «Aus einem Haus, aus dem eine weiße Fahne erscheint, sind alle männlichen Personen zu erschießen.»

5. April: Das «Reichsamt für Volksgesundheit» empfiehlt seinen Gauämtern die Propagierung von Ersatzlebensmitteln wie Raps, Mohn und Leinsamen, Kastanien, Eicheln und Rüben, Klee und Luzerne, Wildpflanzen, Wurzeln und Pilze, außerdem Frösche und Schnecken, zudem die Streckung des Brot-

Obwohl auch städtische Parkanlagen wie hier am Gendarmenmarkt in Berlin als Ackerflächen genutzt werden, kann der *Reichsnährstand* den Verlust der *Kornkammer im Osten* nicht ausgleichen.

mehls durch Sägespäne und Baumrinde sowie die Vitaminversorgung mit Jungtrieben von Kiefern und Fichten.

10. April: Amerikanische Einheiten besetzen Essen und Hannover.

11. April: Im KZ Buchenwald übernehmen bewaffnete Häftlinge die Selbstverwaltung des Lagers bis zum Eintreffen der 3. US-Armee.

14. April: Hitler verkündet in seinem Tagesbefehl: «Berlin bleibt deutsch, Wien wird wieder deutsch.»
Himmler befiehlt, bei der Räumung der Konzentrationslager keine Häftlinge lebend zurückzulassen.

15. April: Britische Truppen befreien das KZ Bergen-Belsen.

16. April: Die Rote Armee beginnt ihre Offensive in Richtung der Reichshauptstadt und schließt diese ein (25. April).

18. April: US-Verbände marschieren in Magdeburg, am Tag darauf in Leipzig ein.

20. April: Hitler stiftet aus Anlaß seines 56. Geburtstags das (nie verliehene) Ritterkreuz in Gold als höchste militärische Auszeichnung.

22. April: Sowjetische und polnische Truppen befreien das KZ Sachsenhausen; nachfolgend werden weitere Schreckenslager von den Alliierten besetzt, darunter Flossenbürg (23. April), Ravensbruck (28. April) und Dachau (29. April); zuvor sind auf Todesmärschen Zehntausende evakuierte Häftlinge umgekommen; insgesamt ist die Ermordung von über acht Millionen Menschen in den Konzentrationslagern belegt.

Stuttgart wird von französischen Einheiten erobert.

25. April: Amerikanische und sowjetische Verbände treffen bei Torgau an der Elbe zusammen.

1500 Kampfflugzeuge der Roten Armee greifen Berlin an.

26. April: Ein Bericht des Heeresamtes im Oberkommando des Heeres beziffert die Verluste im Zeitraum vom 1. September 1939 bis 20. April 1945 mit insgesamt 1211222 Gefallenen, 4708977 Verwundeten und 2394751 Vermißten.

Mütter und Kinder haben auf der Flucht vor der Front am stärksten zu leiden. Flüchtlingsschicksale bestimmen ab Ende 1944 überall im Reich den Alltag. Auch jene Gebiete, die bisher nicht direkt vom Krieg betroffen sind, werden dadurch mit seinen Folgen unmittelbar konfrontiert.

29. April: Im Bunker der Reichskanzlei heiratet Hitler Eva Braun und diktiert sein «politisches Testament»: «Ich sterbe mit freudigem Herzen angesichts der mir bewußten unermeßlichen Taten und Leistungen unserer Soldaten an der Front, unserer Frauen zu Hause, den Leistungen unserer Bauern und Arbeiter und dem in der Geschichte einmaligen Einsatz unserer Jugend, die meinen Namen trägt.»

30. April: Erstürmung des Reichstags; Hitler begeht Selbstmord.

Seit 1. Januar haben mehr als 8500 Flugzeuge Zehntausende Tonnen Bomben über Berlin ausgeklinkt; 1,8 Millionen sowjetische Artilleriegranaten sind verschossen worden.

1./2. Mai: Als «Reichspräsident» tritt Karl Dönitz die testamentarisch verfügte Nachfolge Hitlers an, erläßt den Tagesbefehl zur Fortsetzung des Krieges und bildet in Flensburg eine «Geschäftsführende Reichsregierung» unter Johann Ludwig Graf Schwerin von Krosigk.

2. Mai: Berlin kapituliert.

Auf Deutschland sind seit 1. Januar rund 500 000 Tonnen Bomben abgeworfen worden.

7. bis 9. Mai: Bedingungslose Gesamtkapitulation der deutschen Wehrmacht im amerikanischen bzw. sowjetischen Hauptquartier in Reims bzw. Berlin-Karlshorst.

Die Bilanz: Insgesamt sind während des Zweiten Weltkriegs etwa 5,25 Millionen Deutsche, darunter eine halbe Million Zivilisten, umgekommen; es gibt vier Millionen Verwundete, fast eineinhalb Millionen Kriegswaisen und über eine Million Kriegerwitwen; vier Millionen Wohnungen sind zerstört, 13 Millionen Menschen obdachlos; allein in Berlin türmen sich mehr als 50 Millionen Kubikmeter Trümmer.

Dokumente

Aus einem Flugblatt der christlich-studentischen Widerstandsorganisation «Weiße Rose» in München (Mitte Februar 1943)

Erschüttert steht unser Volk vor dem Untergang der Männer von Stalingrad. Dreihundertdreißigtausend deutsche Männer hat die geniale Strategie des Weltkriegsgefreiten sinn- und verantwortungslos in Tod und Verderben gehetzt. Führer, wir danken dir!

Es gärt im deutschen Volk: Wollen wir weiter einem Dilettanten das Schicksal unserer Armeen anvertrauen? Wollen wir den niederen Machtinstinkten einer Parteiclique den Rest der deutschen Jugend opfern? Nimmermehr! Der Tag der Abrechnung ist gekommen, der Abrechnung der deutschen Jugend mit der verabscheuungswürdigsten Tyrannei, die unser Volk je erduldet hat. Im Namen der deutschen Jugend fordern wir vom Staat Adolf Hitler die persönliche Freiheit, das kostbarste Gut des Deutschen zurück, um das er uns in der erbärmlichsten Weise betrogen [...]

Freiheit und Ehre! Zehn lange Jahre haben Hitler und seine Genossen die beiden herrlichen deutschen Worte bis zum Ekel ausgequetscht, abgedroschen, verdreht, wie es nur Dilettanten vermögen, die die höchsten Werte einer Nation vor die Säue werfen. Was ihnen Freiheit und Ehre gilt, haben sie in zehn Jahren der Zerstörung aller materiellen und geistigen Freiheit, aller sittlichen Substanzen im deutschen Volk genugsam gezeigt. Auch dem dümmsten Deutschen hat das furchtbare Blutbad die Augen geöffnet, das sie im Namen von Freiheit und Ehre der deutschen Nation in ganz Europa angerichtet haben und täglich neu anrichten. Der deutsche Name bleibt für immer geschändet, wenn nicht die deutsche Jugend endlich aufsteht, rächt und sühnt zugleich, ihre Peiniger zerschmettert und ein geistiges Europa aufrichtet. Studentinnen! Studenten! Auf uns sieht das deutsche Volk! Von uns erwartet es, wie 1813 die Brechung des napoleonischen, so

1943 die Brechung des nationalsozialistischen Terrors aus der Macht des Geistes. Beresina und Stalingrad flammen im Osten auf, die Toten von Stalingrad beschwören uns!

Bilanz des Volksgerichtshofes (1940 bis 1944)

	1940	1941	1942	1943	1944
Angeklagte	1091	1237	2572	3338	4379
Verurteilte	1011	1167	2465	3157	3890
davon					
lebenslänglich	50	74	79	24	15
Todesstrafe	53	102	1192	1662	2097

Aus der Rede Goebbels' im Berliner Sportpalast über den «totalen Krieg» (18. Februar 1943)

Ihr also, meine Zuhörer, repräsentiert in diesem Augenblick die Nation. Und an euch möchte ich zehn Fragen richten, die ihr mir mit dem deutschen Volke vor der ganzen Welt, insbesondere vor unseren Feinden, die uns auch an ihrem Rundfunk hören, beantworten sollt:

Die Engländer behaupten, das deutsche Volk habe den Glauben an den Sieg verloren.

Ich frage euch: Glaubt ihr mit dem Führer und mit uns an den endgültigen totalen Sieg des deutschen Volkes?

Ich frage euch: Seid ihr entschlossen, dem Führer in der Erkämpfung des Sieges durch dick und dünn und unter Aufnahme auch der schwersten persönlichen Belastungen zu folgen?

Zweitens: Die Engländer behaupten, das deutsche Volk ist des Kampfes müde.

Ich frage euch: Seid ihr bereit, mit dem Führer als Phalanx der Heimat hinter der kämpfenden Wehrmacht stehend diesen Kampf mit wilder Entschlossenheit und unbeirrbar durch alle Schicksalsfügungen fortzusetzen, bis der Sieg in unseren Händen ist? [...]

Viertens: Die Engländer behaupten, das deutsche Volk wehrt sich gegen die totalen Kriegsmaßnahmen der Regierung. Es will nicht den totalen Krieg, sondern die Kapitulation.

 Ich frage euch: Wollt ihr den totalen Krieg? Wollt ihr ihn, wenn

Als sich zu Beginn des Jahres 1943 der Zusammenbruch der Front von Stalingrad abzeichnet, fordert Hitler, den *Endsieg* energisch zu sichern. Nach Goebbels' Rede vom 18. Februar, bei der er den *totalen Krieg* verkündet, nimmt nicht nur die Brutalisierung der Kriegführung zu, das gesamte Alltagsleben wird den militärischen Zielen untergeordnet.

nötig, totaler und radikaler, als wir ihn uns heute überhaupt noch vorstellen können?

Fünftens: Die Engländer behaupten, das deutsche Volk hat sein Vertrauen zum Führer verloren.

Ich frage euch: Ist euer Vertrauen zum Führer heute größer, gläubiger und unerschütterlicher denn je? [Die Menge erhebt sich wie ein Mann. Sprechchöre: «Führer, befiehl, wir folgen!»] Ist eure Bereitschaft, ihm auf allen seinen Wegen zu folgen und alles zu tun, was nötig ist, um den Krieg zum siegreichen Ende zu führen, eine absolute und uneingeschränkte? [...]

Ich frage euch neuntens: Billigt ihr, wenn nötig, die radikalsten Maßnahmen gegen einen kleinen Kreis von Drückebergern und Schiebern, die mitten im Kriege Frieden spielen und die Not des Volkes zu eigensüchtigen Zwecken ausnutzen wollen? Seid ihr damit einverstanden, daß, wer sich am Krieg vergeht, den Kopf verliert? [...]

Ich habe euch gefragt; ihr habt mir eure Antwort gegeben. Ihr seid ein Stück Volk, durch euren Mund hat sich damit die Stellungnahme des deutschen Volkes manifestiert.

Aus dem Protokoll einer Führerbesprechung mit Albert Speer über die Einstellung von «nicht mehr für den totalen Krieg erwünschten Produktionen» (25. April 1943)

So scharf der Führer sich gegen unnötige Beunruhigungen der Bevölkerung durch Verbote ausspricht, so sehr ist er damit einverstanden, daß durch Einstellung von Produktionen im Laufe der Zeit Dinge, die nicht mehr für den totalen Krieg erwünscht sind, automatisch zur Einstellung kommen.

Er findet, daß z. B. ein Ausbleiben der Haarfärbemittel und verschiedener anderer zur Schönheitspflege notwendiger Gegenstände besser wäre als ein Verbot von deren Anwendung.

Weiter wäre eine Einstellung der Reparaturen an Apparaten zur Herstellung von Dauerwellen besser als ein Verbot zur Herstellung von Dauerwellen.

Dieses Prinzip sei auch sonst überall anzuwenden, da es leichter und mit weniger Aufregung zum Erfolg führt als Verbote, die doch nicht in ihrer Durchführung kontrolliert werden können.

Von der Ende 1938 durch die extensive Kapazitätsentwicklung der chemischen Industrie gesicherten Versorgung mit Treibstoff ist 1943 nichts mehr zu spüren. An die Stelle von Kraftwagen tritt weitgehend wieder das Pferdefuhrwerk.

Aus dem SD-Geheimbericht «Meldungen aus dem Reich» über Reaktionen auf die Kürzung der Fleischrationen (20. Mai 1943)

Die bisher aus einzelnen Reichsgebieten, u. a. aus Bayreuth, Berlin, Breslau, Danzig, Dortmund, Frankfurt / Oder, Graz, Halle, Hamburg, Karlsruhe, Kiel, Litzmannstadt und Stettin, vorliegenden Meldungen zur Kürzung der Fleischration [um fast ein Drittel] lassen erkennen, daß sich trotz der seit Wochen umlaufenden Gerüchte die diesbezüglichen Veröffentlichungen äußerst nachteilig und nahezu schockartig ausgewirkt haben. Ein großer Teil der Volksgenossen hätte eine derartige Wendung in der Lebensmittelversorgung vor allem deshalb für unmöglich gehalten, weil es nach den Worten des Reichsmarschalls mit der deutschen Ernährung nur noch besser, aber nicht mehr schlechter werden könnte. Vielfach werde die Kürzung mit den militärischen Rückschlägen im Osten in Verbindung gebracht, wobei verschiedentlich der Meinung Ausdruck gegeben werde, daß weitere Rationskürzungen folgen würden.

Aus dem Auftrag Goebbels an UFA-Regisseur Veit Harlan zur Herstellung eines Films «im Dienste unserer geistigen Kriegsführung» (1. Juni 1943)

Hiermit beauftrage ich Sie, einen Großfilm «Kolberg» herzustellen. Aufgabe dieses Films soll es sein, am Beispiel der Stadt, die dem Film den Titel gibt, zu zeigen, daß ein in Heimat und Front

Der Spielfilm *Kolberg* mit Heinrich George in der Hauptrolle erlebt seine Uraufführung am 30. 1. 1945. Die Geschichte um den preußischen Patrioten Joachim Nettelbeck, der die Stadt an der Ostsee 1807 erfolgreich gegen die napoleonische Belagerung verteidigt hat, soll noch helfen, den *Endsieg* zu erringen. Dieser *Durchhaltefilm* ist der letzte, der das Prädikat *Film der Nation* erhält.

geeintes Volk jeden Gegner überwindet. Ich ermächtige Sie, alle Dienststellen von Wehrmacht, Staat und Partei, soweit erforderlich, um ihre Hilfe und Unterstützung zu bitten und sich dabei darauf zu berufen, daß der hiermit von mir angeordnete Film im Dienste unserer geistigen Kriegführung steht.

Aus einem Bericht des Generalbevollmächtigten für den Arbeitseinsatz, Fritz Sauckel, über die Erfassung zusätzlicher Arbeitskräfte (Ende Juni 1943)

Durch den unermüdlichen Einsatz der Arbeitsämter und der sonst beteiligten Dienststellen wurde die Durchführung der Verordnung über den Einsatz von Männern und Frauen für Aufgaben der Reichsverteidigung (Meldepflichtverordnung) bis Ende Juni im wesentlichen abgeschlossen. In knapp 5 Monaten haben die Arbeitsämter 544000 männliche und 3048000 weibliche, im ganzen also 3592000 Meldepflichtige erfaßt und zum weitaus größten Teil auf ihre Einsatzfähigkeit geprüft. Wie von vornherein zu erwarten war, befanden sich unter den Männern nur noch verhältnismäßig wenig arbeitsfähige Kräfte; im Durchschnitt waren

Im Zuge der Intensivierung der Kriegsproduktion werden ab Januar 1943 auch Frauen auf Grundlage des Gesetzes über die Arbeitspflicht (von 1938) zur Arbeit in Industriebetrieben herangezogen. Hier werden Gewehrpatronen sortiert und verpackt.

es 26,4 v. H. Dagegen kamen von den weiblichen Meldepflichtigen 54,1 v. H. für einen Einsatz in Betracht.

Die Meldepflichtverordnung hat in den entsprechenden Monaten zu einer beachtlichen Entspannung der Einsatzlage geführt. Insgesamt wurden durch sie bis Ende Juni 1361000 Kräfte der Kriegswirtschaft neu zugeführt, darunter 101000 Männer und 1260000 Frauen. Allerdings ist zu berücksichtigen, daß rund die Hälfte aller Eingesetzten nur eine Arbeit von wöchentlich weniger als 48 Stunden aufnehmen konnte.

Die Meldepflichtigen sind zu einem großen Teil in den Dienst der Rüstung gestellt worden. Im ganzen wurden 567000 Meldepflichtige unmittelbar Rüstungsbetrieben zugewiesen. Darüber hinaus kam eine weitere erhebliche, statistisch allerdings nicht erfaßte Zahl von Arbeitskräften dadurch dem Rüstungssektor mittelbar zugute, daß durch den Einsatz von Meldepflichtigen andere Kräfte freigemacht und Rüstungsbetrieben zugeführt werden konnten. Die Land- und Forstwirtschaft hat 287000 Meldepflichtige erhalten, und zwar 25000 Männer und 262000 Frauen.

Arbeitskräfte in Deutschland (1939 bis 1944)

in Mill.	1939	1940	1941	1942	1943	1944
Reichsbürger	39,1	34,8	33,1	31,3	30,3	28,4
darunter Frauen	14,6	14,4	14,1	14,4	14,8	14,9
Zwangsarbeiter / Kriegsgefangene	0,3	1,2	3,0	4,1	6,3	7,1
Einberufene gesamt	1,4	5,7	7,4	9,4	11,2	13,0

Aus einem Geheimbericht des SD, grüne Serie, über eine spontane Volksempörung (8. Juli 1943)

Am 12. 4. 1943 gegen 12.20 Uhr hielt ein Hauptmann der Wehrmacht einen Flaksoldaten in Dortmund-Hörde wegen schlechten Grüßens an. Die resistente Haltung des Soldaten veranlaßte den Hauptmann, mit einem zur Hilfe herbeigerufenen Soldaten die Personalien des Angehaltenen festzustellen. Es stellte sich heraus, daß der Soldat desertiert war. Der Hauptmann veranlaßte das

Nötige, wobei er sich nach einwandfreien Feststellungen völlig korrekt verhielt. Umstehende Volksgenossen wurden aber des Vorfalls gewahr. Es sammelte sich eine 300–400köpfige Menschenmenge an, die in der Hauptsache aus Frauen bestand. Im Handumdrehen bildeten sich unglaubliche Gerüchte, die sämtlich gegen den Offizier gerichtet waren. Der Offizier habe u. a. den Soldaten mit dem Koppel geschlagen, habe ihn mit Erschießen bedroht usw. Die Erregung der Menge wuchs ungeheuer schnell, und sie nahm eine so drohende Haltung an, daß der Offizier regelrecht in die Straßenbahn flüchten mußte. Aus der Menge kamen erregte Rufe wie: «Pfui, es gibt Revolution! Gebt uns unsere Jungen, gebt uns unsere Männer wieder!» Die Erregung war derart, daß eine Pressenotiz den Vorfall klarstellen mußte und in Hörde in einer Versammlung der NS-Frauenschaft der Sachverhalt ebenfalls richtiggestellt wurde.

Aus einem in München verteilten Flugblatt des Nationalkomitees «Freies Deutschland» (Juli 1943)

Hitler und die Partei allein sind die Schuldigen am Kriege! Sie sollen für ihre Verbrechen am deutschen Volke und an der ganzen Welt die verdiente Strafe erleiden! Keiner wird seinem Schicksal entrinnen. Diesmal muß gründlich aufgeräumt werden mit den ewigen Kriegstreibern.

Deutsches Volk! Du hast im Kampfe gegen Deine Gegner so viel Mut und Tapferkeit bewiesen für eine Sache, die nicht die Deine war! Nun zeige ebensoviel Mut im Kampfe gegen Deine inneren Feinde und Bedrücker, gegen den Nationalsozialismus!

Nieder mit Hitler! Schluß mit dem Krieg!

Es lebe die Freiheit, der Friede und Deutschland!

Hinrichtungen durch die zivile Justiz (1937 bis 1945)

Jahr	**1937**	**1938**	**1939**	**1940**	**1941**	**1942**	**1943**	**1944**	**1945**
Anzahl	86	99	143	306	1146	3393	5684	5764	800*

* geschätzt

Aus einem Polizeibericht über die Bombenangriffe auf Hamburg (August 1943)

Die Zahl der Gefallenen steht bis jetzt noch nicht endgültig fest. Diese Tatsache ist nicht auf Mangel der Ermittlungsmethoden, sondern einfach auf den unvorstellbaren Umfang der Zerstörung und die begrenzte Zahl der zur Verfügung stehenden Einsatzkräfte zurückzuführen. Wenn noch heute an manchen Tagen bis zu 100 Gefallene und darüber hinaus gefunden und geborgen werden, so gibt auch das nur ein schwaches Bild. Die Vernichtung im ganzen ist so radikal, daß auch von vielen Menschen buchstäblich nichts geblieben ist. Bei einer losen Aschenschicht in einem großen Luftschutzraum konnte von den Ärzten die Zahl der Menschen, die hier ums Leben kamen, nur schätzungsweise mit 250 bis 300 angegeben werden. Eine genaue Ermittlung wird erst ermöglicht, wenn alle in jener Zeit in Hamburg anwesenden Personen sich, soweit sie leben, wieder gemeldet haben.

Die Schreckensszenen, die sich im Feuersturmgebiet abgespielt haben, sind unbeschreiblich. Kinder wurden durch die Gewalt des

Mit ihren Luftangriffen, vor denen die Zivilbevölkerung von Beginn an nur schlecht geschützt wird, will vor allem die britische Seite die Moral des deutschen Volkes brechen und die militärisch-politische Führung als hilf- und wehrlos darstellen. Die moralische Wirkung der Angriffe ist jedoch eher entgegengesetzt, bestätigen sie durch ihre Brutalität doch scheinbar die Argumente der NS-Propaganda. Der Volksmund nennt die Leuchtmarkierungen über den Zielgebieten *Christbäume*, die zur Störung des Radars von den Flugzeugen abgeworfenen Metallstreifen *Lametta*.

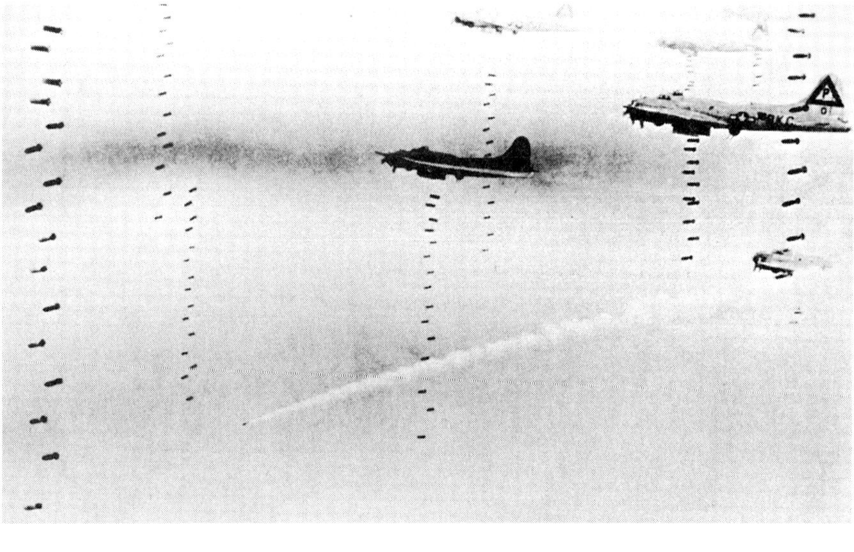

Orkans von der Hand der Eltern gerissen und ins Feuer gewirbelt. Menschen, die sich gerettet glaubten, fielen vor der alles vernichtenden Gewalt der Hitze um und starben in Augenblicken. Flüchtende mußten sich ihren Weg über Sterbende und Tote bahnen. Kranke und Gebrechliche mußten von den Rettern zurückgelassen werden, da diese selbst in Gefahr gerieten, zu verbrennen [...]

Die Straßen waren mit Hunderten von Leichen bedeckt, Mütter mit ihren Kindern, Männer, Greise, verbrannt, verkohlt, unversehrt und bekleidet, nackend und in wächserner Blässe wie Schaufensterpuppen, lagen sie in jeder Stellung, ruhig und friedlich oder verkrampft, den Todeskampf im letzten Ausdruck des Gesichts. Die Schutzräume boten das gleiche Bild, grausiger noch in seiner Wirkung, da es zum Teil den letzten verzweifelten Kampf gegen ein erbarmungsloses Schicksal zeigte. Saßen an einer Stelle die Schutzrauminsassen ruhig, friedlich und unversehrt wie Schlafende auf ihren Stühlen, durch Kohlenoxydgas ahnungslos und ohne Schmerzen getötet, so zeigt die Lage von Knochenresten und Schädeln in anderen Schutzräumen, wie ihre Insassen

Wer alles verloren hat, kann keine Kriegsbegeisterung mehr aufbringen.

noch Flucht und Rettung aus dem verschütteten Gefängnis gesucht hatten.

In der Zeit vom 25. Juli bis 3. August 1943 hatte Hamburg 7 Terrorangriffe des Gegners auszuhalten. 4 schwere Großluftangriffe und 3 mittlere Angriffe, davon 2 Tagesangriffe, wurden geflogen [...] Nach Schätzungen beteiligten sich ca. 3000 Maschinen an den Angriffen, wovon lt. Wehrmachtsbericht 35 abgeschossen wurden. In den betroffenen Wohngebieten entstanden durch Abwurf großer Mengen Minen, Spreng- und Brandbomben große

Wehrmachtsverluste (1939 bis 1944)

Kriegsjahr (Sept. – Aug.)	**1939/40**	**1940/41**	**1941/42**	**1942/43**	**1943/44**	**1944 (Sept. – Nov.)**
Tote	88353	160171	485000	464524	573238	139713
Vermißte / Kriegsgefangene	5420	14228	65844	389967	974249	264346

Tote insgesamt: 1910999

Vermißte / Kriegsgefangene insgesamt: 1714054

Verwüstungen. Es bildeten sich ausgedehnte Flächenbrände, die bis zu Feuerstürmen anwuchsen und alles versengten, was sich ihnen auf dem Sturmwege entgegenstellte. Ganze Kraftwagenkolonnen, Baumreihen, flüchtende Menschenströme, Melder und eingesetzte Kräfte der LS-Polizei, Wehrmacht, des RLB, Werkluftschutz, Erweiterten Selbstschutzes bedeckten verbrannt die Straßenzüge. Ganze Stadtteile wurden total vernichtet [...] Von 122328 Wohnhäusern wurden 35719 total zerstört, 4666 schwer beschädigt und 18062 leicht beschädigt. An diesen Zahlen ist das Ausmaß der Katastrophe am besten zu übersehen.

Aus einem Geheimbericht der SD, grüne Serie, über «tiefe Friedenssehnsucht» der Bevölkerung (22. November 1943)

1. Wie aus den vorliegenden Meldungen hervorgeht, ist die Bevölkerung von einer tiefen Friedenssehnsucht erfüllt, die in erster Linie von dem Wunsch bestimmt ist, es möchte mit den schweren Blutopfern und den Verwüstungen durch feindliche Terror-

angriffe ein Ende haben. Andererseits wird aber vom Frieden im einzelnen so gut wie gar nicht gesprochen. Die Bevölkerung sei nicht dazu aufgelegt, Voraussagen über den kommenden Frieden zu machen […]

2. Soweit vom Frieden gesprochen wird, handelt es sich meist um Pessimisten, Gleichgültige oder Staatsfeinde, die häufig unter dem Einfluß der Feindpropaganda stehen.

Aus Aufzeichnungen des Leiters der Parteikanzlei, Martin Bormann, über Auslassungen Hitlers zur Geburtenentwicklung nach dem «Endsieg» (27. / 28. Januar 1944)

Nach diesem Krieg werden wir, wie der Führer betonte, 3–4000000 Frauen haben, die keine Männer mehr haben bzw. bekommen. Der sich hiermit ergebende Geburtenausfall wäre für unser Volk gar nicht zu ertragen: Wie viele Divisionen würden, betonte der Führer, uns in 20 bis 45 Jahren und weiter fehlen […]

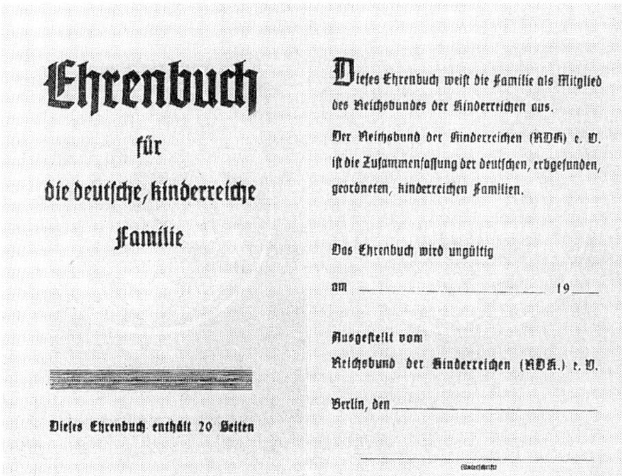

Ehrenbuch
für
die deutsche, kinderreiche
Familie

Dieses Ehrenbuch enthält 20 Seiten

Dieses Ehrenbuch weist die Familie als Mitglied des Reichsbundes der Kinderreichen aus.

Der Reichsbund der Kinderreichen (RDK) e. V. ist die Zusammenfassung der deutschen, erbgesunden, geordneten, kinderreichen Familien.

Das Ehrenbuch wird ungültig

am ______ 19__

Ausgestellt vom
Reichsbund der Kinderreichen (RDK.) e. V.

Berlin, den ______

______
(Unterschrift)

Die öffentliche, d. h. allgemeine Aufklärung kann aus einleuchtenden Gründen erst nach dem Kriege einsetzen. Nur ein Grund hierfür sei angeführt: Wir können heute noch nicht an die Frauen, deren Männer voraussichtlich noch fallen werden, appellieren, und wir können unsere Aufklärung mit Rücksicht auch auf unsere Soldaten noch nicht beginnen […]

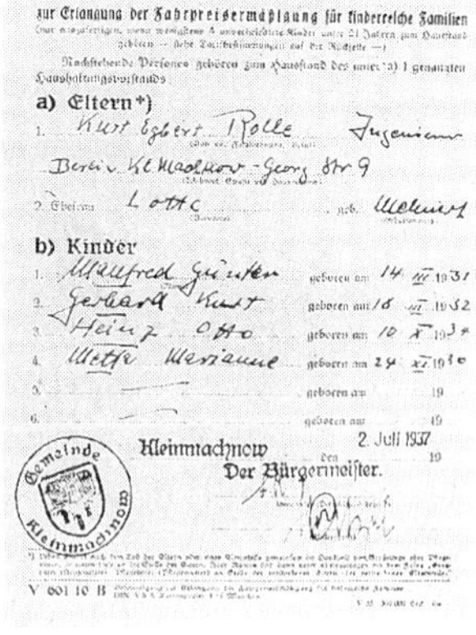

Gültig für das Kalenderjahr 19

Bescheinigung

zur Erlangung der Fahrpreisermäßigung für kinderreiche Familien

a) Eltern*)
1. Kurt Egbert Rolle Ingenieur
Berlin Kl. Machnow - Georg Str 9
2. Ehefrau Lotte geb.

b) Kinder
1. Manfred Günter geboren am 14 III 1931
2. Gerhard Kurt geboren am 16 III 1932
3. Heinz Otto geboren am 10 X 1934
4. geboren am
5. geboren am 19
6. geboren am 19

Kleinmachnow den 2. Juli 1937
Der Bürgermeister.

Gemeinde Kleinmachnow

V 001 10 B

Diese Feststellungen zeigen, welche Hemmungen wir beseitigen und welche Voraussetzungen wir schaffen müssen, um die lebensnotwendige Vermehrung der Geburten zu erreichen:

1. Wir müssen auch für die Mütter, die nicht in der bisherigen Weise standesamtlich verheira-

tet sind, eine ganz ähnlich umfassende ideelle und materielle Sicherung schaffen. Dazu gehört u.a.: Auf jeden Fall müssen die Kinder ohne Schwierigkeiten den Namen des Vaters bekommen.

2. Ferner: Auf besonderen Antrag sollen Männer nicht nur mit einer Frau, sondern mit einer weiteren ein festes Eheverhältnis eingehen können, in dem die Frau dann ohne weiteres den Namen des Mannes erhält, die Kinder ohne weiteres den Namen des Vaters […]
4. Wie ich schon früher erwähnte, ist es notwendig, daß wir die jetzigen «Verhältnis»-Bezeichnungen, die einen mehr oder weniger anrüchigen Klang haben, abschaffen und verbieten. Wir müssen im Gegenteil sogar gute, freundliche Namen finden […]
5. Nach diesem Krieg müssen die kinderlosen Ehen und die Junggesellen weit schärfer als bisher versteuert werden. Die bisherige Versteuerung der Junggesellen muß ein Kinderspiel gegen die Steuerlasten, die ihnen künftig aufzuerlegen sind, sein. Die Einkommen aus diesen Junggesellensteuern müssen zur Unterstützung der Mütter, die Kinder bekommen, dienen, zur materiellen Unterstützung unserer Nachwuchsbestrebungen.

Aus einem Schreiben Bormanns an Lammers über das Rauchverbot in Straßenbahnen (4. März 1944)

Der Führer betonte am gestrigen Abend, in den Trambahnen aller Städte sei das Rauchen verboten, lediglich in den Straßenbahnen Münchens und einiger anderer deutscher Städte werde geraucht. Der Führer wünscht, daß sofort ein Rauchverbot in Straßenbahnen ausgesprochen wird, und zwar unter Hinweis auf die Rücksichtnahme, die gegenüber den Schaffnerinnen und den zum Kriegsdienst verpflichteten jungen Mädchen, die Schaffnerdienst verrichteten, genommen werden müsse.

Aus einem Schreiben Bormanns an Lammers über «unsinnige Statistiken» (19. April 1944)

In der Anlage übermittle ich Ihnen auftragsgemäß zur sofortigen Bearbeitung die Ausgabe 106 der «Münchner Neuesten Nachrichten» vom 17.4. Sie finden in dieser Ausgabe die vom Führer rot angestrichene Bekanntmachung des Münchener Oberbürgermeisters über die Obstbaumzählung im Stadtkreis München.

Der Führer betonte, es sei geradezu toll, daß im fünften Kriegsjahr noch Menschen verfügbar seien, die sich mit so gänzlich überflüssigen Statistiken beschäftigen könnten. Die statistischen Ämter müßten einmal gründlich aus- und durchgekämmt werden, denn sie hätten offenbar noch viel zu viel Angestellte, die kriegswichtig eingesetzt werden müßten.

Unsere arbeitenden Volksgenossen hätten im übrigen etwas besseres zu tun, als Beerensträucher zu zählen, zu verzeichnen und ihren Ertrag zu taxieren. Der Führer wünscht, daß diese unsinnige Statistik augenblicklich verboten wird.

Aus einem Geheimbericht des SD, grüne Serie, über «fatalistische Ergebenheit» in das Schicksal (20. April 1944)

Die Meldungen vom Süden der Ostfront und insbesondere von der Krim haben die Bevölkerung sehr stark aufgeschreckt und zum Teil in eine Art «Stalingradstimmung» versetzt. Ein neues Unglück für unsere Ostarmee kündige sich an [...] Viele Volksgenossen zeigten sich allmählich müde unter dem ständigen Druck, durch das Bangen um die Entwicklung im Osten und die immer wieder enttäuschte Hoffnung «auf ein erlösendes Wunder». Vor allem sind die Frauen in großer Sorge um das Schicksal ihrer Angehörigen an der Front. Allgemein habe man den Krieg «bis obenhin satt». Der Wunsch nach einer baldigen Beendigung sei überall sehr groß. Selbstverständlich soll der Kriegsausgang ein für uns günstiger sein. Gerade davon aber könne man sich überhaupt keine Vorstellung mehr machen.

Große Teile der städtischen Bevölkerung haben es aufgegeben, sich ein festes Bild zu machen. Man lasse sich treiben und sage das nach, was man von anderen hört. Sei es, daß «schwarzgemalt» wird, oder sei es, daß einer etwas Hoffnungsvolles findet. Ein Teil rutschte in eine «fatalistische Ergebenheit» in das Schicksal hinein.

Aus einem Geheimbericht des SD, grüne Serie, über Reaktionen der Bevölkerung auf die alliierte Invasion an der Atlantikküste (8. Juni 1944)

Der Eintritt der Invasion wird allgemein als Erlösung aus einer unerträglichen Spannung und drückenden Ungewißheit empfun-

Auf der Grundlage des *Luftschutzgesetzes* sind, vor allem in den Großstädten, *Luftschutzräume (LSR)* eingerichtet oder Bunker neu geschaffen worden. Zudem müssen Feuerlöschgeräte wie Patsche, Sand und Einreißhaken in jedem Haus vorhanden sein. Bei Fliegeralarm haben sich die Hausbewohner mit kleinem Gepäck im *Luftschutzraum* einzufinden.

den. Sie bildet fast den einzigen Gesprächsgegenstand. Alles andere tritt demgegenüber völlig zurück.

Die Nachricht vom Beginn der Invasion wurde teilweise mit großer Begeisterung aufgenommen. Sie kam für die vielen, die wegen des langen Ausbleibens schon nicht mehr daran geglaubt hatten, ganz überraschend. Die Stimmung hat sich mit einem Schlage gewandelt und ist hinsichtlich des Kommenden zwar ernst, aber sehr ruhig und zuversichtlich. Die Meldungen über den Verlauf der Kämpfe am Atlantik werden mit größter Spannung verfolgt.

Die Erörterungen um die Invasion drehen sich in der Hauptsache um folgende Fragen: Bringt die Invasion die sehnlichst erwartete Entscheidung? Wird sie ein dauerhaftes Nachlassen der Luftangriffe auf das Reichsgebiet zur Folge haben? Kommt mit der Invasion endlich auch die Vergeltung? Wird unsere «Geheimwaffe» jetzt eingesetzt?

Aus einem Rundspruch des Reichspropagandaministeriums zur Durchführung von «Treuekundgebungen» für Hitler (24. Juli 1944)

Die Volksgenossen sind durch die Blockleiter einzuladen, sich an den Kundgebungen zu beteiligen. Für die Gliederungen und Verbände der NSDAP, sowie für die in den Ortsringen für nationalsozialistische Volksaufklärung und Propaganda erfaßten Organisationen ist die Beteiligung selbstverständlich Ehrenpflicht [...]

Die Kundgebungen sind sorgfältig vorzubereiten. Sie müssen den revolutionären Schwung der Kampfzeit zum Ausdruck bringen [...]

Die Transparente können folgende Parolen tragen:
«Es lebe der Führer»
«Führer, befiel, wir folgen»
«Adolf Hitler ist der Sieg» [...]
Die Aufmärsche dürfen nicht den Eindruck eines müden, bürgerlichen Haufens erwecken [...]

Es muß auf alle Fälle verhindert werden, daß Redner in den Kundgebungen pastoral und pathetisch sprechen, entscheidend ist nicht wie lange die Redner sprechen, sondern daß ihre Worte aus dem Herzen kommen.

Aus einem Fernschreiben Bormanns an alle Reichsleiter, Gauleiter und Verbändeführer über «kameradschaftliche Veranstaltungen» (28. Juli 1944)

Im Auftrag des Führers ordne ich an: Es ist streng darauf zu achten, daß fröhliche, alkoholbeschwingte Sitzungen nach Tagungen etc. unterbleiben. Für ein anderes Verhalten bringt – durchaus berechtigterweise – unser Volk in dieser Zeit, die restlose Anspannung aller Kräfte, totalen Kriegseinsatz fordert, kein Verständnis auf.

[Nachtrag vom 1. August 1944:
Im Auftrage des Führers teile ich mit:

1.) Nach dem Attentat auf den Führer muß unser Volk, muß die breite Masse stärker denn je die Überzeugung gewinnen, daß seine nationalsozialistische Führerschaft die beste ist, die unser Volk haben kann. Engste Volksverbundenheit aller irgendwie führend tätigen Männer ist notwendiger denn je. Führung und Volk sind – und das muß in jeder Beziehung zum Ausdruck kommen – eine verschworene Gemeinschaft. Dies ist zu beachten, und hieraus sind alle Konsequenzen zu ziehen.
2.) In Friedenszeiten waren gegen eine Teilnahme führender Männer an Volksfesten Einwände nicht zu erheben.

Heute liegen die Dinge anders. Keinesfalls darf der völlig falsche Eindruck erweckt werden, daß irgendwelche führenden Männer Zeit und Muße haben, stundenlang Schaudarbietungen zuzusehen.

Ab sofort dürfen daher Politische Leiter etc. nicht mehr als Zuschauer bei Fußballspielen, Pferderennen etc. teilnehmen.

In dieser Zeit wird nicht mehr gefeiert, sondern unermüdlich und unablässig gearbeitet. Zuwiderhandlungen gegen diese Anordnung des Führers werden mit sofortiger Amtsenthebung beantwortet.]

Aus einer Anordnung über die Erhöhung der Mindestarbeitszeit (7. September 1944)

1. In allen Verwaltungen und Betrieben, in denen der Arbeitsanfall es erfordert, ist die Mindestarbeitszeit auf 60 Stunden, in Orten mit durchgehender Arbeitszeit auf 57 Stunden wöchentlich zu erhöhen. Die durch die Erhöhung der regelmäßigen Arbeitszeit zu leistenden Mehrstunden werden nach den geltenden Bestimmungen vergütet.
2. Die Bestimmungen der Ziffer 1 gelten nicht für gesundheitsgefährliche Arbeiten, für die eine besondere Regelung der Arbeitszeit besteht. Unberührt bleiben auch die Vorschriften über den Arbeitsschutz der Frauen und Jugendlichen. Die regelmäßige Arbeitszeit der Frauen und Jugendlichen über 16 Jahre wird um 8 Stunden wöchentlich erhöht. Die regelmäßige Arbeitszeit der Jugendlichen unter 16 Jahren ausschließlich Berufsschulzeit beträgt 48 Stunden wöchentlich.

Mit sehr massiver Propaganda wird die Bevölkerung zu verstärkter Arbeitsleistung motiviert. Das Wort *Heimatfront* beschwört das Zusammengehörigkeitsgefühl von Zivilisten und Soldaten.

Aus einem Bericht des Reichspropagandaministeriums über «Gehässigkeiten gegen Führung und Partei» (18. September 1944)

Es sei in letzter Zeit beobachtet worden, daß defaitistische Äußerungen und Gehässigkeiten gegen Führung und Partei zum Teil in aller Öffentlichkeit und vor allem, ohne daß sich jemand findet, der dagegen Stellung nimmt oder gar Anzeige erstattet, ausgesprochen würden.

Diese Kritik, die selbst nicht vor dem Führer halt mache, sowie Erörterungen über die Kriegsschuld stellten jetzt schon keine Einzelfälle mehr dar, sondern mehrten sich stark. Es werde z. B. das Feldherrengenie des Führers des öfteren erheblich angezweifelt.

Aus einem Schreiben des Oberbefehlshabers West, Gerd von Rundstedt, an alle Gauleiter über «fanatisierte Kampfführung» (21. September 1944)

Der Führer hat befohlen, daß, da der Kampf auf weiten Abschnitten auf deutschen Heimatboden übergegriffen hat und deutsche Städte und Dörfer zum Kampfgebiet werden, unsere Kampfführung fanatisiert werden muß. In der Kampfzone muß unser Einsatz zu äußerster Härte und unter Beteiligung jedes wehrfähigen Mannes auf das äußerste Höchstmaß gesteigert werden. Jeder Bunker, jeder Häuserblock in einer deutschen Stadt und jedes deutsche Dorf muß zu einer Festung werden, an der sich der Feind entweder verblutet oder die ihre Besatzung im Kampf Mann gegen Mann unter sich begräbt.

Es gibt nur noch Halten der Stellung oder Vernichtung.

Ich bitte die Gauleiter, in geeigneter Form auf die Bevölkerung einzuwirken, daß sie sich der Notwendigkeit dieses Kampfes und ihrer jeden einzelnen angehenden Folgen bewußt wird. Die Härte des Kampfes kann dazu zwingen, nicht nur Besitztum zu opfern, sondern es aus Kampfgründen zerstören zu müssen oder durch Kampf zu verlieren. Dieser Kampf um Sein oder Nichtsein des deutschen Volkes macht in seiner Härte auch nicht vor Kunstdenkmälern und sonstigen kulturellen Werten halt.

Aus einem Befehl des Chefs des Oberkommandos der Wehrmacht, Wilhelm Keitel, über hartes Vorgehen gegen «Auflösungserscheinungen» (23. September 1944)

An einzelnen Stellen der Front und im Verlauf von Absatzbewegungen ist es vorübergehend zu Auflösungserscheinungen gekommen. Um das für die Zukunft von vornherein im Keime zu ersticken, wird auf besondere Weisung des Führers [...] bestimmt:

1. Gegen haltlose Elemente, die durch Verletzung der Dienstpflicht oder durch andere Straftaten die Kampfmoral der Truppe gefährden, Auflösungserscheinungen herbeiführen oder begünstigen, ist unverzüglich und mit äußerster Schärfe

Trotz der unaufhaltsam näher rückenden Roten Armee verbietet die politische Führung den Zivilisten, Ostpreußen zu verlassen, weil das den vermeintlichen Glauben an den *Endsieg* erschüttern könne. Erst im Oktober 1944, als die Truppen bereits auf deutschem Gebiet stehen, gehen die *Trecks* auf die Flucht nach Westen. Durch den verzögerten Aufbruch geraten sie zwischen die Fronten, wodurch viele Opfer zu beklagen sind.

an Ort und Stelle, bei Gefahr im Verzuge auch durch sofortige Waffenanwendung, durchzugreifen. Das gilt insbesondere gegenüber Führern oder Unterführern, die der Feigheit schuldig sind, die ihre Pflichten als Truppenführer schwer verletzten, anvertrautes Wehrmachtsgut im Stich lassen, in ihrer soldatischen Haltung versagen oder sonst das Ansehen der Wehrmacht schwer schädigen. Mit derselben Schärfe ist, gegebenenfalls auch durch sofortigen Waffengebrauch, vorzugehen, wenn Soldaten Gewehre oder andere leichte Waffen liegen lassen, ablegen oder ohne Befehl Kampfmittel zerstören.

2. Gerichtsherren und Standgerichtsherren haben das ausdrückliche Recht, bei solchen Straftaten Todesurteile gegen jeder-

Hinrichtungen durch die Wehrmachtsjustiz (1939 bis 1944)

Kriegsjahr (Sept.–Aug.)	**1939/40**	**1940/41**	**1941/42**	**1942/43**	**1943/44**	**1944 (Sept.–Dez.)**
Anzahl	519	447	1673	2769	4118	204

mann, auch gegen Offiziere jeden Ranges, unmittelbar zu bestätigen, wenn die sofortige Vollstreckung der Todesstrafe zur Aufrechterhaltung der Manneszucht aus Gründen der Abschreckung geboten ist [...]

1. Die Todesurteile sind unverzüglich im Angesicht der Truppe zu vollstrecken.

Aus dem Erlaß Hitlers über den «Volkssturm» (25. September 1944)

1. Es ist in den Gauen des Großdeutschen Reiches aus allen waffenfähigen Männern im Alter von 16 bis 60 Jahren der deutsche Volkssturm zu bilden. Er wird den Heimatboden mit allen Waffen und Mitteln verteidigen [...]
4. Die Angehörigen des deutschen Volkssturms sind während ihres Einsatzes Soldaten im Sinne des Wehrgesetzes.
6. Der Reichsführer SS ist als Befehlshaber des Ersatzheeres verantwortlich für die militärischen Organisationen, die Ausbildung, Bewaffnung und Ausrüstung des deutschen Volkssturms.
7. Der Kampfeinsatz des deutschen Volkssturms erfolgt nach meinen Weisungen durch den Reichsführer SS als Befehlshaber des Ersatzheeres.

Aus einer Anordnung Keitels über «Sippenhaftung» (5. Februar 1945)

Während die überwältigende Mehrzahl aller kriegsgefangenen deutschen Soldaten es für ihre selbstverständliche Pflicht hält, lieber den Tod oder schwerste Mißhandlungen zu erleiden als Führer, Volk und Vaterland zu verraten, haben einzelne ehrvergessene Elemente in der Kriegsgefangenschaft Angaben über Stärke, Bewaffnung und Einsatzort ihrer Truppe gemacht oder sind sonst zum Landesverräter geworden. Die Gefahr, die dadurch für die kämpfende Front und die Kriegsanstrengungen der Heimat beschworen wird, muß rücksichtslos und mit allen Mitteln bekämpft werden. Die Sicherheit des Reiches und die Erhaltung der Nation verlangen das.

Auf Grund der Weisungen des Führers wird daher befohlen:

1. Für Wehrmachtsangehörige, die in der Kriegsgefangenschaft Landesverrat begehen und deswegen rechtskräftig zum Tode

Aus den bisher nicht zur Wehrmacht eingezogenen Männern zwischen 16 und 60 Jahren, die aus beruflichen (*u.k.* = unabkömmlich), gesundheitlichen oder Altersgründen abgelehnt oder zurückgestellt sind, wird durch den Führererlaß vom 25. September 1944 eine örtlich oder regional operierende Truppe, der *Volkssturm*, aufgestellt. Er untersteht militärisch der SS, nicht der Wehrmacht, und wird zunächst lediglich zu militärischen Hilfsdiensten wie Schanzarbeiten und Bewachung herangezogen. *Volkssturmmänner*, die später an Kampfhandlungen beteiligt sind, werden, weil sie entweder Zivil oder umgefärbte Parteiuniformen tragen, zumeist wie Partisanen behandelt, also standrechtlich erschossen.

verurteilt werden, haftet die Sippe mit Vermögen, Freiheit oder Leben. Den Umfang der Sippenhaftung im Einzelfalle bestimmt der Reichsführer SS und der Chef der Deutschen Polizei.

Aus einer Verordnung des Reichsministers der Justiz, Otto Georg Thierack, über Standgerichte in Deutschland (15. Februar 1945)

I. In feindbedrohten Reichsverteidigungsbezirken werden Standgerichte gebildet.

II. 1. Das Standgericht besteht aus einem Strafrichter als Vorsitzender sowie einem politischen Leiter oder Gliederungsführer der NSDAP und einem Offizier der Wehrmacht, der Waffen-SS oder der Polizei als Beisitzer […]

III. 1. Die Standgerichte sind für alle Straftaten zuständig, durch die die deutsche Kampfkraft oder Kampfentschlossenheit gefährdet sind […]

IV. 1. Das Urteil des Standgerichts lautet auf Todesstrafe, Freisprechung oder Überweisung an die ordentliche Gerichtsbarkeit.

Aus einer Botschaft Hitlers an die NSDAP über die «geschichtliche Wende» (24. Februar 1945)

Es soll aber kein Zweifel darüber herrschen, daß das nationalsozialistische Deutschland diesen Kampf solange weiterführen wird, bis am Ende auch hier, und zwar noch in diesem Jahre, die geschichtliche Wende eintritt. Keine Macht der Welt wird uns im Herzen schwach machen [...] Es ist deshalb unsere Pflicht, die Freiheit der deutschen Nation für die Zukunft zu erhalten und die deutsche Arbeitskraft nicht nach Sibirien verschleppen zu lassen, sondern sie für den Wiederaufbau im Dienst unseres eigenen Volkes einzusetzen [...] Wenn Front und Heimat weiter gemeinsam entschlossen sind, jeden zu vernichten, der es auch nur wagt, dem Gebot der Erhaltung gegenüber zu versagen, der sich entweder feige zeigt oder gar den Kampf sabotiert, so werden sie gemeinsam verhindern, daß die Nation vernichtet wird. Dann muß am Ende dieser Auseinandersetzung der deutsche Sieg stehen [...]

Vor 25 Jahren verkündete ich den Sieg der Bewegung. Heute prophezeie ich – wie immer durchdrungen vom Glauben an unser Volk – am Ende den Sieg des deutschen Reiches.

Aus einem Aktenvermerk Bormanns über die Aufstellung von Frauenbataillonen (28. Februar 1945)

1. RFSS [Reichsführer SS] Himmler sagte mir am gestrigen Abend, der Führer habe genehmigt, daß er 6000 Jungen des Jahrgangs 1929 zur Verstärkung seiner hintersten Verteidigungslinie heranzöge.
2. Außerdem habe der Führer, wie mir ja genau bekannt ist, inzwischen die probeweise Aufstellung eines Frauenbataillons genehmigt.

Die Frauen sollen so rasch wie möglich tadellos ausgebildet werden.

Aufstellung des Frauenbataillons in Verbindung mit der Reichsfrauenführung. Bewährt sich dieses Frauenbataillon, sollen sofort weitere aufgestellt werden.

Aus einer Aktennotiz des Führerhauptquartiers über Antikriegsstimmungen in der Zivilbevölkerung (8. März 1945)

Aus einem Anruf von Gauleiter Stöhr, 18.10 Uhr. Im Lagebericht der Heeresgruppe Gustav befände sich heute folgender Satz: «Die feindselige Haltung der Bevölkerung in der Eifel erschwert den aufopferungsvollen Kampf der Truppe.»

Das gleiche hat mir heute die Armee durch Ihren Beauftragten mitteilen lassen. Im Gau Moselland habe die Bevölkerung in einem Ort die eigenen Truppen am Schießen gehindert. In einem anderen Ort seien die Bauern mit Mistgabeln auf die Soldaten losgegangen, die Sprengungen vornehmen wollten. Ein Trupp Soldaten, die aus amerikanischer Gefangenschaft sich zu den eigenen Linien durchgeschlagen hatten, wurden von den Bewohnern eines Ortes mit den Rufen «Ihr Kriegsverlängerer» begrüßt.

Aus Hitlers «Nero-Befehl» über Selbstzerstörungen in Deutschland (19. März 1945)

Der Kampf um die Existenz unseres Volkes zwingt auch innerhalb des Reichsgebietes zur Ausnutzung aller Mittel, die die Kampfkraft unseres Feindes schwächen und sein weiteres Vordringen behindern. Alle Möglichkeiten, der Schlagkraft des Feindes un-

Weil alle arbeitsfähigen Männer an der Front sind, werden in Ostpreußen schon ab August 1943 Frauen zum Ausheben von *Panzergräben* herangezogen. Die Aufsicht über diese Arbeiten obliegt den *Hoheitsträgern* der NSDAP.

mittelbar oder mittelbar den nachhaltigsten Schaden zuzufügen, müssen ausgenutzt werden. Es ist ein Irrtum zu glauben, nichtzerstörte oder nur kurzfristig gelähmte Verkehrs-, Nachrichten-, Industrie- und Versorgungsanlagen bei der Rückgewinnung verlorener Gebiete für eigene Zwecke wieder in Betrieb nehmen zu können. Der Feind wird bei seinem Rückzug uns nur eine verbrannte Erde zurücklassen und jede Rücksichtnahme auf die Bevölkerung fallenlassen.

Ich befehle daher:

1. Alle militärischen, Verkehrs-, Nachrichten-, Industrie- und Versorgungsanlagen sowie Sachwerte innerhalb des Reichsgebietes, die sich der Feind für die Fortsetzung seines Kampfes irgendwie sofort oder in absehbarer Zeit nutzbar machen kann, sind zu zerstören.
2. Verantwortlich für die Durchführung dieser Zerstörung sind die militärischen Kommandobehörden für alle militärischen Objekte einschl. der Verkehrs- und Nachrichtenanlagen; die Gauleiter und Reichsverteidigungskommissare für alle Industrie- und Versorgungsanlagen sowie sonstigen Sachwerte. Den Gauleitern und Reichsverteidigungskommissaren ist bei der Durchführung ihrer Aufgabe durch die Truppe die notwendige Hilfe zu leisten.
3. Dieser Befehl ist schnellstens allen Truppenführern bekanntzugeben, entgegenstehende Weisungen sind ungültig.

Aus der Verordnung über die Räumung von Gefängnissen (März 1945)

Sobald die Räumung angeordnet wird, ist die Freimachung den festgelegten Plänen entsprechend durchzuführen. Vielfach werden allerdings die Verhältnisse Abweichungen und Improvisationen notwendig machen. Läßt sich die Rückführung der Gefangenen in dem vorgesehenen Umfang aus irgendwelchen Gründen nicht mehr durchführen, so sind die nicht ausgesprochen asozialen und staatsfeindlichen Gefangenen noch so rechtzeitig zu entlassen, daß sie nicht in Feindeshand fallen, die vorgenannten Elemente sind dagegen der Polizei zur Beseitigung zu überstellen oder, wenn auch dies nicht möglich, durch Erschießen unschädlich zu machen. Die Spuren der Unschädlichmachung sind sorgfältig zu beseitigen.

Aus Himmlers «Flaggen-Befehl» (3. April 1945)

1. Im jetzigen Zeitpunkt des Krieges kommt es einzig und allein auf den sturen, unnachgiebigen Willen an zum Durchhalten.
2. Gegen das Heraushängen weißer Tücher, das Öffnen bereits geschlossener Panzersperren, das Nichtantreten zum Volkssturm und ähnliche Erscheinungen ist mit härtester Maßnahme durchzugreifen.
3. Aus einem Haus, aus dem eine weiße Fahne erscheint, sind alle männlichen Personen zu erschießen. Es darf bei diesen Maßnahmen in keinem Augenblick gezögert werden.

Aus Richtlinien an die Leiter der «Gauämter für Volksgesundheit» der NSDAP über «neuartige Nahrungsmittel» (5. April 1945)

Die zur Zeit zur Verfügung stehenden Nahrungsmittelrationen liegen im Reichsgebiet unter dem Erhaltungs-Minimum. Es droht somit in absehbarer Zeit eine Hungersnot [...]

Im einzelnen werden zur Erleichterung der Ernährungslage folgende Richtlinien herausgegeben.

Als in großen Mengen greifbare, somit für die Volksernährung wichtige neuartige Nahrungsmittel kommen in Frage:

1. Raps, Rapskuchen und Rapsextraktionsschrot. In gleicher Weise wie Raps sind Mohnkuchen, Leinsamen verwendbar. Hierbei Entbitterung nicht erforderlich [...]
3. Kastanien enthalten wertvolle Stärke.
4. Eicheln werden zweckmäßig geröstet und dann als Getränk (Eichelkaffee) benutzt.
5. Zucker- und Runkelrüben stellen Massengemüse dar. Ertrag je Flächeneinheit sehr hoch, deshalb Anbau auch im Gartengelände zu empfehlen.
6. Weiteres Massengemüse sind Serradella, Klee, Luzerne, wenn jung geschnitten. Diese Pflanzen können, wenn sie immer jung geschnitten werden, mehrfach geerntet werden.
7. Für den Haushalt kommt die Sammlung von Wildpflanzen, Wildbeeren, Wurzeln und Pilzen in Frage.
8. Verbesserung der Eiweißgrundlage durch Schlachtung aller greifbaren warmblütigen Tiere oder durch Sammlung niederer Wildtiere, z. B. Fische jeder Art, Frösche (Fang mit bunten Lappen, die im Wasser am Ufer entlanggezogen werden),

Im Kampf ums Überleben verschwindet auch das geheiligte Tier der Germanen in den Kochtöpfen der Hungernden.

Schnecken (Fang durch Benetzen von Stroh mit gärender oder faulender Masse, evtl. süßen Produkten, z. B. Melasse, Obstresten).

9. Verbesserung der Vitaminversorgung durch Aufbrühung von Kiefer- und Fichtennadel-Jungtrieben, einen Tag stehenlassen. Wirksam gegen Skorbuterkrankungen.

Aus einem Tagesbefehl Hitlers an «meine Ostkämpfer» (14. April 1945)

Zum letzten Mal ist der jüdisch-bolschewistische Todfeind mit seinen Massen zum Angriff angetreten. Er versucht, Deutschland zu zertrümmern und unser Volk auszurotten. Ihr Soldaten aus dem Osten wißt zu einem hohen Teil heute bereits selbst, welches Schicksal vor allem den deutschen Frauen, Mädchen und Kindern droht.

Während die alten Männer und Kinder ermordet werden, werden Frauen und Mädchen zu Kasernenhuren erniedrigt. Der Rest marschiert nach Sibirien [...]

Wer in diesem Augenblick seine Pflicht nicht erfüllt, handelt als Verräter an unserem Volk. Das Regiment oder die Division, die ihre Stellung verlassen, benehmen sich so schimpflich, daß sie sich vor den Frauen und Kindern, die in unseren Städten dem Bombenterror standhalten, werden schämen müssen [...]

Wenn in diesen kommenden Tagen und Wochen jeder Soldat an der Ostfront seine Pflicht erfüllt, wird der letzte Ansturm Asiens zerbrechen, genau so wie am Ende auch der Einbruch unserer Gegner im Westen trotz allem scheitern wird.

Berlin bleibt deutsch, *Wien* wird wieder deutsch, und *Europa* wird niemals russisch.

Bildet eine verschworene Gemeinschaft zur Verteidigung nicht des leeren Begriffes eines Vaterlandes, sondern zur Verteidigung Eurer Heimat, Eurer Frauen, Eurer Kinder und damit unserer Zukunft.

Aus einem Bericht der Außenstelle Berlin II des SD über die Flucht von Parteidienststellen (17. April 1945)

Die Flucht von Privatpersonen aus Berlin hat offenbar mangels Ziel stark nachgelassen. Dafür bemühen sich alle möglichen Dienststellen und führenden Leute, sich schleunigst in Sicherheit zu bringen. In vielen Behörden wird seit 6 Wochen so gut wie nicht mehr gearbeitet. Dabei ist ein neuer Unruheherd entstanden, die Unruhe überträgt sich auf die Bevölkerung, die ganz offen von Sabotage spricht. Die Parteidienststellen verschwinden meist nach Bayern, und zwar die besseren nach Landshut und Berchtesgaden.

Aus dem Schwur der befreiten Häftlinge des KZ Buchenwald (19. April 1945)

Wir Buchenwalder, Russen, Franzosen, Polen, Tschechen, Slowaken und Deutsche, Spanier, Italiener und Österreicher, Belgier und Holländer, Engländer, Luxemburger, Rumänen, Jugoslawen und Ungarn, kämpften gemeinsam gegen die SS, gegen die nazistischen Verbrecher, für unsere eigene Befreiung.

Uns beseelte eine Idee: Unsere Sache ist gerecht – Der Sieg muß unser sein!

Wir führten in vielen Sprachen den gleichen harten, erbarmungslosen, opferreichen Kampf, und dieser Kampf ist noch nicht zu Ende. Noch wehen Hitlerfahnen! Noch leben die Mörder unserer Kameraden! Noch laufen unsere sadistischen Peiniger frei herum!

Wir schwören deshalb vor aller Welt auf diesem Appellplatz, an dieser Stätte des faschistischen Grauens:

Wir stellen den Kampf erst ein, wenn auch der letzte Schuldige vor den Richtern der Völker steht!

Die Vernichtung des Nazismus mit seinen Wurzeln ist unsere Losung. Der Aufbau einer neuen Welt des Friedens und der Freiheit ist unser Ziel.

Aus einer späteren Vernehmung des KZ-Kommandanten Anton Kaindl über das Ende von Sachsenhausen (1945)

Staatsanwalt: Angeklagter Kaindl, erhielten Sie, um die Spuren der begangenen Untaten zu beseitigen, Befehl, das Lager zu sprengen?

Kaindl: Jawohl. Am 1. Februar 1945 hatte ich ein Gespräch mit dem Chef der Gestapo, Müller. Er übermittelte mir dabei den Befehl, das Lager durch Artilleriebeschuß, Luftangriff oder Vergasung zu vernichten. Die Durchführung dieses Befehls, der von Himmler stammte, war aber technisch unmöglich.

Staatsanwalt: Hätten Sie den Befehl ausgeführt, wenn es technisch möglich gewesen wäre?

Kaindl: Selbstverständlich. Aber es ging nicht. Bei Artilleriebeschuß oder bei einem Fliegerangriff wäre die Bevölkerung der Umgebung darauf aufmerksam geworden. Bei einer Vergasung wäre nicht nur die Zivilbevölkerung, sondern auch das eigene SS-Personal Gefahr gelaufen.

Staatsanwalt: Was unternahmen Sie dann?

Kaindl: Ich besprach mich mit [...] anderen und gab daraufhin den Befehl, alle Kranken, Arbeitsunfähigen und vor allem alle politischen Gefangenen, die vernichtet werden mußten, zu vernichten.

Staatsanwalt: Wurde das getan?

Kaindl: Es wurde damit begonnen. In der Nacht zum 2. Februar wurden die ersten, ungefähr 150 Häftlinge, erschossen. Bis Ende März gelang es, rund 5000 zu vernichten [...]

Staatsanwalt: Wieviel Häftlinge befanden sich dann noch im Lager?

Kaindl: 40000 bis 45000. Am 18. April bekam ich Befehl, diese auf Schleppkähne zu verladen und sie über die Spreekanäle in die Ost- oder Nordsee zu bringen und dort auf offenem Meer zu versenken. Das war aber ebenfalls nicht möglich, weil die Beschaffung von Kähnen für so viele Häftlinge zu lange gedauert hätte und die Rote Armee zu schnell vorstieß.

Staatsanwalt: Was geschah dann?
Kaindl: Ich ließ die Häftlinge zu Fuß in Marsch setzen, zuerst in Richtung Wittstock, später nach Lübeck, um sie dort auf Schiffe zu verladen und, wie befohlen, zu versenken.
Staatsanwalt: Bekamen bei dieser Evakuierung alle Häftlinge Verpflegung?
Kaindl: Nein, 6000 bis 7000 bekamen keine mehr, weil sie alle war.
Staatsanwalt: Kamen diese Häftlinge deshalb auf dem Marsch vor Erschöpfung und Hunger um?
Kaindl: Jawohl.

Aus einer späteren Aussage des Befehlshabers des Verteidigungsbereichs Berlin, Helmuth Weidling (1945)
Schon am 24. April überzeugte ich mich davon, daß es unmöglich war, Berlin zu verteidigen, und es auch vom militärischen Standpunkt aus sinnlos war, da das deutsche Kommando nicht über ausreichende Kräfte verfügte. Darüber hinaus befand sich zu die-

Ausgebombte Familien werden, soweit möglich, am Ort in andere Wohnungen eingewiesen. Dazu ist der gesamte Wohnraum erfaßt und registriert. In den Wohnungen muß jedes Möbelstück einen Eigentümervermerk tragen.

ser Zeit in Berlin zur Verfügung des Kommandeurs nicht eine einzige reguläre Einheit, wenn man vom Regiment «Großdeutschland» und einer SS-Brigade absieht, die die Reichskanzlei bewachten. Die gesamte Verteidigung war dem Volkssturm, der Polizei, der Feuerwehr und verschiedenen Truppen der rückwärtigen Dienste sowie Dienststellen übertragen [...]

Berlin verfügte über Lebensmittel und Munitionsreserven für 30 Tage. Da sich jedoch die Lagerhäuser am Stadtrand befanden, wurde die Versorgung mit Lebensmitteln und Munition immer schwieriger, je mehr sich der Ring der russischen Truppen um die Verteidiger schloß. In den letzten beiden Tagen verfügten wir weder über Lebensmittel noch über Munition.

Aus dem Urkundentext der bedingungslosen Kapitulation der deutschen Wehrmacht (7. / 9. Mai 1945)

1. Wir, die hier Unterzeichneten, die wir im Auftrage des Oberkommandos der Deutschen Wehrmacht handeln, übergeben hiermit bedingungslos dem Obersten Befehlshaber der Alliierten Expeditionsstreitkräfte und gleichzeitig dem Oberkommando der Roten Armee alle gegenwärtig unter deutschem Befehl stehenden Streitkräfte zu Lande, zu Wasser und in der Luft.
2. Das Oberkommando der Deutschen Wehrmacht wird unverzüglich allen deutschen Land-, See- und Luftstreitkräften und allen unter deutschem Befehl stehenden Streitkräften den Befehl geben, die Kampfhandlungen um 23.01 Uhr mitteleuropäischer Zeit am 1. Mai 1945 einzustellen, in den Stellungen zu verbleiben, die sie in diesem Zeitpunkt innehaben, und sich vollständig zu entwaffnen, indem sie ihre Waffen und Ausrüstung den örtlichen alliierten Befehlshabern oder den von den Vertretern der obersten alliierten Militärführungen bestimmten Offizieren übergeben. Kein Schiff, Seefahrzeug oder Flugzeug irgendeiner Art darf zerstört werden, noch dürfen Schiffsrümpfe, maschinelle Einrichtungen oder Geräte, Maschinen irgendwelcher Art, Waffen, Apparaturen und alle technischen Mittel zur Fortsetzung des Krieges im allgemeinen beschädigt werden.
3. Das Oberkommando der Deutschen Wehrmacht wird unverzüglich den zuständigen Befehlshabern alle von dem Obersten

Der britische Luftmarschall Harris (*Bomber-Harris*) läßt sogenannte *Baedeker-Angriffe* gezielt gegen Städte von großer kultureller Bedeutung fliegen. Betroffen sind u. a. Lübeck, Köln, Nürnberg, Halberstadt, Potsdam oder Dresden, hier das Luther-Denkmal vor der zerstörten Frauenkirche.

Befehlshaber der Alliierten Expeditionsstreitkräfte und dem Oberkommando der Roten Armee erlassenen zusätzlichen Befehle weitergeben und deren Durchführung sicherstellen.

4. Diese Kapitulationserklärung stellt kein Präjudiz für an ihre Stelle tretende allgemeine Kapitulationsbestimmungen dar, die durch die Vereinten Nationen oder in deren Namen festgesetzt werden und Deutschland und die Deutsche Wehrmacht als Ganzes betreffen werden.

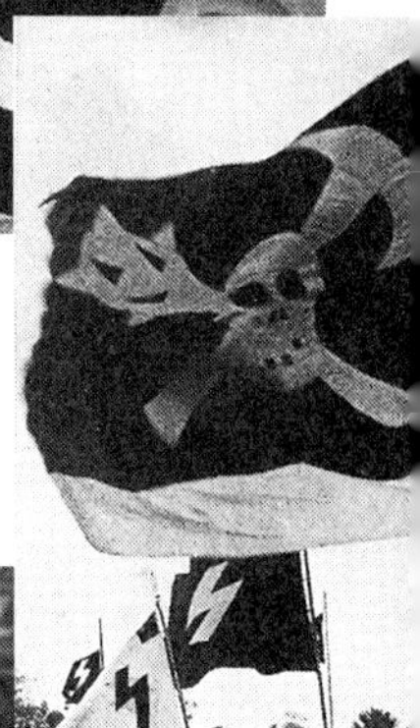

KLAUSE

ANHANG

Personenregister

Schlagwortregister der Dokumente

Weiterführende Literatur

Benz, Wolfgang, Hermann Graml, Hermann Weiß (Hg.): Enzyklopädie des Nationalsozialismus. München 1998.

Bergschicker, Heinz: Deutsche Chronik 1933–1945. Ein Zeitbild der faschistischen Diktatur. Berlin 1990.

Broszat, Martin, Norbert Frei (Hg.): Das Dritte Reich im Überblick. Chronik, Ereignisse, Zusammenhänge. München, Zürich 1999.

Fischer, Thomas, Rainer Wirtz (Hg.): 100 Deutsche Jahre. München 1998.

Heiber, Beatrice und Helmut (Hg.): Die Rückseite des Hakenkreuzes. Absonderliches aus den Akten des Dritten Reiches. München 1993.

Kammer, Hilde, Elisabet Bartsch: Lexikon Nationalsozialismus. Begriffe, Organisationen und Institutionen. Reinbek 1999.

Kershaw, Ian: Der NS-Staat. Geschichtsinterpretationen und Kontroversen im Überblick. Reinbek 1999.

Abbildungsnachweis

Bildarchiv Heinz Bergschicker Berlin GbR.